国家社科基金项目成果

中国少数民族流动人口社会融入的代际差异与服务管理政策创新研究

袁年兴　张春晖　丁　宇　著

中国农业出版社
北　京

图书在版编目（CIP）数据

中国少数民族流动人口社会融入的代际差异与服务管理政策创新研究 / 袁年兴，张春晖，丁宇著 . —北京：中国农业出版社，2020.12

　　ISBN 978-7-109-27929-2

　　Ⅰ.①中…　Ⅱ.①袁…②张…③丁…　Ⅲ.①少数民族－流动人口－城市化－研究－中国　Ⅳ.①C924.24

　　中国版本图书馆 CIP 数据核字（2021）第 025576 号

中国农业出版社出版

地址：北京市朝阳区麦子店街 18 号楼

邮编：100125

责任编辑：赵　刚

版式设计：王　晨　　责任校对：刘丽香

印刷：北京中兴印刷有限公司

版次：2020 年 12 月第 1 版

印次：2020 年 12 月北京第 1 次印刷

发行：新华书店北京发行所

开本：720mm×960mm　1/16

印张：15.5

字数：240 千字

定价：88.00 元

摘　　要

　　根据课题组 2016 年 9 月的不完全统计，当前我国东南沿海城市（江、浙、沪、粤、闽）的少数民族流动人口已超过 80 万人。长期以来，为了促进少数民族流动人口顺利地融入当地社会，东南沿海城市各级政府一直在服务和管理层面进行积极的探索和实践，而且在提高少数民族流动人口的经济收入、维护少数民族流动人口的合法权益以及调解民族纠纷等方面取得了显著的效果，但是我们还看到，当前我国东南沿海城市的新生代少数民族流动人口依然沿着老一代的足迹，徘徊在当地社会的边缘地带——这也正是本书关注的重点内容，即我国东南沿海城市少数民族流动人口的社会融入在代际之间发生了什么样的变化？究竟是哪些因素束缚着新生代少数民族流动人口融入当地社会？这些因素存在着什么样的结构性特征？

　　本研究沿着实证分析的一般逻辑来展开。首先，构建了一个有别于西方社会融入理论的分析模型——"共生融入"模型，并以一种基于对本土经验的感悟，通过引入"共生"这一概念来构建一种经验与逻辑、定性与定量相结合的理论分析模型；然后，基于抽样调查获得的数据，通过探索性因子分析和多元线性回归分析，揭示我国少数民族流动人口共生融入的代际差异及其主要影响因素；随后，通过结构方程模型分析（SEM）的统计方法，探析新生代少数民族流动人口共生融入的结构性逻辑；最后，根据分析结果，总结和评估东南沿海城市现行政策的成效和不足，提出系统的政策见解和对策建议。在这一过程中，本书贯穿了两条线索：明线是代际之间的比较研究；暗线是"共生融入"作为一种理想类型与客观事实以及现行政策成效的比较研究。明线和暗线相互交织构成了本书的基本思路。

课题组的抽样数据表明，我国东南沿海城市的少数民族流动人口大多来自祖国西北地区，包含了我国 10 个信仰伊斯兰教的少数民族人口。其中，来自甘宁青地区的回族占绝大多数。我国东南沿海城市的少数民族流动人口主要从事劳动强度比较高的职业（大多集中在清真饮食行业），社会交往通常局限于"熟人社会"，对当地社会的认同比较低，与"熟人社会"之外的少数民族也没有密切的交往。在代际比较的视角中，新生代少数民族流动人口的数量规模与老一代差不多，受教育水平虽然高于老一代，社会交往广度和社会认同程度也明显高于老一代，但是经济收入普遍低于老一代，现代城市生活对他们的宗教信仰也产生了明显的影响。在日常生活中，新生代少数民族流动人口面临着更多的急需政府帮扶解决的困难，如孩子上学难、就业空间狭窄、创业艰辛，等等。

通过探索性因子分析和多元线性回归分析的统计方法，我们首先在经济、社会（关系）、心理及文化四个层面，分析了我国东南沿海城市少数民族流动人口共生融入的代际差异以及人力资本、社会资本、政策制度等因素的影响。分析结果表明，尽管我国新生代少数民族流动人口社会融入的总体程度高于老一代，但是数据显示他们依然没有较好地融入当地社会，两者都处于比较低的融入水平。其中，政策制度对少数民族流动人口心理融入的代际差异影响比较明显，而人力资本和社会资本的影响主要显著地体现在经济层面。与老一代比较而言，新生代少数民族流动人口的共生融入面临着更为复杂的影响结构。分析结果还揭示了少数民族流动人口共生融入的各个层次不存在依次递进的逻辑关联，也并非整体平行并进，不同因素在不同层面的影响程度和影响方向都存在着明显的代际差异。

基于上述分析，我们已掌握了我国东南沿海城市少数民族流动人口共生融入的程度、代际差异以及主要影响因素。但是在政策层面，这些影响因素具有什么样结构性特征？会不会产生"顾此失彼"的政策困境？正是在这层考虑下，课题组运用结构方程模型（SEM），验证性分析了新生代少数民族流动人口共生融入的逻辑结构。分析结果表明，我国新生代少数民族流动人口的共生融入结构在文化与政治层面存在着显著的正向影响，但是经济共生融入作为一个相对独立的结构，与文化共生融入及政治共生融入没有直接的逻辑关联，这表明新生代少数民族流动人口的共生融入结构具有离散性特征。同时，少数民族流动人口的"内卷化"问题与共生融入结构的离散性特征存在着因果关联，这也意味着新生代少数民族流动人口的共生融入需要经历一个长期、复杂的社会过程。

经济收入水平的提高显然不能带来必然的社会融入水平的提高，少数民族流动人口共生结构的离散性特征也说明了社会融入的复杂性已经超越了现行政策的想象力。由于少数民族流动人口以宗教信仰为核心的传统文化与流入地居民存在明显差异，以至于有的学者认为宗教信仰是束缚该群体社会融入的主要因素，而本研究的数据分析表明，宗教信仰虽然影响到少数民族流动人口在流入地定居的意愿，但有助于他们在流入社会中的心理调适和行为规范。换言之，中国少数民族宗教信仰中的慈爱精神是民族团结和社会和谐的重要文化资源。

需要认识到的是，东南沿海城市的现行政策不仅忽视了文化融入和心理融入的复杂性，而且还忽视了共生融入系统中动力机制产生的条件和基础。同时，现行政策还倾向于构建一种多元联动的管制网络，重视外部环境对内在共生模式的管制作用，但是涉及少数民族流动人口的现实生活问题时，这种多元联动的管制网络又往往处于责任主体缺失的状态，因此很难发挥系统性的政策支持效应。简言之，东南沿海城市的现行政策在一定程度上具有被动性、盲目性和碎片化的特征，这无法解决我国少数民族流动人口共生融入的结构性问题。

总体看来，无论是"同化论"，还是"多元论"，也不单是"曲线型融入"或"区隔型融入",西方社会融入理论都存在着主体对立的社会本体论的缺陷。促进我国少数民族流动人口共生融入的政策不仅需要克服结构的离散性问题,而且还要实现共生力、社会资源及社会空间的良性循环以及共生系统的开放性。简言之,促进少数民族流动人口融入当地社会,不仅需要确保每个个体能够获得公平的机会、空间和社会资源,而且还包括建立基于政治认同和心理融入的共生模式。

综上所述,与已有研究侧重于静态因果关联的分析方法不同,本书采用代际比较研究,不仅有助于从代际差异的视角审视少数民族流动人口面临的新情况和新问题,而且还有助于把个体的社会地位、身份结构及其心理活动,置于一个代际传递的分析框架中,从而深刻了解影响该群体社会融入的结构性特征。与学界重点关注我国的宏观政策体制不同,本书立足当下社会条件,致力于构建一套微观的、可操作的且可构成系统特征的对策建议。在我国社会保障体制还不够完善的社会条件下,本书提出的政策建议虽然也有待随之进一步完善,但是在彼此之间具有清晰的逻辑关联,能够初步形成一种政策支持系统。可以明确,本书研究不仅有助于检验西方理论与我国本土经验之间的偏差及其理论局限性,而且还有助于拓展和深化我国本土经验的理论提炼和总结。在实践层面,本书的研究成果对政府相关部门完善服务管理体系以及贯彻落实党和国家的民族宗教政策,具有一定的借鉴作用和启示意义。

目　　录

第一章 绪 论

第一节 现实问题与研究意义

一、问题的提出

2010 年全国第 6 次人口普查结果表明，我国信仰伊斯兰教的少数民族总人口达到 2 314 万，占全国少数民族总人口的 20.34%，包括了回族、东乡族、撒拉族、维吾尔族、哈萨克族等 10 个少数民族。其中，回族人口有 1 058 余万，维吾尔族人口也达 1 007 余万，哈萨克族的人口超过了 146 万，其他信仰伊斯兰教的少数民族人口少则数千，多达几十万。由于历史原因，我国信仰伊斯兰教的少数民族人口大多从事农业或畜牧业生产，主要聚居在西北民族地区。改革开放之后，随着城市化和现代化建设日益加快，越来越多的少数民族从农牧区进入城市经商或务工。

根据金泽和邱永辉主编的《中国宗教报告（2009）》，2008 年全国范围内"约有 300 万少数民族流动人口，占少数民族总人口的 10%左右"[1]。作为全国经济最发达的地区，东南沿海城市是我国少数民族流动人口最为集中的地区。根据课题组 2017 年的不完全统计，目前东南沿海城市（江、浙、沪、粤、闽）的少数民族流动人口已超过 80 万人（不包括儿童），其中浙江省少数民族流动人口达到 11.4 万余人，上海市少数民族流动人口有 15 万余人，广东省少数民族流动人口已超过 24 万人，江苏省少数民族流动人口超过 18 万人，福建省少数民族流动人口有 14 余万人。

大量少数民族从西北农牧区进入东南沿海城市，一方面有利于各族人民共享社会发展成果，增强中华民族多元一体格局在新时期的凝聚力和创造

---

[1] 王宇洁：《2008 年中国伊斯兰教概况及对穆斯林流动问题的分析》，参见金泽、邱永辉（主编）：《中国宗教报告（2009）》，北京：社会科学文献出版社 2009 年版，第 86 - 101 页。

力；另一方面又由于少数民族流动人口具有独特的宗教信仰文化和传统生活习俗，"客观上存在着难以融入当地社会的突出难题"①。作为一个有着共同宗教信仰的群体，我国少数民族流动人口虽然来自全国各地，但是由于具有共同的文化背景，在一个陌生的城市很容易形成一个彼此关联的社会网络，"他们对'自我'和'认同'方面的认知以及对流入城市的归属感，不仅直接关系到他们自身的顺利发展，而且还决定了是否存在着群体'边缘化'的社会问题。"② 特别是在市场竞争机制条件下，少数民族流动人口的利益诉求容易与宗教意识及民族身份交织一起，使得他们的社会融入问题变得更加复杂。

长期以来，为了促进少数民族流动人口融入当地社会，东南沿海城市各级政府部门一直在政策制度层面进行积极的探索，而且在提高少数民族流动人口的经济收入、维护少数民族流动人口的合法权益以及调解民族纠纷等方面取得了显著的效果，但是我们还看到，当前我国东南沿海城市的新生代少数民族流动人口依然沿着老一代的足迹，徘徊在当地社会的边缘地带——这也正是本书所关注的重点，即我国东南沿海城市少数民族流动人口的社会融入在代际之间发生了什么样的变化？究竟有哪些因素束缚着新生代少数民族流动人口融入当地社会？这需要深入地调查研究，为地方政府完善服务管理体系以及贯彻落实党和国家的民族宗教政策提供充足的经验支持。

二、研究的意义

构建和完善科学有效的服务管理体系，促进少数民族流动人口融入当地社会，是我国维护民族团结和宗教和睦的应有议题。与学界倾向于运用西方社会融入理论来进行中国经验研究的范式不同，本研究基于在东南沿海城市的抽样问卷调查和深度方法，沿着实证研究的一般路径，在与西方社会融入理论对话的基础上，提出一系列的研究预设，并依据实证分析的结果，验证相关预设的解释力度和范围。围绕上述核心问题，本书拟解决的问题有：①

---

① 袁年兴、许宪隆：《穆斯林流动人口社会融入的代际比较研究——以长三角地区的调查数据为例》，《中南民族大学学报（人文社会科学版）》，2016 年第 2 期。

② 高翔、张燕等：《穆斯林流动人口城市社会适应性实证研究——以兰州市回族、东乡族为例》，《人口与经济》，2011 年第 2 期。

少数民族流动人口在不同层面的社会融入具有怎样的逻辑层次和代际差异？②相关影响因素具有什么样的代际传递结构和相互关系？③少数民族流动人口的社会融入与社会地位结构、组织结构、身份结构、收入水平与教育水平结构的差异，具有怎样的关联？④少数民族流动人口社会融入的核心特征及共生融入的逻辑机制是什么？⑤现行政策具有怎样的成效和不足，如何预防"分层"与"同化"？相关问题的解决不仅有助于检验西方社会融入理论与我国本土经验存在的偏差，揭示其中理论的局限性；而且还有助于揭示我国少数民族流动人口的社会融入与社会结构转型的逻辑关系，拓展和深化我国本土经验的理论提炼和总结。

在实践层面，"社会转型时期所产生的新矛盾的复杂性加大了处理民族关系的难度"[①]。与已有研究侧重于整体性分析不同，本书采用代际比较研究，不仅有助于从代际差异的视角审视少数民族流动人口面临的新情况和新问题，而且还有助于把个体的社会地位、身份结构及其心理活动置于一个代际传递的分析框架中，从而深刻了解影响少数民族流动人口社会融入的多重因素的结构性特征。通过这种纵向比较研究，本书能够为评估和总结现行政策的成效提供充足的经验支持，对地方政府完善服务管理体系以及贯彻落实党和国家的民族宗教政策具有一定借鉴作用和启示意义。

第二节　国内外研究综述

一、国外社会融入理论研究

在理论层面，"社会融入"是一个比较理想的沟通个体与社会意义关联的工具性概念。在西方学术界，"社会融入"重点关注的议题有：如何使移民或弱势群体融入新的社会环境？文化多元主义是否实现真实的社会融入？如何实现社会结构的同一性？相关议题不仅涉及个体以一种什么样的方式存在于世的根本性问题，更涉及经济、社会及政治层面的问题。依据不同学者对概念的选择、阐释和应用的差异，相关理论大体可分为"同化论"（Assimilation）、"多元论"（Multiculturalism）及"整合论"（Social Integration）

---

① 高永久：《民族关系中公共事务管理的内涵解析》，《青海民族研究》，2013年第4期。

三种类型。由于不同理论类型具有差异较大的实践原则，因此其政策意义各不相同，甚至彼此对立。

（一）同化论：从心理机制到社会结构

在人类社会的现代化进程中，移民属于一种普遍性的社会现象。由于移民具有特定的历史记忆、集体情感和文化习俗，如何解决移民的社会融入问题是社会政策的关键所在。尤其在 18 世纪的美国，移民的社会融入问题与种族问题及宗教问题相互交织，对社会秩序形成了严峻的挑战。在这种背景下，"熔炉论"（melting pot theory）成为了一种比较直接的理论选择。"熔炉论"最早源自于美国法裔农夫海克特于 1782 年写的 "Letters from an American Farmer"。该文主要表达了一种文化精神的同化论见解，认为来自世界各地的人在美国融合成了一个新的民族。[①] 19 世纪末，美国历史学家特纳提出了"边疆熔炉论"，进一步指出美国西部运动促进了美国国民特质的形成。[②] 1905 年，美国犹太裔移民伊斯雷尔·赞格威尔创作了剧本《熔炉》，通过剧中爱情故事来阐释"美国是上帝的熔炉……上帝正在铸造美国人……正在净化着各种外来民族，他们在这里众志成城，以建立理想的共和之国"[③]。随后，《熔炉》剧本被排演成话剧并在美国获得了巨大成功，"熔炉论"也随之被美国社会广泛理解和接受。

在信息交流相对闭塞的时代，"熔炉论"无疑属于一种最直接和简易的政策选择。20 世纪初，在美国"熔炉论"政策如火如荼的时候，芝加哥社会学派的领军人物帕克（Robert Ezra Park）开创了"同化论"的"科学"研究的先河。帕克通过对美国城市移民的研究发现，由于社会环境和生活任务的巨变，美国城市移民产生了"两个或两个以上个体或其他范畴之间的能察觉到的亲近感的缺乏"[④]，即"社会距离"，而这体现了"陌生人"与社会

---

① J. Hector St. John de Crevecoeur：*Letters from an American Farmer and Sketches of Eighteenth - Century America*. London：Penguin Books，1981.

② Fredrick Jackson Turner："The significance of the frontier in American history". *Journal of the Early Republic*，2016/1893，36（2）：389 - 397.

③ Israel Zangwil：*The Melting Pot：Drama in hour Acts*. New York：Mac - Millan Company，1994/1905：185.

④ Park R，Burgess E.：*Assimilation：Introduction to the science of sociology*. Chicago：University of Chicago Press，1924：735.

结构之间的制度化距离。帕克还指出，美国城市移民在经历过"接触"、"竞争"和"调适"之后，必然会产生一个"同化"①。后来，帕克的学生埃弗雷特·休斯又提出了"边缘人格"的概念，认为"边缘人格"是个体进入新的社会结构所产生的"果"，同时也是"同化"产生的"因"。② 总体看来，从具体的社会体验到微观人格，芝加哥社会学派强调社区的"各种礼俗和传统构成的整体性"③ 以及对移民"再社会化"的心理过程。

20世纪40年代，华纳（Warner W. Lloyd）和斯罗尔（Leo Srole）等人在帕克研究的基础上，将"同化"演变成了一个可操作、可测量的工具性概念，并由此提出了一种"直线同化理论"（straight‐line assimilation theory）。"直线同化理论"是在控制经济变量的前提下，阐释了欧裔移民对身份认同和社会地位的提高呈现代际递增的线性发展规律，强调了代际变量与文化同化的正向关联。④ 由于该理论认为种族和文化的接受性与同化的可能性存在着相关联，因此也被认为是具有极端的种族主义思想。20世纪50年代，德国学者迪特尔·儋科沃特继而提出了"U型曲线假说"（U‐curve hypothesis），指出了不同文化特质的移民在经历一个低迷的情绪和行为的低谷之后社会融合的曲线发展规律。后来葛勒豪夫妇（Gullahorn J. T. & Gullahorn J. E.）认为"U型曲线假说"相对简化了同化的复杂性，于是提出了一种"双U型曲线假说"，即"W型曲线模型"（W‐shaped Curve Model）。⑤ 无论是"直线同化"、"U型曲线模型"，还是"W型曲线模型"，相关研究都试图把"同化"简化为一种线性发展的心理融入机制。

到20世纪60年代，美国社会学家戈登（Milton M. Gordon）构建了一个系统化的"同化模型"（Assimilation model），把"同化"操作为"文化

---

① Park R, Burgess E.：*Assimilation：Introduction to the science of sociology*. Chicago：University of Chicago Press，1924：735.

② E. V. Stonequist：*The Marginal Man：A Study in Personality and Culture Conflict*. New York：Charles Scribner's Sms.，1937：2－3.

③ 帕克，R.E.、E.N.伯吉斯、R.D.麦肯齐：《城市社会学——芝加哥学派城市研究文集》，北京：华夏出版社，1987年，第1页。

④ Warner，W. Lloyd and Leo Srole：*The social systems of American ethnic groups*. New Haven：Yale University Press，1945：1－13.

⑤ Gullahorn，J. T. & Gullahorn，J. E.："An extension of t he U‐curve hypothesis."*Journal of Social Issues*，1963（19）：33－47.

或行为的适应"（behavioral assimilation or acculturation）、"结构同化"（Structural assimilation）、"通婚"、"身份认同"、"消除偏见"、"消除歧视"及"共同的公民意识"7个具体的变量。戈登指出，美国作为一个由不同民族建立和发展起来的国家，行为同化（或文化适应）在最初并没有大规模的结构性对立。当前美国黑人与白人之间的二元社会结构完全是由偏见和歧视的动力所造成的，其中最突出的例子就是黑人在最大限度地被禁止参加白人美国的派系、社交俱乐部和教会。① 戈登假设了一种不同文化群体共享同一文化和获得平等机会的社会结构，认为"结构同化与文化同化同步发生或者发生在文化同化之后，那么所有其他类型的同化现象将不可避免地接踵而至"②；必须在反对"结构多元化"（structural pluralism）的背景下，考虑制定具体的政策来加强族际和谐、减少种族歧视和偏见以及维护在民族边界以内和越过民族边界的人的权利。

20世纪60年代后期开始，大规模来自东亚和拉丁美洲的移民增加了美国社会中少数民族的多样性，他们保持文化和社区的独立性，从而在保持与主流社会一定距离的同时有选择地适应。针对华纳等人的直线型融入假说，美国学者赫伯特·甘斯（Herbert J. Gans）在1979年也提出了另一种曲线型融入假说。在《族性象征：美国族群未来与文化》一文中，他通过对美国第三代和第四代移民的考察指出："在现实中，也毋庸置疑，社会融合并不都是直线型的，即使直线融入能够准确地描述了一些主要族群的经验，却忽视了仍有一些族群的融入在继续进行微小的颠簸和曲折。"③ 不过赫伯特·甘斯认为，在经过第7代移民之后，"他们的世俗文化的祖先将只有一个朦胧内存，其身份也将会只承担了微小的痕迹。"因此，在当时的美国，"（移民）族群文化的苏醒并没有发生，文化融入和同化仍在继续进行着"④。显然，这与迪特尔等人的"曲线融入"假说大同小异，只是相关结论还有待进一步验证。

---

① Milton M. Gordon："Assimilation in America：Theory and Reality." *Daedalus*，Vol. 90，No. 2，Ethnic groups in American Life（Spring，1961），pp. 263 – 285.

② 马戎：《西方民族社会学的理论与方法》，天津人民出版社1997年版，第113页。

③④ Herbert J. Gans："Symbolic Ethnicity：The Future of Ethnic Groups and Cultures in America." *Ethnic and Racial Studies*，Volume 2 Number 1 January，1979：19.

那么，民族起源和文化背景的差异是否从根本上否定了早期欧洲和东亚群体所经历的同化模式呢？对此理查德·阿尔巴（Richard Alba）和维克多·倪（Victor Nee）通过对来自欧洲西南部和东亚的移民群体的研究，建起了一种新的理论框架。在《重塑美国主流社会》（Remaking The American Mainstream）一书中，作者认为"同化"主要涉及个人、社会网络和制度层面在同化过程中的作用，其中个体的行为动机和社会网络建立在移民族裔的基础之上，有助于实现族裔群体的福利最大化，这属于同化的内因；制度层面的影响属于同化的客观因素，主要体现在监督和执行国家政策的法规内容，可有利于移民向主流社会流动。[①] 与学界前期相关研究比较而言，该著作重新诠释了同化理论的制度和组织结构原则，并预测随着非白人和西班牙裔日益融入主流社会（中产阶级），将模糊美国社会结构中按照种族划分的群体界限。

（二）多元论：文化平等还是社会分离？

"熔炉论"或"同化论"是否真的具有不可以逆转性的结果和普遍性规律呢？早在 1915 年，美国犹太裔学者霍勒斯·卡伦（Horace Kallen）发表《民主抵抗大熔炉》（Democracy versus the melting pot）一文，批评"熔炉论"的"神圣原则"（divine right）背离了美国"独立宣言"中的"自然权利"（natural rights）原则，他认为"每个民族在语言、情感、审美和知识体系中具有必然的独特属性，美国作为一个地理和行政形式的联邦共和国，其实质为各民族文化的联邦"[②]。后来，霍勒斯·卡伦对"熔炉论"进行了更为详细的分析与批评，指出"熔炉论"属于一种空洞的幻想，并明确提出了"文化多元主义"（cultural Pluralism），指出美国社会是多元文化社会，真正的美国民主应该是"所有民族的民主"[③]。

正如美国著名史学家奥斯卡·瀚得琳（Oscar Handlin）指出："很久以

---

① Richard Alba and Victor Nee：Remaking the American Mainstream：Assimilation and Contemporary Immigration，Harvard University Press. 2003：384.

② Horace M. Kallen："Democracy versus the melting pot – A Study of American Nationality". *THE NATION*，Feb. 25，1915：155 – 168.

③ Horace M. Kallen： "Cultural pluralism and the American idea：an essay in social philosophy". *American Journal of Sociology*，1956：285.

来，'熔炉'一直在燃烧，但最终产品似乎并不比以前更融合、接近一些"①。1963 年，格雷泽（Nathan Glazer）和莫伊尼汉（Daniel Patrick Moynihan）在《超越熔炉论》中指出，纽约市的黑人（*Negroes*）、波多黎各人（*Puerto Ricans*）、犹太人（*Jews*）、意大利人（*Italians*）和爱尔兰人（*Irish*）一直保持着自己的传统文化特质，没有被融入美国"熔炉"。本书讨论了这五个群体在教育、商业和政治方面的不同表现，揭示了文化的抑制如何影响学校的表现、职业选择、娱乐模式、邻里选择、政治行为和对其他族群的态度，并指出错综复杂的政治和商业力量，使移民与迁入城市之间不可避免地出现了多种适应类型和模式。②

正如美国政治哲学家布赖恩·巴里指出："在美国，多元文化主义王冠上的宝石就是双语教育。"③ 早在 1973 年 8 月，美国非洲裔教育专员马兰（Marland，S. P.，Jr）在主教学院一年一度毕业典礼上的演讲中，从教育的实践原则也发出了"超越熔炉论"的呼声。在该次演讲中，马兰详细阐述了黑人在美国的经历以及高等教育机构试图将黑人融入过去的"白人"社会，指出少数民族教育否认了这种尝试的同化，并努力保持黑人种族丰富、自豪、创造性、快乐和强烈的感情。马兰介绍了 1965 年《高等教育法》在帮助将黑人院校建设成优秀院校的重要性，并呼吁大学毕业生选择教育作为职业，特别是职业教育、特殊教育和学前教育，因为国家需要有能力的专家。④ 这次演讲在当时美国社会引起了强烈的反响。

特别是 20 世纪 70 年代，随着欧美国家民权运动的兴起，一些移民国家的族群权利意识高涨，他们希望自己的传统文化能够得到尊重以及同等发展的机会。在这种背景下，高得鲁斯特（John Goldlustt）和里士满（Anthony H Richmond）在《移民适应的多元模型研究》一文中构建了一种分析移民社会融合的多元系统模型。在该模型中，影响社会融合的指标包括客观因素

① Oscar Handlin：*The Uprooted*：*The Epic Story of the Great Migrations that Made the American People*. Boston：Little，Brown and Company，1973/1951：204.

② Nathan Glazer，Daniel P.：Moynihan. *Beyond the Melting Pot*：*The Negroes*，*Puerto Ricans*，*Jews*，*Italians*，*and Irish of New York City*. Cambridge：The M. I. T. Press，1963：285.

③ Brian Barry：*Culture and Equality*：*An Egalitarians Critique of Multiculturalism*. Polity Press，2001，p. 247.

④ Marland，S. P.，Jr. Beyond the Melting Pot. https：//files. eric. ed. gov/fulltext/ED082641.

和主观因素两方面。其中，客观因素是指经济、文化、社会和政治，主观因素是指社会认同、主观内化和社会满意度。① 但是在奈特（George P. Knight）和卡根（Spencer Kagan）看来，文化适应过程相当复杂，不同族群表现出不同的文化适应率，即使在一个族群内，不同的价值观和行为模式会产生不同的文化适应率和类型。②

　　1980 年约翰·贝瑞（John W. Berry）提出了一种"跨文化适应模型"（cross - cultural model of acculturation），把跨文化的结果分为四种类型：整合（integration）、分离（separation）、同化（assimilation）和边缘化（marginalization）③，"如果文化适应者既想保持自己原来的文化身份和文化特征，同时也想和主流社会成员建立并保持良好均衡关系，则属于整合（integration）策略"④。1990 年约翰·贝瑞进而指出，"文化适应经历"、"压力源"和"文化适应压力"这三个核心变量之间的关系并不是一种决定论意义上的关系，偶然性因素会产生显著的影响。⑤ 后来，美国洛杉矶加州大学的波特斯（Alejandro Portes）和周敏（Min Zhou）将这种社会融合称之为"区隔型融入"⑥。与前期的"同化论"不同，"区隔型融入"认识到社会系统在再生产过程中可能会产生对整体性的偏离，移民的行动系统与主流社会的系统并不一定相容，这也就意味着"多元论"容易导致文化的社会分化和群体分离。

　　在多元文化思想的影响下，新西兰学者沃德、博克纳等人认识到文化适应既是一种状态，也是一个过程，并提出了一种"文化适应过程模型"

---

① John Goldlustt&Anthony H Richmond："A Multivariate Model of Immigrant Adaptation". *International Migration Review*，1974，8（2）：193 - 225.

② George P. Knight&Spencer Kagan："Acculturation of Prosocial and Competitive Behaviors among Second - and Third - Generation Mexican - American Children". *Journal of Cross - Cultural Psychology*，1977，8（3）：273 - 284.

③④ Berry，J. W.："Acculturation as varieties of adaptation". Padilla，（Ed.）. *Acculturation：theory，Models，and Some New Findings*. Boulder：West view Press，1980：9 - 25.

⑤ Berry. J. W.："Psychology of acculturation：Understanding individuals moving between cultures." Brislin，R. w.（Ed.）*Applied Cross -cultural Psychology*. New bury Park，1990：232 - 253.

⑥ Portes，A. and M. Zou："The New Second Generation：Segmented Assimilation and Its Variants among Post - 1965 Immigrant Youth." *the Annals of the American Academy of Political and Social Sciences*，1993（530）：71 - 96.

（model of the acculturation process）。在该模型中，移民在心理及文化层次的融入需要经历"跨文化接触"、"压力与能力缺陷"及"清晰、行为及认知的反映"三个阶段，这其中有社会层次及个体层次的影响因素。该模型指出，个体原有社会传统和移民进入的社会之间的文化差距（cultural distance）或文化异质性是许多个体文化不适应的问题根源，因此跨文化培训部门需要针对性地帮助文化适应者比较全面地了解迁入国家的文化内涵，使得他们能够熟练掌握迁入国家文化的社会功能。① 简言之，这种理论模型旨在导向一种多元文化相互适应的实践模式。

不言而喻，"多元论"指出了文化相遇的多种可能性，并强调主流社会对不同文化的包容。但是正如美国学者米迦勒·S. 柏林（Michael S. Berliner）和加雷·赫尔（Gary Hull）指出，"多元主义"伪装成为一种"政治正确"的种族主义。种族主义的蔓延需要破坏个人对自己心灵的信心。这样的个人然后通过坚持某个群体，放弃他的自主权和他的权利，焦急地寻求一种认同感，允许他的种族群体告诉他该相信什么。"多元主义"的倡导者正是该术语基本含义的真正种族主义者：他们通过有色人种的镜片看待世界，在人与人之间建立了一个不可逾越的鸿沟，好像他们是不同的物种，没有任何共同点。如果这是真的——如果"种族身份"决定了一个人的价值观和思维方法——那么不可能在不同种族的人之间进行理解或合作。② 德国社会学家冈瑟·舒尔茨（Gunther Schultze）也通过分析土耳其移民指出，在德国劳动力短缺的情况下，土耳其移民及时弥补了劳动力市场不足，因此受到了德国社会的欢迎。然而在德国失业率增加的条件下，移民成了"从第三世界到发达国家瓜分我们现有社会福利的入侵者"③。在舒尔茨看来，"多元文化论"把移民危机简单地视为"文化问题"，忽视了主流社会与外来移民之间因生存竞争而产生的危机根源，最终只会导致社会矛盾越来越尖锐，社会融入的结果只能是乌托邦。

---

① Colleen Ward，Stephen Bochner，Adrian Furnham：*The Psychology of Culture Shock*. New York：Routledge，2005：270 - 383.

② Michael S. Berliner and Gary Hull：Diversity and Multiculturalism：the New Racism. http：// multiculturalism. ayhrand. org.

③ 李明欢：《"多元文化"论争世纪回眸》，《社会学研究》，2001 年第 3 期。

（三）整合论：构建社会的整体性

在西方学界，"整合论"有两个不同的理论来源，即经典社会学理论和现代社会政策理论。在经典社会学研究中，"社会整合"是解读社会和谐和社会冲突的核心概念，最初是涂尔干从社会团结机制的变化中推演出来。在此之前，康德曾经致力于探讨道德秩序和律法秩序对于共同体建设的重要性，主张构建一种以宗教信仰为基石的伦理共同体和政治共同体；黑格尔则立足于整体性与绝对伦理的辩证关系，致力于构建一种道德与政治达成和解的伦理共同体。涂尔干运用"社会整合"（L'inclusion sociale）这一概念，主要是想了解为什么一些社会阶层的自杀率高于其他阶层，个体自杀背后到底存在哪些社会因素？涂尔干发现高度异质性个体的社会融合困境是导致个体自杀的重要社会原因。如果社会力量不能够有效地使高度异质性的个体融入社会的话，那么随之而来出现是社会失范，这是造成自杀行为的社会原因。同时，涂尔干指出了社会分工所带来的"有机团结"在很大程度上促进了个体的社会整合。①

受涂尔干的影响，马克斯·韦伯还把社会整合的纽带分为"共同体关系"和"联合体关系"，认为前者取决于个体行动的情感取向，而后者是指"联合基于理性动机下的利益平衡而达成的状态"②，即一种工具理性的达成结果。20世纪50年代帕森斯提出了"社会共同体"（Social Community）的概念，认为"社会共同体"属于一种由社会身份和角色所构成的结构性共同体，"调整和协调系统内部的各套结构，防止任何严重的紧张关系和不一致对系统的瓦解"③，即承担着社会系统的整合功能。不难发现，从涂尔干、韦伯到帕森斯，社会学家都特别地强调"共享价值观"在维持社会系统的均衡中发挥了重要作用。

不过，在洛克伍德（David Lockwood）和哈贝马斯等人看来，社会无论是作为一个纯粹道德的整体，还是作为一个纯粹强制性的整体，都是不可思

① ［法］埃米尔·涂尔干：《社会分工论》，渠东译，三联书店出版社，2008年，第313页。
② ［德］马克斯·韦伯：《韦伯作品集（VII）：社会学的基本概念》，桂林：广西师范大学出版社，2005年，第54页。
③ ［美］妥东尼·奥勒姆：《政治社会学导论》，葛云虎译，杭州：浙江人民出版社，1989年，第114页。

议。洛克伍德认为"社会整合关注的问题是行动者之间的有序的或冲突的关系，系统整合关注的问题是组成社会系统的各组成部分之间有序的或冲突的关系"①，但是个体作为行动者"如何应对系统的制度秩序与其物质基础之间的功能失调也是不可忽视的"②。同样，哈贝马斯则在批判性吸收帕森斯结构功能主义的基础上区分了"系统整合"与"社会整合"，认为帕森斯"把'包容'和'价值普遍化'看作两个规范上中立的系统整合向度，而体现于现代法治国家中的那个法律概念的规范内容和社会性整合作用，却因此而销声匿迹了"③。哈贝马斯主张一种植根于"自由的政治文化"的"宪法公民身份"和"法的共同体"，认为"法的共同体"是不同亚共同体之间的"公分母"④。总体看来，在社会学的经典理论中，社会共同体的整合离不开对个体身份的基本预设——或伦理人，或政治人，或理性的法律人；所借助的手段要么是道德，要么是政治价值观，抑或是基于共同政治价值或道德伦理的法律体系。不难发现，这些经典理论都或多或少存在着在主观层面塑造"人性"的嫌疑，容易陷入极端个人主义与极端集权主义的矛盾之中。

第一个把"社会融入"作为政策工具界定的是麦克斯韦（Maxwell，1996），他认为社会融合包括"建立共享的价值观，缩减财富和收入差距，总体上让人们感觉到他们融入在一个共同体中，作为共同体的成员，面对共同的挑战"⑤。在人口流动日益频繁的现代社会中，作为最早采取多元文化政策的国家，加拿大政府认识到多元文化社会存在着日趋分裂的风险和危机，致力于弥合社会经济发展的阶层分化以及由此带来的社会分化问题。在麦克斯韦等人的理论支持下，1997 年"加拿大政策研究网络"（CPRN）成

---

① D. Lockwood："Social Integration and System Integration". in G. K. Zollschan and W. Hirsh (eds). *Explorations in Social Change*. London，Routledge，1964：245.

② D. Lockwood："Social Integration and System Integration". in G. K. Zollschan and W. Hirsh (eds). *Explorations in Social Change*. London，Routledge，1964：256.

③ ［德］哈贝马斯：《在事实与规范之间：关于法律和民主法治国家的商谈理论》，童世骏译，北京：生活·读书·新知三联书店，2003 年，第 95 页。

④ J Habermas："Citizenship and National Identity：Some Reflections on the Future Europe". *Praxis Internationale*，vol. 12，issue 1，1992，pp. 1-19.

⑤ Maxwell，J.：*Social Dimensions of Economic Growth*. Ottawa：Canadian Policy Research Networks，1996. 转自李培林、田丰：《中国农民工社会融合的代际比较》，《社会》，2012 年第 5 期。

立，涉及 20 多个机构和部门。研究工作主要关注三个层面的问题：民族、性别和年龄与经济贫困的关联；经济排斥与政治、社会及文化排斥之间的关联；整合社会断层的手段。

作为英联邦成员国，加拿大推行的社会融入政策显然与当时英国的"网络化治理"一脉相承。在自 1997 年开启的第二轮政府改革中，"为了获得水平和垂直的协调性的思维模式与行动范式"①，英国建立起了网络化治理的"协同型政府"（Joined‐up Government），其实质在于"以社会系统论为理论出发点，以网络信息技术为支撑，使公共管理主体（政府包括政府内部各层级与各部门、公益组织、私人组织）在管理活动、社会服务中最大化地达到协调一致，从而实现功能、目标之间的整合，为公众提供他们期望得到的服务"②。

为了科学有效地推行社会整合政策，简·詹森（Jane Jenson）和丹尼斯·圣马丁（Denis Saint‐Martin）作为"加拿大政策研究网络"的核心成员，在《社会融入的新路径》一文中指出，在经济和社会政策的新自由主义引发了严重的社会和政治危机，这主要表现在贫困加剧、人口健康指数下降、公众对公共机构失去信心等。如何来构建社会融入的新路径呢？该文确立了 5 个测量指标，即"归属—隔离"、"包容—排斥"、"参与—不参与"、"承认—拒绝"、"合法化—非法化"。③ 1999 年，保罗·伯纳德（Paul Bernard）在这 5 个维度的基础上，增加了一个维度，即"平等—不平等"，并在形式和本质这两个层次把这 6 个维度操作化为具体的测量指标④。经过近 20 年的实践，加拿大政府构建的"社会融入网络"成了一个系统严谨的系统模型，该模型强调了社会融入的动态过程以及多个独立和相关联的复杂变量，并突出了社会政策和经济政策是唯一可用的杠杆（图 1-1）。

---

① ［英］约翰·基恩：《公共生活与晚期资本主义》，刘利圭等译，北京：社会科学文献出版社，1999 年版，第 51 页。

② 袁年兴：《当代西方公共管理前沿理论述评——基于马克思主义人学的视阈》，《理论与改革》，2013 年第 1 期。

③ Jane Jenson, Denis Saint‐Martin: "New Routes to Social Cohesion? Citizenship and the Social Investment State." *Canadian Journal of Sociology*, 2003, 28 (1): 77‐99.

④ Paul Bernard: Social Cohesion: A Critique. CPRN Discussion Paper No. F/09, Canadian Policy Research Networks, Inc, 1999.

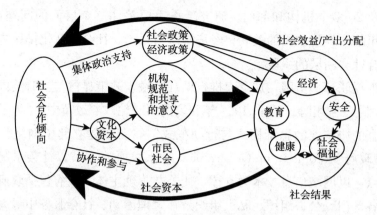

图 1-1　社会融入网络系统模型

资料来源：Strategic Research and Analysis Directorate，Department of Canadian Heritage.

　　从图 1-1 不难发现，首先，只要任何一个要素或环节产生问题，都会造成系统性的消极影响，这明显忽视了社会融入结果的偶然性以及多重演变路径。其次，将任何社会现象都看作一个包含了输入、输出和模型三部分的系统，这带有浓重的控制论色彩，从而无法解决社会融入可能存在的非线性问题。随着越来越多的西方国家以加拿大为蓝本，把"社会融入"（Social Cohesion）作为一项重要的社会发展政策，于是具有社会整合意义和目标诉求的"社会融入"逐渐成为一个国际流行语，如世界银行、世界经合组织（OECD）、欧盟等国际组织，不断强调"社会融入"对于社会进步以及经济发展的积极贡献。[①]

　　2015 年联合国在南苏丹共和国的特派团（UNMISS）发表了《在动荡的环境中保护平民》的宣言，强调"社会融入是一个社会走向安全、稳定和公正的需要，这要求通过修补造成社会分化、社会排斥、社会分裂、排斥和极端化的条件，通过扩大和强化社会融入的条件，形成和平共处、合作和团结的社会关系"[②]。与"同化论"及"多元论"的社会目标不同，社会融入"整合论"更多突出了社会成果的分配机制以及经济政策的公平性，强调个

----

　　① J Chan，HP To，E Chan："Reconsidering Social Cohesion：Developing a Definition and Analytical Framework for Empirical Research". *Social Indicators Research*，2006，75（2）：273-302.

　　② E Stamnes：*The United Nations Mission in the Republic of South Sudan*（*UNMISS*）：*Protecting Civilians in a Volatile Environment*. Cambridge University Press，2015，34（1）：43-54.

人发展和社会融入、经济发展和社会正义之间、市场竞争与资源共享之间的协调和平衡，最终旨在通过实现社会的公平和正义来巩固社会的凝聚力和发展潜力。需要认识到，基于"整体政府"和"网络化治理"的社会融入政策"在实现上存在相当的难度，庞大行政系统内部之间、行政系统与社会之间、社会与社会之间的合作是一项非常耗费时间和资源的活动，其利益和目标很难达成一致"。① 把社会融入简化为一种政府主导下的多方合作过程，显然忽视了个体目标和主观诉求的差异性，无法从根本上解决政府失灵和社会阶层分化的问题。

二、国内社会融入理论研究

与西方学界的丰硕成果相比，中国学界的"社会融入"研究还处于初始阶段，② 主要研究进城务工的农民工或政策性移民。一些学者针对我国农民工提出了许多新的假说，其中一个关键的概念是"城市适应"。所谓"城市适应"，具体是指进城务工的农民工或政策性移民，如何调整生活习俗和文化心理来适应城市社会，其本质属于一种从农村（传统）生活到城市（现代）生活的"现代性融合"，涉及经济、社会及心理等层面的社会融入问题。如田凯以"再社会化"来形容农民工的城市适应性过程，并认为这一过程的实现必须具备三个条件，即相对稳定的劳动职业、必要的经济收入和社会地位以及新的价值观。③ 马西恒认为，农民工的社会融入存在"新二元关系"这一中间过渡阶段。即使"二元社区"依然存在，但新移民的社会融入已经启动，外来移民的社会融入将按照从"二元社区"到"敦睦他者"，再到"同质认同"的顺序，最终实现社会融入。④ 朱力还将"城市适应"界定为经济、社会和心理三个层面，并认为这三个层面存在依次递进的关系，即首先必须获得稳定的工作实现经济层面的适应才能改变其生活方式，进而认同

---

① 袁年兴：《当代西方公共管理前沿理论述评》，《理论与改革》，2013年第1期。
② 李培林、田丰：《中国农民工社会融入的代际比较》，《社会》，2012年第5期。
③ 田凯：《关于农民工的城市适应性的调查分析与思考》，《社会科学研究》，1995年第5期。
④ 马西恒：《敦睦他者：城市新移民的社会融入之路——对上海市Y社区的个案考察》，《学海》，2008年第2期。

城市的生活方式和价值观。① 这些创新性的观点虽然强调了主体之间双向互动和兼容的关系，但是都认为"城市适应"或"社会融合"存在着一种线性发展逻辑，这显然忽视了"社会融合"作为一种现代性现象的多种可能性和复杂性。

随着研究的不断深入，社会融入的复杂性也逐渐被中国学界所认识。正如李培林等人在对中国老一代和新生代农民工的比较中发现，"农民工社会融入的经济—社会—心理—身份四个层次不存在递进关系，经济层次的融入并不必然带来其他层次的融入"②。同样，张文宏和雷开春发现，"相对较高的心理融合和身份融合程度，反映了作为新移民聚居地的上海为新移民的社会经济地位提升创造了更大的发展空间；而相对较低的文化融合和经济融合状况，则反映出城市文化的多元化和宽容性以及城市生活成本迅速增长带来的社会融合障碍"③。张文宏和雷开春强调，社会融合需要在新移民、本地居民和当地政府之间形成一种多方合作机制。这种观点具有一定的代表性，即多元参与有助于推进社会融合的发展。

在中国学界，"社会融合"和"社会融入"这两个概念经常被交叉使用。对此，杨菊华指出："'融合'是双向的，表示流入地文化和流出地文化融汇到一起，互相渗透，形成一种在某种程度上具有新意的文化体系。相反，'融入'是单向的，指流动人口在经济、行为、文化和观念上都融入流入地的主流社会体系中。"④ 杨菊华还把"社会融入"分为"经济""文化""行为"以及"身份"四个方面，并划分了五种社会融入的模式，即"隔离型"（流动人口成为一种边缘人）、"多元型"（在经济方面实现整合，其他方面保持传统）、"融入型"（各方面成功融入）、"选择型"（其他方面实现无二致，但文化方面兼具传统与流入地，身份认同方面倾向原先区域身份）、"融入型"（流动人口与流入地人民相互接纳、渗透）。尽管这种划分试图综合西方

① 朱力：《论农民工阶层的城市适应》，《江海学刊》，2002年第6期。
② 李培林、田丰：《中国农民工社会融入的代际比较》，《社会》，2012年第5期。
③ 张文宏、雷开春：《城市新移民社会融合的结构、现状与影响因素分析》，《社会学研究》，2008年第5期。
④ 杨菊华：《从隔离、选择融入到融合：流动人口社会融入问题的理论思考》，《人口研究》，2009年第1期。

学界的相关理论，其理论依据还有待进一步商榷，但是显然认识到了社会融合或社会融入的多种可能性和曲折性。

"社会融入"作为一种现代性的政策工具，其内涵及其测量方法的发展和完善无疑具有重要意义，因此一些学者致力于构建一种科学的指标体系。如杨黎源提出了八个视角，即从"邻里关系""工友关系""困难互助""社区管理""风俗习惯""婚姻关系""安全感"及"定居选择"等几个方面对移居人口的社会融入关系进行了全面分析。① 张文宏和雷开春也提出了十四个主观和客观指标，不仅参考了国际移民研究中的相关维度，还结合了国内移民研究中的相关指标并考虑到了国内大城市的现实状况。② 杨菊华还从三个层次构建一个系统的测量体系。具体而言，第一层次包括"经济整合""行为适应""文化接纳""身份认同"，主要是测量流动人口社会融入的总体状况；第二层次分属于每个维度的 16 个指标，反映维度的潜在变量；第三层次附属于各指标的具体变量，反映每个指标潜在决定因素。③ 尽管学界构建的评价指标存在着明显的差异，但是普遍认为社会融入属于一种多维度、多层次的社会过程，而且大体达成学术共识。

还有一些学者对中国城市农民工和政策性移民的社会融入问题进行了具体的经验研究，为丰富"社会融合"的中国社会内涵提供了非常宝贵的经验支持。如关信平等人通过对上海、广州等五大城市农民工的研究，从中国农民工的新特征（定居城市）出发，提出了"社区参与促进社会融入"④ 的理论路径；刘建娥也在相关调查的基础上提出了"乡—城移民社会融入政策体系模式"，认为"移民的社会融入度主要受到居住、社区、经济、社会资本、人力资本、就业、健康 7 个关键因子的影响"⑤；风笑天通过研究在迁移到浙江和江苏的三峡移民，发现住房状况、社会交往、语言、习俗等因素对跨

---

① 杨黎源：《外来人群社会融入进程中的八大问题探讨——基于对宁波市 1 053 位居民社会调查的分析》，《宁波大学学报（人文社科版）》，2007 年第 6 期。

② 张文宏、雷开春：《城市新移民社会融入的结构、现状与影响因素分析》，《社会学研究》，2008 年第 5 期。

③ 杨菊华：《流动人口在流入地社会融入的指标体系——基于社会融入理论的进一步研究》，《人口与经济》，2010 年第 2 期。

④ 关信平、刘建娥：《我国农民社区融入的问题与政策研究》，《人口与经济》，2009 年第 3 期。

⑤ 刘建娥：《乡—城移民（农民工）社会融入的实证研究》，《人口研究》，2010 年第 4 期。

省外迁移民的社会融入具有显著的影响，其中以当地政府和居民的接纳态度为最重要的因素。① 此外，近年来我国少数民族流动人口的社会融合问题引起了学界的特别关注。一些学者从语言、宗教、生活习俗等角度揭示了该群体社会融合的文化困境，也有学者从"社会资本""人力资本""社会排斥"等视角探析了该群体社会融合的影响因素；还有学者从"权益保障""多元化管理""服务和引导"等角度提出了加强少数民族流动人口城市适应性的对策建议。相关研究立足于中国现代化进程，试图解决包括少数民族流动人口在内的农民工或政策性移民的现代性融入问题。

三、我国少数民族流动人口研究

近年来，不少学者从不同角度对我国少数民族流动人口的情况进行了综述研究。李吉和、常岚从"融入"含义的研究、少数民族流动人口的城市融入水平的情况、少数民族流动人口在城市融入过程中遇到的阻碍、如何使少数民族流动人口融入城市的对策 4 个方面梳理了少数民族流动人口城市融入状况的相关研究，并指出当前对少数民族流动人口的研究还处于初级阶段②。晏玲从社会资本的角度对少数民族流动人口的研究进行了归纳总结，探究了少数民族流动人口的社会资本的基本情况及其存在的不足，指出少数民族流动人口从就业、社会交往、宗教生活三方面利用社会资本融入城市，但她也强调要注意社会资本有其阻碍作用③。马冬梅等人总结归纳了少数民族流动人口的管理服务问题的相关研究，从制度化与人性化的视角阐述了在社会转型期中我国城市的少数民族流动人口的管理服务的问题④。袁年兴、许宪隆从社会融合视角下研究并总结了我国少数民族流动人口的研究状

---

① 风笑天：《生活的移植——跨省外迁三峡移民的社会适应》，《江苏社会科学》，2006 年第 3 期。

② 李吉和、常岚：《穆斯林流动人口城市融入研究文献综述》，《中南民族大学学报（人文社会科学版）》，2014 年第 1 期。

③ 晏玲：《穆斯林流动人口的社会资本研究综述——以中东部少数民族为例》，《新西部（理论版）》，2013 年第 13 期。

④ 马冬梅、李吉和：《制度化与人性化：社会转型期我国城市少数民族流动人口管理服务研究》，《北方民族大学学报（哲学社会科学版）》，2014 年第 2 期。

况①。上述研究成果主要从少数民族流动人口的基本情况、相关概念的界定、少数民族流动人口的社会融入等角度对我国少数民族流动人口进行了研究与梳理，对了解我国少数民族流动人口的研究动态有一定的借鉴意义和参考价值。

(一)少数民族流动人口研究热点

本研究将选择中国知网（CNKI）期刊库，搜集国内学者对我国少数民族流动人口研究的相关文献。在数据库中主要围绕我国少数民族流动人口设定相关检索词，时间跨度从 2005 年 1 月 1 日到 2018 年 11 月 30 日。因为少数民族流动人口属于少数民族，且其中最多的就是回族和维吾尔族，所以在设定检索词时，会把民族、回族、维吾尔族、边疆等词语计算上。在文献的选择上，以主题＝（"流动人口"并含"新疆"or"流动人口"并含"伊斯兰"or"流动人口"并含"少数民族"or"流动人口"并含"回族"or"流动人口"并含"维吾尔族"）为检索式，共检索到 886 篇文献，筛选剔除报纸、期刊通知及无关文献后共计 400 篇文献。这些文献主要集中在社会融入、社会治理、少数民族流动人口、伊斯兰教、少数民族群体等领域。

本书为了对我国少数民族流动人口的研究动态有更深的了解，尝试用 Web of Science 核心集合（包括 SCI 和 SSCI）收集国外学者对我国少数民族流动人口的研究资料，但是当 TS＝（"Chinese floating Muslims" OR "mobile Muslims in China" OR "Chinese migrant Muslims" OR "China migrant Muslims" OR "China floating Muslims"）为检索式进行检索时，检索到的文章，一共只有二十几篇，且几乎全是国内学者在国外期刊上发表的文章。所以本书在进行样本的选择时，也就没有选择 Web of Science 核心集里的文章，而是借用中国知网（CNKI）的计量可视化分析的数据。由于中国知网（CNKI）对计量可视化分析的数据的最大样本容量为 200，所以本研究对之前的 400 篇文章进行进一步筛选，选出其中属于核心期刊且与本研究相关度更高的 200 篇文章进项计量可视化分析。其中我们选取关键词共现网络、学科分布、基金分布的结果用于本书分析。

---

① 袁年兴、许宪隆：《社会融合视角下我国少数民族流动人口研究综述》，《宁夏社会科学》，2018年第 2 期。

中国知网的关键词共现网络采用的是 citespace 的关键词贡献网络原理，本书直接应用中国知网的数据分析，是因为这样的结果更直观，避免在采用 citespace 时由于一些操作原因而出现的结果失误。为了更清晰地看到本研究的研究热点，将关键词共现网络的节点过滤设置为 6，聚类数为 3，结果如图 1。图中圆环的大小表示出现的频次，两个圆环间连线的粗细表示两个圆环中的节点词的共现次数。同时为了更准确地对我国少数民族流动人口的关键词进行分析，本书应用了 citespace 的关键词分析功能，其中中心度的大小代表了其节点的重要性，见表 1-1。

表 1-1　我国少数民族流动人口研究高频关键词

序号	突发主题	中心度	关键词
1	6.84	0.67	流动人口
2		0.25	维吾尔族
3		0.37	少数民族流动人口
4		0.19	回族
5	3.41	0.08	社会融入
6		0.13	少数民族
7		0.12	少数民族流动人口
8	3.31	0.25	民族关系
9		0.22	少数民族
10		0.08	服务管理

从图 1-2 可以看出我国少数民族流动人口研究的文献按关键词被引频次按前十排序依次为人口流动、民族关系、少数民族人口、民族问题、城市民族工作、城市经济、流动少数民族、人口管理、民族工作、社会融入，这反映了我国少数民族流动人口研究的热点。从表 1-1 可以看出流动人口、社会融入、民族关系都是该研究领域的突发主题。按照中心度排名的前三位分别是"流动人口""少数民族流动人口""民族关系"，说明这三个节点即这三个词具有较高的重要性。

为了更全面地了解我国少数民族流动人口的研究动态及热点，我们还需要了解该课题研究的学科结构和基金结构，同样采用中国知网（CNKI）的分析结果，如图 1-3 和图 1-4 所示。

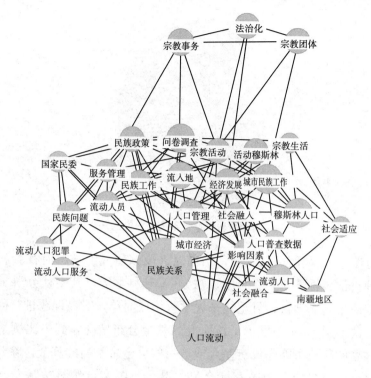

图 1-2　我国少数民族流动人口研究的关键词共现网络

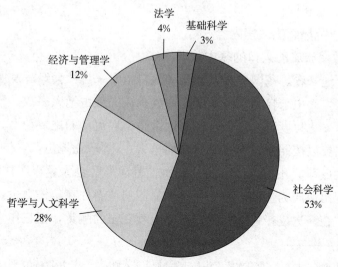

图 1-3　我国少数民族流动人口研究的学科分布

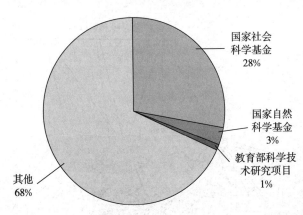

图 1 - 4　我国少数民族流动人口研究的基金分布

　　通过图 1 - 4 我们可以发现，当前对涉及该研究的学科有社会科学、经济与管理科学、哲学与人文科学、法学/基础科学等。其中社会科学研究的比例大大高于其他学科，且整体来说学科构成简单，对该课题进行研究的学科较为单薄。图 1 - 4 中显示了该研究的基金分布情况，其中比例最高的为其他，这里的其他可能是没有基金或者一些含金量不高的基金，除开其他这个成分之外，排名依次为国家社会科学基金、国家自然科学基金、教育部科学技术研究项目。这也进一步反映了社会科学对该研究的涉及最多，与图 1 - 3 的结果相同。

（二）研究热点的聚焦内容

1. 少数民族流动人口的基本状况

　　从来源地来看，我国少数民族流动人口主要来自社会经济发展相对落后的西北地区，其中来自甘宁青地区的回族少数民族占绝大多数。我国少数民族流动人口文化程度普遍偏低，经济因素是他们流动的主要动力。在工作状况方面，主要以按照家庭模式经营拉面馆为主，"职业地位低，技术含量低，就业稳定性低"[①]，不仅工作时间长，而且劳动强度也大。在居住格局方面，总体上呈现出散居为主的态势，大多依靠租房或者住在集体宿舍，甚至还有一部分人"在路边搭帐篷，白天开店晚上就在里面睡觉，把它作为自己的住

---

　　①　哈尼克孜·吐拉克：《维吾尔族流动人口内地城市融入研究——基于武汉市的调查》，《中南民族大学学报（人文社会科学版）》，2014 年第 4 期。

宿处"①。在年龄和性别方面，我国城市少数民族流动人口大多为男性，②以中青年为主，且呈现出了有低龄化发展的趋向。③不过，在京津两地务工的维吾尔族流动人口主要由女性组成。④在家庭状况方面子女入学难的问题是少数民族流动人口面临的主要问题，大量少数民族流动儿童很难进入当地公立学校读书，而私立学校的收费通常非常高，"女童适龄就学者入学率只有80%，且以幼儿园和小学阶段居多，读完初高中者极少等问题"⑤，因此大部分少数民族流动人口没有让孩子随迁。少数民族流动人口进入城市生活，在医疗费用方面还是有着很重的负担，家庭开支以日常生活消费和子女教育为主。

在社会关系层面，我国少数民族流动人口的社会关系以亲戚朋友为社会交往的主要纽带，⑥这种以地缘和亲缘为核心的强关系网络，对他们社会融入的影响即具有积极性（即提供了必要的社会帮助），又在一定程度上具有消极性（即加剧了少数民族流动人口内部的竞争）。⑦学者们在调查研究中发现，少数民族流动人口的社会网络还是依赖于之前的"熟人社会"，生存与发展主要依赖这种社会网络，与"熟人社会"之外的少数民族也很少交往。

在宗教信仰方面，少数民族流动人口进入城市之后，"伊斯兰文化深入到他们的物质世界和精神世界之中，影响着他们的生产和生活，当他们进入城市之后，在社会适应方面表现出了其独特的适应性"⑧，也有的学者认为

---

① 哈尼克孜·吐拉克：《维吾尔族流动人口内地城市融入研究——基于武汉市的调查》，《中南民族大学学报（人文社会科学版）》，2014 年第 4 期。

② 韩锋：《城市外来少数民族务工经商人员生存状况调查——以成都市外来新疆维吾尔族人员为例》，《贵州民族研究》，2011 年第 4 期。

③ 熊威：《民族宗教流动人口社会学调查——广州市化隆拉面从业群体的基本特征调查报告》，《贵州大学学报（社会科学版）》，2010 年第 6 期。

④ 阿布都热西提·基力力：《维吾尔族农民工在京、津两地生活适应的调查》，《北方民族大学学报（哲学社会科学版）》，2011 年第 2 期。

⑤ 苏慧芳：《回族拉面经营群体的子女教育问题及其对策——以深圳市为例》，《宁夏社会科学》，2014 年第 1 期。

⑥ 李吉和、马冬梅等：《当前中国城市少数民族流动人口基本特征——基于中、东部地区穆斯林群体的调查》，《云南民族大学学报（哲学社会科学版）》，2013 年第 5 期。

⑦ 常岚：《武汉市穆斯林流动人口的社会融入研究——基于社会支持网络视角》，《贵州大学学报（社会科学版）》，2014 年第 3 期。

⑧ 高翔、鱼腾飞等：《流动穆斯林城市社会适应性实证研究——以兰州市回族、东乡族为例》，《人口与经济》，2011 年第 2 期。

都市化的少数民族流动人口"重信仰和习俗，轻礼仪和功修"[①]，"都市少数民族流动人口在宗教行为上总体有所减弱"[②]，"相对在家乡而言，部分少数民族流动人口宗教生活淡化"[③]。与此同时，"都市少数民族宗教信仰和情感被进一步唤醒，对教职人员经训水平和清真寺的管理能力提出了更高的要求"[④]。总体看来，我国少数民族流动人口在流入城市社会中还处于弱势群体的地位，面临着比其他流动人口更复杂的现实困境，宗教信仰、子女教育等合法权益没有得到有效的保障。[⑤]

2. 少数民族流动人口社会融入问题分析

关于少数民族流动人口的社会融入问题研究，学界在融入层次的划分上存在着一定的分歧。如李晓雨和白友涛把社会融入分为"经济融入、社会（制度）融入、文化融入和心理融入"[⑥]，高向东认为要重点考察闲暇生活、社会交往、婚恋生活等方面情况，[⑦] 王平也将经济障碍、就业过程、医疗教育等分开来看，[⑧] 孙艳认为少数民族流动人口社会融入由"经济和社会融入、心理融入、行为适应、文化接纳"这4个层次构成，[⑨] 也有的学者从民族关系的视角分析了少数民族流动人口的社会融入问题，等等。尽管学者们的研究视角存在着一定程度的差异，但从已有研究文献的总体框架看来，我国少数民族流动人口的社会融入问题主要体现在经济融入、文化融入、心理融入以及民族关系融入等层面。

具体而言，在经济层面，"经济融入"通常是与"社会排斥"这一概念相对应的，主要是指"缩减财富和收入差距，总体上让人们感觉到他们融入

①④ 米寿江：《中国伊斯兰教都市化的过程及其发展趋势》，《世界宗教文化》，2010 年第 1 期。

② 吴碧君：《城市流动穆斯林宗教信仰行为研究——对北京、上海、广州、成都 4 城市的调查》，《新疆社会科学》，2014 年第 1 期。

③ 白友涛、陈赟畅：《穆斯林与大城市回族社区——以南京、上海等城市为例》，《回族研究》，2007 年第 4 期。

⑤ 马晨晨、段学芬：《浅析流动穆斯林的社会融入问题》，《新西部》，2011 年第 27 期。

⑥ 李晓雨、白友涛：《我国城市流动穆斯林社会适应问题研究——以南京和西安为例》，《青海民族学院学报》，2009 年第 1 期。

⑦ 高向东：《城市清真拉面馆从业少数民族流动人口分析——以上海市为例》，《中南民族大学学报（人文社会科学版）》，2014 年第 1 期。

⑧ 王平：《乌鲁木齐维吾尔族流动人口生存和发展调查研究》，《北方民族大学学报（哲学社会科学版）》，2012 年第 2 期。

⑨ 孙艳：《广州市流动穆斯林社会融入实证研究》，《民族论坛》，2014 年第 3 期。

在一个共同体中，作为共同体的成员，面对共同的挑战"①。少数民族流动人口从农牧区进入城市之后，随着原始资金的不断积累，越来越多的人开始从事个体经营，虽然这主要局限于拉面馆、水果店或烧烤摊，但是无疑有助于提高他们的经济收入，即使是"拉面师傅"或"跑堂"，"少数民族流动人口在进入城市后，月收入呈逐渐增加的趋势"②。我国少数民族流动人口的经济融入问题主要表现在："流动人口在收入上很难与城市居民相比，收入差距大，就使得他们虽然和城市居民生活在同一座城市，但是生活质量上存在巨大差异。经济上的差距是他们真正融入城市社区的最大阻力"③；"个人收入差异明显，影响收入提高的主要原因是'生意难做'……有照经营者与无照经营者并存，'摆摊'成为与城管冲突的导火索"④。少数民族流动人口的经济融入问题主要体现为一种"内卷化"问题，即越来越多的少数民族流动人口集中于同一行业，彼此之间的竞争也越来越激烈，少数民族流动人口中不同"熟人社会"之间的矛盾纠纷也越来越突出。⑤ 简言之，经济收入差距大以及社会发展空间的局限性，是我国少数民族流动人口经济融入的主要问题。

在文化层面，中国是一个多民族、多宗教信仰和谐共生的国家，文化的多样性形成了中华民族多元一体的格局。因此，中国语境中的文化融入主要是指不同宗教信仰和民族文化共生融入发展，亦即为"各美其美，美美与共"。对于少数民族流动人口而言，"宗教生活与社会生活的共通性为少数民族流动人口的社会关系建构与维护提供了网络平台与支持"⑥，伊斯兰教的

---

① Maxwell，J.：*Social Dimensions of Economic Growth*. Ottawa：Canadian Policy Research Networks，1996. 转自李培林、田丰：《中国农民工社会融入的代际比较》，《社会》，2012 年第 5 期。

② 李晓雨、白友涛：《我国城市流动穆斯林社会适应问题研究——以南京和西安为例》，《青海民族学院学报（社会科学版）》，2009 年第 1 期。

③ 王平、徐平等：《乌鲁木齐维吾尔族流动人口生存和发展调查研究》，《北方民族大学学报（哲学社会科学版）》，2012 年第 2 期。

④ 常岚：《城市穆斯林流动人口的经济生活状况探析——基于武汉市的调查》，《贵州大学学报（社会科学版）》，2013 年第 4 期。

⑤ 袁年兴、许宪隆：《长三角地区穆斯林流动人口社会融入研究——基于结构方程模型的分析》，《中国人口科学》，2016 年第 2 期。

⑥ 尤佳：《论流动穆斯林的宗教生活与城市社会适应：以东部沿海城市为例》，《世界宗教文化》，2012 年第 4 期。

教规教义有助于他们能动地"根据所处环境进行各种调整来适应新的环境"①。少数民族流动人口的文化融入问题主要表现在"对教务的发展有普遍的失落感"②，更为具体的表现有"饮食习惯和丧葬习俗在大多数城市难以得到满足"③，"清真寺和礼拜点相对不足，回民墓地紧缺问题"④。其次，少数民族流动人口的文化融入问题还表现在少数民族流动人口与少数民族常住人口之间"认同的错位和心理鸿沟使他们彼此很难走近"⑤。此外，"工厂招工中拒聘少数民族职工以及生活在各种单位中因清真饮食问题而不能融入所处环境的员工"⑥、"城市居民由于缺乏与他们的沟通和了解，从而对其造成误解和偏见"、"城市居民和汉族流动人口的歧视和偏见"⑦等问题，都是少数民族流动人口文化融入问题的主要表现形式。

在心理层面，心理融入是指社会个体基于对自己存在的自我察觉和认知，把自己界定为所在社会环境中的其中一员，从而对所在社会形成一种自我认同和归属感。其中的自我定位及其社会归属感直接反映了他们内心是否冲突。少数民族流动人口置身于以汉文化为主体的主流文化之外，有的学者认为"民族情感与身份认同的差异、陌生的环境、巨大的文化隔膜、生活饮食的不习惯以及语言不通等种种困境"⑧，容易造成少数民族流动人口边缘化的心理反应；"城市中大部分少数民族流动人口对各自城市的认同度并不高，长期定居的愿望并不强烈或者并不清晰。"⑨也有的学者更为具体地指

① 陈晓毅：《都市流动穆斯林文化适应问题及其解决之道——基于问卷调查的广州个案实证研究》，《青海民族研究》，2010年第3期。

② 马强：《流动的精神社区：人类学视野下的广州少数民族哲玛提研究》，中国社会科学出版社，2006年版，第129页。

③ 马晨晨、段学芬：《浅析穆斯林流动人口的社会融入问题》，《新西部》，2011年第27期。

④ 陈晓毅：《都市穆斯林流动人口文化适应问题及其解决之道——基于问卷调查的广州个案实证研究》，《青海民族研究》，2010年第3期。

⑤ 杨文炯、樊莹：《回族文化的地域差异与民族认同的错位——关于江苏连云港回族社会的调查研究》，《北方民族大学学报（哲学社会科学版）》，2009年第2期。

⑥ 马强：《都市穆斯林宗教问题田野调查研究》，《世界宗教文化》，2011年第6期。

⑦ 高翔、鱼腾飞等：《结构变迁理论视角下的穆斯林流动人口城市适应的障碍性因素分析——以兰州市回族、东乡族为例》，《西北人口》，2011年第4期。

⑧ 哈尼克孜·吐拉克：《维吾尔族流动人口内地城市融入研究——基于武汉市的调查》，《中南民族大学学报（人文社会科学版）》，2014年第4期。

⑨ 李晓雨、白友涛：《我国城市流动穆斯林社会适应问题研究——以南京和西安为例》，《青海民族学院学报（社会科学版）》，2009年第1期。

出，少数民族流动人口在对"自我"身份的认知层面上表现出了较为明显的积极性，但在"社会认同"和"社会归属感"这两个层面则呈现出了不适应性①。老一代少数民族流动人口随着居住时间的增加，其心理融入程度越低，而这对于新生代而言则刚好相反；保障政策对于老一代以及新生代的心理融入都产生显著的影响。② 可以明确，无论是老一代，还是新生代，我国少数民族流动人口的心理融入都处于一个比较低的水平。

在民族关系层面，少数民族身份是少数民族流动人口在流入城市社会中自我认同的主要依据，民族关系融入问题涉及新时期我国民族关系格局的发展趋势。李吉和指出，少数民族流动人口成为城市民族交流的重要力量，既能促进民族经济的同步发展，又能促进不同民族文化之间的交流，形成城市社会文化多样性的认同和交融；③ 也有的学者认为，少数民族流动人口的迁移和流动突破了地理限制和居住形式局限，民族交往开始加强，来自于民族地区的少数民族人口一方面吸收外地和其他民族文化，另一方面也传播和发展着本民族文化，在不断的交流过程中建立起融洽的关系；④ 还有的学者以新疆少数民族流动人口为例，指出该群体带来的积极影响在一定程度上主要表现是改变了新疆地区的经济结构和收入结构，改善了新疆地区相对落后的社会经济的发展，也有助于促进了民族地区社会变迁以及各民族文化的交流和联系，增强文化认同感；而负面社会影响主要是增加了内地政府管理工作的难度，对民族团结和社会安定造成一定的不和谐，尤其是部分流动人口的违法行为给"新疆人"的形象带来了消极影响。⑤

3. 影响少数民族流动人口的因素分析

为什么我国少数民族流动人口的社会融入存在着诸多问题特征？其中的

---

① 高翔、鱼腾飞等：《结构变迁理论视角下的穆斯林流动人口城市适应的障碍性因素分析——以兰州市回族、东乡族为例》，《西北人口》，2011 年第 4 期。

② 袁年兴、许宪隆：《穆斯林流动人口社会融入的代际比较研究——以长三角地区的调查数据为例》，《中南民族大学学报（人文社会科学版）》，2016 年第 2 期。

③ 李吉和：《论少数民族流动人口与民族交融——基于中、东部地区穆斯林群体的研究》，《中南民族大学学报（人文社会科学版）》，2012 年第 3 期。

④ 绫西发：《新疆人口迁移问题研究》，《新疆大学学报（哲学·人文社会科学汉文版）》，1996 年第 4 期。

⑤ 杨磊：《赴内地务工维吾尔族流动人口浅析》，《新疆大学学报》（哲学·人文社会科学汉文版），2012 年第 3 期。

影响因素又有哪些？对此，学界也进行了深入研究。一般而言，少数民族流动人口脱离了"熟人社会"而进入到东南沿海城市社会，影响他们社会融入的根本性因素在于"制度差异和壁垒"①，"一些不公平的制度因素直接阻碍少数民族流动人口城市适应进程"②。也有的学者坚持经济层面的收入对于少数民族流动人口的城市适应具有根本性的作用，③ 认为"经济收入偏低是影响少数民族流动人口社会融入的核心因素"④。在日常生活中，主要因素还涉及少数民族流动人口的突发事件问题、少数民族流动人口的子女教育问题以及少数民族与非少数民族之间的社会关系问题这三方面。⑤ 值得注意的是，一种比较偏颇的观点认为，"都市生活方式以及宗教约束力的降低是影响少数民族流动人口行为变化的首要原因"⑥。事实上，宗教信仰虽然影响到该群体在流入地定居的意愿，但宗教信仰越虔诚的少数民族，其社会融入程度越高。⑦ 这在一定程度上验证了马明良、马宗保等人的观点——伊斯兰教的慈爱精神是民族团结和社会和谐的重要文化资源，对少数民族流动人口的社会融入具有积极的作用。

学界的研究表明，少数民族流动人口的社会融入需要经历一个复杂且长期的社会过程。正因如此，有的学者试图从社会结构层面来揭示其中的影响因素。如杨圣敏和王汉生通过北京"新疆村"的考察，揭示了维吾尔族流动人口的"边缘性"突出地表现在社会地位及身份结构上，⑧ 马戎也指出维吾

---

① 李晓雨、白友涛：《我国城市少数民族流动人口社会适应问题研究——以南京和西安为例》，《青海民族学院学报》，2009年第1期。

② 高翔、鱼腾飞等：《结构变迁理论视角下的穆斯林流动人口城市适应的障碍性因素分析——以兰州市回族、东乡族为例》，《西北人口》，2011年第4期。

③ 高翔、程慧波等：《兰州市流动穆斯林城市适应性分析》，《中国人口科学》，2010年第1期。

④ 徐平：《乌鲁木齐市维吾尔族流动人口的社会排斥和融入》，《中南民族大学学报（人文社会科学版）》，2011年第6期。

⑤ 陈晓毅：《都市穆斯林流动人口文化适应问题及其解决之道——基于问卷调查的广州个案实证研究》，《青海民族研究》，2011年第3期。

⑥ 吴碧君：《城市流动穆斯林宗教信仰行为研究——对北京、上海、广州、成都4城市的调查》，《新疆社会科学（汉文版）》，2014年第1期。

⑦ 袁年兴、许宪隆：《穆斯林流动人口社会融入的代际比较研究——以长三角地区的调查数据为例》，《中南民族大学学报（人文社会科学版）》，2016年第2期。

⑧ 杨圣敏、王汉生：《北京"新疆村"的变迁——北京"新疆村"调查之一》，《西北民族研究》，2008年第2期。

尔族"社会流动"和"族群分层"出现了消极发展趋势，[①] 一种比较全面的观点是：影响少数民族流动人口社会融入的因素包括个体、社会环境及国家制度三个层面，其中个体层面包括语言、文化程度及社会资本，社会环境层面包括政治权利、经济地位和社会心理，国家制度层面包括户籍制度和保障制度。[②] 这种观点显然已经认识到，影响少数民族流动人口社会融入的因素是多维度、多层次的，只是忽略了这些不同因素的具体影响方向。袁年兴等人的研究表明，个人资本和社会资本对少数民族流动人口社会融入的影响存在着代际变迁，而且在不同层次的影响也存在着程度和方向上的差异，政策制度因素的影响作用具体体现在心理融入层次。[③] 可以明确，政治共同体认同和心理融入在少数民族流动人口社会融入中占有非常重要的地位。

4. 促进少数民族流动人口的对策建议研究

促进少数民族流动人口共享社会发展成果，实现民族融入与宗教和睦，这是我国民族宗教政策的目标诉求。如何通过服务管理政策实现我国少数民族流动人口的社会融入呢？伊斯兰教"两世并重"的行为导向，为我们从政策层面促进少数民族流动人口的社会融入提供了基本条件。因此，一些学者各自从经济服务、政治制度和文化管理等方面进行了深入探究，并提出了许多有益的建议。从理论视角和对策主体的角度来看，相关成果大体分为三类：一是立足于少数民族流动人口的现实问题，强调了政府的主导地位。如有的学者指出，流入地政府要在以人为本的政策主导下，提高少数民族流动人口的法律意识，同时用制度保障流入地社会尊重少数民族流动人口的宗教信仰和风俗习惯。[④] 也有的学者强调当地政府需要加强与少数民族流动人口的来源地政府的信息沟通，应建立长效的信息沟通机制和就业信息体系，并

---

① 马戎：《我国部分少数民族就业人口的职业结构变迁与跨地域流动——2010 年人口普查数据的初步分析》，《中南民族大学学报》，2013 年第 4 期。

② 哈尼克孜·吐拉克：《维吾尔族流动人口内地城市融入研究——基于武汉市的调查》，《中南民族大学学报（人文社会科学版）》，2014 年第 4 期。

③ 袁年兴、许宪隆：《穆斯林流动人口社会融入的代际比较研究——以长三角地区的调查数据为例》，《中南民族大学学报（人文社会科学版）》，2016 年第 2 期。

④ 阿布都热西提·基力力：《维吾尔族农民工在京、津两地生活适应的调查》，《北方民族大学学报》，2011 年第 2 期。

加强教育支持。[①] 还有的学者提出完善少数民族流动人口管理的社会治安防控网络，[②]。针对一些少数民族流动人口的违法行为，阿布都外力·依米提强调，要坚持依法治理的原则，在加强少数民族流动人口权益保护方面的法制建设同时，合理使用"两少一宽"的司法政策。[③] 相关对策建议主要还是强调地方政府的制度建设。在社会支持系统论的视角下，地方政府重点应在于使"政策获得认同、信任、服从、参与和宽容的价值"。因此，有的学者提出要"建立完善的城乡一体化社会保障体系"、"采取'以服务实现管理'模式，并提供法律援助"[④]；也有的学者认为少数民族流动人口的来源地和流入城市之间要做好双向的职业培训，[⑤] 晏玲以民族团结的民族观为导向，加强对少数民族文化的宣传以及国家民族政策的贯彻落实，在属地化管理的基础上实现市民化服务；[⑥] 等等。其中，徐平提出一个具有可行性的对策建议，即鼓励少数民族流动人口在街道和社区居委会的支持和主导下，以社区为基本单位建立自治组织，"逐步打破城乡户籍制度，放开户籍制度与教育和医疗等福利的绑定"[⑦]。不难看出，相关对策建议大多立足于一种宏观服务管理的体制和机制建设。

二是立足于社会网络理论视角，重点关注如何通过社会组织把个体整合进流入地社会的社会网络中。社会网络论由美国社会学家马克·格兰诺维特（Mark Granovetter，1986/2015）首次提出，强调了核心的社会结构就是人们生活中的社会网络，嵌入的网络机制是信任。后来美籍华裔社会学家林南

---

① 李光明、马雪鸿：《少数民族外出务工人员的社会关系、职业认同、城镇适应性分析》，《西北农林科技大学学报（社会科学版）》，2014年第4期。

② 莫洪宪：《新疆城市流动人口与社会治安防控研究——以乌鲁木齐维吾尔族流动人口为例》，《黑龙江民族丛刊》，2013年第5期。

③ 阿布都外力·依米提：《新疆少数民族流动人口在内地城市务工经商及其权益保护问题研究》，《西北民族研究》，2011年第2期。

④ 哈尼克孜·吐拉克：《维吾尔族流动人口内地城市融入研究——基于武汉市的调查》，《中南民族大学学报（人文社会科学版）》，2014年第4期。

⑤ 侯海坤：《西北大城市穆斯林流动人口的城市适应问题研究——以兰州市为例》，《黑龙江民族丛刊》，2013年第5期。

⑥ 晏玲：《社会资本与穆斯林流动人口城市融入——以广州市的调查为基础》，《宜春学院学报》，2013年第5期。

⑦ 徐平：《乌鲁木齐市维吾尔族流动人口的社会排斥和融入》，《中南民族大学学报（人文社会科学版）》，2011年第6期。

对格兰诺维特的"弱关系强度假设"进行了推广，进而提出了社会资本理论。在这种理论视角下，有的学者强调要立足于少数民族流动人口基于宗教信仰的心理立场，充分发挥伊斯兰教的组织功能以及清真寺作为一种精神社区的心理调适功能以及当地少数民族社区对少数民族流动人口的吸纳，重构少数民族社区的整合功能；① 也有的学者强调伊斯兰教协会应积极调解少数民族流动人口的内部矛盾，与少数民族流动人口形成一种良性互动；② 一些学者认为清真寺已成为政府管理伊斯兰教宗教事务的重要媒介，不仅能够承担起国家民族宗教政策上传下达的纽带功能，而且还承担着政府职能部门与少数民族之间的意义关联，因此可以通过清真寺建立少数民族流动人口的联谊组织和社会关系网络，实施少数民族流动人口的"求助登记制度，建立调解制度"③。相关研究都重视社会组织对少数民族流动人口内部融入关系的整合功能，但忽视了如何将少数民族流动人口与当地居民之间的融合发展问题。

三是立足个体的现实需求问题，强调少数民族流动人口的能动性对社会融入的影响，"将政府宗教工作的外在引导转移到少数民族宗教内部的自我调节上"④，指出少数民族流动人口自身也要适应现代社会的发展，主动提升自己的职业技能水平，拓展就业空间，主动与当地人建立在日常生活中的关系网络，从而改变人力资本和社会资本不足的困境。⑤ 也有学者从个体的心理视角出发，认为少数民族流动人口应该增强自己在社会交往中的信心，积极参与流入城市的政治、经济与文化生活，构建新的社会网络资本；⑥ 还有学者指出，要以改善少数民族流动人口的经济条件为切入点，提高他们的

---

① 侯海坤：《西北大城市穆斯林流动人口的城市适应问题研究——以兰州市为例》，《黑龙江民族丛刊》，2013年第5期。
② 季芳桐：《城市化进程中的和谐社会建设——和谐社会视野下的流动穆斯林城市管理研究》，《南京理工大学学报（社会科学版）》，2008年第2期。
③ 徐中林：《城市清真寺现代功能的拓展——以济南市清真寺服务管理外来穆斯林为例》，《中国宗教》，2013年第3期。
④ 周传斌、杨文笔：《城市化进程中少数民族的宗教适应机制探讨——以中国都市回族伊斯兰教为例》，《西北第二民族学院学报（哲学社会科学版）》，2008年第2期。
⑤ 马晨晨：《浅析流动穆斯林的社会融入问题》，《新西部》，2011年第27期。
⑥ 晏玲：《社会资本与穆斯林流动人口城市融入——以广州市的调查为基础》，《宜春学院学报》，2015年第3期。

社会适应能力①。相关对策建议旨在充分发挥少数民族流动人口的主观积极性，避免过于依赖地方政府的政策支持。

综上所述，学界相关研究取得了丰硕的成果，不仅覆盖了我国少数民族流动人口的方方面面，而且也提出了许多有益的观点，这也正是本书后续研究的基础。不过，相关研究也还存在着明显的不足：第一，部分研究成果由于理论预设的条件性和模糊性的限制（建立在社会本体论的基础上，把少数民族流动人口视为当地社会的"外来者"），提出的建议也主要局限于引导少数民族流动人口被动地适应和融入，缺乏具有前瞻性的政策及成熟的配套措施来促进他们"当家做主人"；第二，在研究方法上，大多数成果也主要停留在质性研究层面，少量量化研究存在着回归预测的任意外推问题，因此为政府提供的政策建议还有待进一步验证和商榷；第三，在政策管理创新的研究中，还存在着宏观理论研究与微观经验研究的脱钩，而且相对一部分成果还停留在宏观体制的层面，过于理想而缺乏可操作性。在原本不多的理论研究中，还有一些学者生搬硬套西方社会融入理论的主要主张，而忽视了其中的范式困境及其伦理局限性。尤其是在我国社会转型的过程中，"客观的结构分层明显快于制度整合"②，西方社会融入的各种理论逻辑显然无法解释我国少数民族流动人口社会融入的深层次问题。比如，改革开放以来我国少数民族流动人口的社会融入到底发生了什么样的变化？社会转型对该群体的社会融入造成了什么样的影响？相关影响因素具有什么样的作用机制？现行政策对这些变化有什么样的反应？显然这一系列重要的问题尚未得到很好的回答。

第三节　研究思路与内容

一、研究思路

本书的研究对象是我国少数民族流动人口的社会融入问题，核心概念为"少数民族流动人口"。对于"少数民族流动人口"的界定，目前学界大多数

---

① 高翔、鱼腾飞等：《结构变迁理论视角下的穆斯林流动人口城市适应的障碍性因素分析——以兰州市回族、东乡族为例》，《西北人口研究》，2011年第4期。
② 李汉林、魏钦恭等：《社会变迁过程中的结构紧张》，《中国社会科学》，2010年第2期。

采用一种约定俗成的共识，即把"少数民族流动人口"视为"我国信仰伊斯兰教的少数民族流动人口"。不过，这种约定俗成的共识容易产生几个问题：少数民族流动人口是否包括随迁的少数民族儿童和在校少数民族大学生？少数民族流动人口是否包括无职业的流浪人员？假如一个少数民族在流入新的地区后改信其他宗教，是否还把他（她）视为少数民族流动人口？为此，少数学者秉着严谨的态度对"少数民族流动人口"进行尝试性的界定，如白友涛认为："'少数民族流动人口'的标准是：没有当地（包括郊区）正式户籍的，在城市居住时间为 3 个月至 15 年的成年少数民族"[1]；"少数民族流动人口主要指的是我国信仰伊斯兰教的 10 个民族"[2]。不难看出，相关概念界定还不能较好解决上述研究困境，存在着可以进一步完善的空间。基于上述认识，有关少数民族流动人口的人口学概念界定，应当包括时间、空间、制度及身份客观特征等维度。在本研究中，我们把"少数民族流动人口"界定为："在中国大陆境内流动、信仰伊斯兰教、在流入地经商或务工、居住 3 个月及以上且无常住户籍的中国成年公民，具体包括回族、维吾尔族、撒拉族等 10 个信仰伊斯兰教的少数民族流动人口"[3]。这一界定的优势在于能够从民族学、宗教学、人口学等综合性的社会科学视角，比较全面地把握该群体的特征及其社会属性。

此外，有关流动人口的代际划分，学界及社会各界形成了一定的共识。其中，"新生代"作为一个社会学的概念最早由王春光提出。在《新生代农村流动人口的社会认同与城乡融合的关系》一文中，王春光指出："'新生代农村流动人口'仅是一个假设性概念，还需要更详细的界定和说明"，为此他从年代、年龄和教育等维度，"将上世纪 80 年代初次外出的农村流动人口算作第一代，而 90 年代初次外出的算作新生代"[4]。后来，在国家统计局住

---

① 白友涛、陈赟畅：《流动穆斯林与大城市回族社区——以南京、上海等城市为例》，《回族研究》，2007 年第 4 期。

② 马清虎：《少数民族流动人口与长三角城市伊斯兰教的新发展——以义乌、温州、绍兴为例》，《回族研究》，2015 年第 2 期。

③ 袁年兴、许宪隆：《长三角地区穆斯林流动人口社会融入研究——基于结构方程模型的分析》，《中国人口科学》，2016 年第 2 期。

④ 王春光：《新生代农村流动人口的社会认同与城乡融合的关系》，《社会学研究》，2001 年第 3 期。

户调查办公室发布的《新生代农民工的数量、结构和特点》报告中，新生代农民工被定义为"2009 年外出从业 6 个月及以上、并且在 1980 年及之后出生的农村劳动力"[1]。李培林等人也"将流动农民工群体按照年龄划分为老一代农民工和新生代农民工，以 1980 年为界，1980 年及以后出生的定义为'新生代农民工'，1980 年以前出生的定义为'老一代农民工'"[2]。据此，我们还将 1980 年及以后出生的少数民族流动人口界定为"新生代少数民族流动人口"，把 1980 年以前出生的则界定为"老一代少数民族流动人口"。

本书的研究重点是利用多元回归模型比较分析影响新生代和老一代少数民族流动人口社会融入问题的因素及其作用机制，相关结果不仅在于解释该群体社会融入的代际变化及其成因，而且还是进行政策评估和对策建议的重要依据。因此，本书沿着实证分析的一般逻辑来展开研究，即依次"发现问题"、"分析问题"及"解决问题"。在这一过程中，本书的研究有明线和暗线两条线索：明线是少数民族流动人口社会融入的代际比较研究；暗线是共生型融入作为一种理想类型与客观事实的比较。明线与暗线相互交织的实证分析路径，构成了本书研究的脉络结构。

二、研究内容

第一部分，从同化主义、多元主义、建构主义等视角系统整理社会融入理论的国内外文献，并基于主体共生存在的普遍性规则以及我国民族关系宏观格局，构建理论分析框架及评价指标体系，提出相关研究预设。

第二部分，通过对东南沿海城市少数民族流动人口的抽样问卷调查，统计描述他们在民族成分、性别、文化程度、来源地区、职业、流入时间、劳动状态以及居住格局等客观特征的基本情况，比较其中代际变化。

第三部分，即基于对核心变量的探索性因子分析，阐释少数民族流动人口在文化、社会、心理及经济四个层面共生融入的程度，探析不同层面的逻辑层次及其代际差异，揭示新时期的新情况、新问题及其主要特征。

第四部分，拟合一组回归模型，分析人力资本、社会资本及政策制度

---

[1] 国家统计局住户调查办公室：《新生代农民工的数量、结构和特点》，中华人民共和国国家统计局官方网站，http://www.stats.gov.cn/ztjc/ztfx/fxbg/201103/t20110310_16148.html，2011 - 03 - 11.

[2] 李培林、田丰：《中国农民工社会融入的代际比较》，《社会》，2012 年第 5 期。

（自变量）对少数民族流动人口社会融入的影响，探析相关影响因素的代际结构、功效及其相互关系，揭示社会客观结构对社会融入的影响；并通过结构方程模型分析少数民族流动人口社会融入的结构性特征。

第五部分，检验研究预设的解释力度和范围，评估和总结现行政策的成效和不足，分析"共生型融入"的模式特征及制度性环境，阐释"共生型融入"的优化路径、具体的制度安排以及民族宗教工作的微观切入点。

第四节 研究视角与方法

一、研究视角

在具体的英语语境中，"社会融入"主要涉及"social assimilation"、"social integration"、"social inclusion"及"social Cohesion"等概念。在现有文献中，很多学者把"social assimilation"翻译成"社会融入"或"社会融合"，与"social integration"交叉使用。① 虽然相关概念在英文文献中具有类似的理论来源或理论交叉，但是从英文的原意来看，把"social assimilation"翻译为"社会同化"、"social inclusion"翻译为"社会包容"、"social Cohesion"翻译成"社会整合"或"社会融合"、"social integration"翻译成"社会融入"更为合理。在汉语语境中，学界也存在着把"社会融入"与"社会融合"交叉使用的现象。因此本书把学界已有文献的相关概念统一视为"社会融入"。

其实，在汉语语义中，"社会融入"与"社会融合"存在着明显的差异性，前者强调的是一种主体行为，而后者强调的是一种双向的关系模式。正因如此，个别民族学学者建议慎用"社会融入"，而采用"社会融合"，以突出民族之间的平等地位及其社会影响；也有学者认为"说起'融合'，往往

---

① 相关文献可参见悦中山等人《当代西方社会融合研究的概念、理论及应用》（《公共管理学报》，2009年第2期）、黄匡时和嘎日达《西方社会融入概念探析及其启发》（《理论视野》，2008年第1期）、李吉和《穆斯林流动人口城市融入研究文献综述》（《中南民族大学学报（人文社会科学版）》，2014年第1期）、杨菊华《从隔离、选择融入到融合：流动人口社会融入问题的理论思考》（《人口研究》，2009年第1期），等等。

使人想起'同化'政策，很容易产生歧义"①。在中华民族多元一体的社会格局中，"社会融入"首先是一种双向的主体行为——无论是对于流动人口而言，还是对于流入地居民而言，都能够理解、接受、尊重和适应彼此的生活习俗和社会规范。其次，"社会融入"还是一个双向的意义互动过程，既包括物质的社会成果共享，也包括社会地位层面的平等和互助，同时包括在多元一体的格局中增强社会共同体的凝聚力和归属感。因此，"社会融入"不完全等同于"社会融合"，更不能直接简化为"社会适应"或"城市适应"。

作为一项应用对策类的实证研究，本书的研究致力于"以一种对本土的悟性，来建构我们的知识体系和概念体系"②，即通过引入"共生"这一范畴，通过构建一种经验探讨与逻辑分析、定性研究与定量分析相结合的分析框架，构建和分析一种超越二元对立思维和分离主义的"共生融入"模型。共生（Symbiosis）是生物科学中的一个重要的基本概念，涉及众多生物学分支学科，由德国微生物学家 Anton de Bary 1879 年首次提出。③ 在全球化的时代背景下，共生理论已被注入了深刻的社会意义，共生现象得到哲学抽象与升华。如生态伦理、环境哲学对人与自然共生的探讨④，城市设计思想对人与社会共生的探索⑤，传统哲学对共生的兼容和拓展⑥等等，都无不揭示共生现象在现代社会存在的意义和价值。共生现象的哲学抽象与升华，基本上属于互利共生现象的哲学抽象与概括，其核心是"双赢"和"共存"。⑦"共生融入"是指行为主体在行为模式和组织模式上处于一种共生状态，并由

① 李吉和、马冬梅：《流动、调适与融入：城市少数民族流动人口调查》，武汉：华中科技大学出版社，2016 年版，序言第 2 页。

② 麻国庆：《比较社会学：社会学与人类学的互动》，《民族研究》，2000 年第 4 期。

③ A. E. Douglas, Symbiotic Interactions, Oxford University Press, 1994. P1-11.

④ ［日］尾关周二：《共生的理想》，卞崇道等译，北京：中央编译出版社，1966 年版。

⑤ ［日］黑川记章：《现代交流与共生、共同》，青木书店，1995；汉语译本，《共生的理念》，1996。

⑥ 参见吴飞驰："万物一体"新诠——基于共生哲学的新透视，《中国哲学史》，2002；卢风：共生理念与主客二分，《南昌大学学报（人社版）》，1999；王卫，互利共生理念初探，《中南工业大学学报（社会科学版）》，2002；胡守钧：《社会共生论》，上海：复旦大学出版社，2006. 等等.

⑦ 何自力、徐学军：《生物共生学说的发展与在其他领域的应用研究综述》，《企业家天地（理论版）》，2006.

此产生一种积极的融入机制，从而使社会作为共生系统源源不断地产生新的能量，具有平等、合作、互惠及互补的共生特征。本研究主要是通过分析"共生融入"在中国城市化过程中存在的制度性困境及其优化路径，并阐释一种前瞻性的理论基础以及相对应的制度安排和城市民族宗教工作的微观切入点。

二、研究方法

基于上述认识，本项研究还存在两个需要解决的难点：一是由于社会融入是一个多层次、多维度的社会过程，任何一项研究不可能解释全部影响因素的作用。那么，还有哪些因素被学界已有研究和本课题所遗漏的？这会造成什么样的影响？二是由于一些测量指标之间存在着比较密切的相关联，这可能会造成信息的重叠，那么如何保证样本信息的有效性？为此，我们拟采用抽样调查问卷、深度访谈、因子分析、结构方程模型等研究方法；至于个体其他方面的差异性因素，我们将作为控制变量。

（一）抽样问卷调查

依据"共生融入"理论分析框架，并同时参考 Bernard 和杨菊华有关社会融入指标体系的研究经验，课题组设计"少数民族流动人口社会融入状况"调查问卷。在具体操作过程中，由于大多数少数民族流动人口具有一定的流动频率以及不同城市之间的流动经历，尤其是人口学变量（年龄、教育、性别、职业等）具有明显的差异性，这就要求我们考虑到总体样本的代表性。因此，这就要求我们采取多层次的抽样问卷调查方式。由于清真寺附近少数民族流动人口相对集中，且流动性较强，我们采取了简单随机抽样方法进行调查。在城市中心区域，少数民族流动人口分布较多，居住分布具有明显的地段性特征，因此我们按照这种阶段性特征进行分层抽样。其中，在少数民族流动人口相对集中的市区，我们的问卷调查对象需要具有一定的选择性，即需要保证样本在民族、性别、年龄的代表性。在城乡结合部，少数民族流动人口相对分散，但主要是从事拉面馆生意，绝大部分来自西北地区，代表性较大，我们采用简单随机抽样的方法进行问卷调查。

由于参与调查问卷的个体在回答相对敏感的问题通常采取回避的态度，这也往往会导致他们提供的信息缺乏足够的可信度。为了确保抽样调查问卷的真实性和有效性，本次抽样问卷调查遵循了特定的主体关联规则，即参与问卷调查的少数民族流动人口不仅能够提供本人的信息，还能够提供除本人之外相关群体的信息。具体而言，采用一定的规则 r 把 $I_\alpha(\alpha=1,\cdots,N)$ 与抽样框中的群体类型相联系。用 G_{ij} 表示第 $H_i(i=1,\cdots,M)$ 个类型第 j 个成员，T_i 表示第 i 个类型的总人数，$T=\sum_{i=1}^{M} T_i$ 表示抽样框中所有成员，记为 Ω_F。目标总体 Ω_1 中的 I_α 与抽样框总体 Ω_F 中的 G_{ij} 两者通过规则 r 的关联可以用一个示性变量 $_r\delta_{a_{ij}}$ 来表示。

$$_r\delta_{a_{ij}}=\begin{cases} 1 & \text{如果 } G_{ij}(i=1,\cdots,M \colon j=1,\cdots,T_i) \text{ 通过规则 } r \text{ 能够报告} \\ & I_\alpha(\alpha=1,\cdots,N) \\ 0 & \text{其他} \end{cases}$$

$_rS_{a_i}$ 表示 H_i（$i=1,\cdots,M$）的所有类型中可以报告 I_α 的人数，$_rS_{\alpha_i}=\sum_{j}^{T_i} {_rS_{a_{ij}}}$ 。

$_rS_{a_i}$ 表示 Ω_F 的所有类型中可以报告 I_α 的人数，$_rS_\alpha=\sum_{i=1}^{M} {_rS_{a_i}}$ 。

$_rN_{\overline{F}}$ 表示在 Ω_1 使 $_rS_\alpha=0$ 的 I_α 子集，也就是这些人没有通过规则 r 与抽样框中的类型联接起来，因此这部分人将不会被列举。运用简单随机抽样从 M 个类型中抽取 m 个类型，$I_\alpha=(\alpha=1,\cdots,N)$ 个成员被调查，使用的样本估计量为：

$$\hat{N}_r = \frac{M}{m}\sum_{i=1}^{M}\alpha_i(_r\lambda_i) \tag{1}$$

其中的 $\alpha_i=\begin{cases} 1 & H_i \text{ 为样本} \\ 0 & \text{其他} \end{cases}$ 是一种伯努力（$Bernouli$）方程的估计量。

$$_r\lambda_i = \sum_{a=1}^{N}\sum_{j=1}^{T_i} {_r\delta_{a_{ij}}} W_{a_{ij}} \tag{2}$$

（2）式是第 i 类型所有参与问卷调查少数民族流动人口所能提供的 $\{I_\alpha\}$ 信息的加权平均。若在上述的公式中，权数 $W_{a_{ij}}$ 满足下列条件，则该估计量就是无偏的。

$$\sum_{i=1}^{M}\sum_{j=1}^{T_i} {_r\delta_a} W_{a_{ij}} = 1 \quad (\alpha=1,\cdots,N) \tag{3}$$

因此，课题组成员在问卷调查的初级阶段主要是收集样本类型信息，确立了样本类型的抽样框架，包括社会关系网络类型、代际类型、职业类型、区域类型、民族类型、经济收入类型等。

（二）访谈法

本项研究的访谈法包括深度访谈和结构式访谈，其中深度访谈属于一种无结构式访谈。为了加强对样本数据质量的管控，我们还把深度访谈的内容将作为本研究必要的补充资料。正如著名社会学家黄宗智教授所指出，只有通过对微观个体近距离的观察和意义解析，才有可能在克服研究范式危机的基础上掌握有关中国社会研究的科学理论和分析工具。[1] 因此，我们按照目的性抽样和异质性抽样的原则，抽取一些具有代表性的对象进行深度访谈，深入了解少数民族流动人口的情感、思想、观念、态度等微观问题，并对一手信息进行归纳总结。对于阿訇及具有代表性的少数民族流动人口，本书采用一种非结构式的访谈，以个体的生活史为主要线索，重点和焦点是少数民族流动人口的社会融入问题及其相关影响因素。

对于一些不识字或不愿意填写调查问卷的少数民族流动人口，我们采用结构式访谈，其中的访谈内容以调查问卷的内容为主。与自填问卷比较而言，结构式访谈优势在于：一是调查员可以控制整个调查的过程，而访谈对象也可随时抽身处理其他事情（如拉面店来客人了，需要倒茶水），这可以最大限度地提高调查过程的灵活性；二是应用范围更广，不仅扩大了参与对象，并可以选择性地对某些特定问题（如群体事件）做深入调查，而且还提高了问卷的回收率。此外，调查员也可以对调查对象的态度、情绪、情感进行观察，获得许多非语言类的信息。

（三）探索性因子分析

从学界已有的研究成果发现，有关少数民族流动人口社会融入测量指标的设计，大多存在着经验性和主观性的制约。为了尽可能避免遗漏重要的变量，本次调查问卷的考察指标也相对比较庞杂，这也因此就存在着测量指标的信息失效和重叠问题。因此，因子分析是一个必须采纳的方法。因子分析的目的就是剔除无效指标，并对诸多重叠的指标进行浓缩，其基本逻辑是"通过研究众多变量之间地内部依赖关系，探求观测数据的基本结构，并用

---

[1] 黄宗智：《中国研究的范式问题讨论》，北京：社会科学文献出版社，2003 年版，序言第 1 页。

少数几个假想变量来表示基本的数据结构"[①]。本研究计划采用主成分法对社会融入的具体指标进行因子分析，运用方差极大化原则对因子负荷进行正交变换，从中提取出新因子。

一般而言，有多少个考察指标就有多少个主成分。为了简化信息的重叠问题，就需要准确地确定因子的个数。本书以特征值为主要准则，即取特征值大于或等于 1 的主成分作为初始因子，放弃特征值小于 1 的主成分，并由此得到每个变量的公因子方差。由于根据初始因子很难解释因子的意义，因此需要进行因子旋转。因子旋转不会改变模型对数据的拟合程度，也不会改变每个变量的公因子方差，其主要功能是通过简化因子负载矩阵的坐标轴，重新分配各个因子所解释方差的比例，因此更易于解释。[②] 本书采用四次方最大法来进行正交旋转。该方法往往会产生一个综合因子，大部分变量在该因子上都具有较高的负载。

(四) 多元回归分析与误差检验

我国少数民族流动人口的社会融入处于一个什么样的水平？其发展趋势又是怎么样的呢？这显然需要一个比较客观的数据分析。学界的大多数研究依然停留在经验描述的层面。因此，本研究在因子分析的基础上，以各因子的方差贡献率为权数，计算出不同层面社会融入的得分，分别作为因变量。然后，以人力资本、社会资本及对政策制度为自变量，建立多元回归模型进行分析，可用普通最小二乘法（OLS）估算多元线性回归方程为：

$$\log Y = \beta_0 + \beta_1 X_1 + \beta_2 X_2 + \beta_3 X_3 + \beta_4 X_4 + \beta_5 X_5 + \beta_6 X_6 + \varepsilon \quad (4)$$

式中，被解释变量 $\log Y$ 为少数民族流动人口社会融入的程度；X_1，…，X_6 为解释变量群，包括人力资本、社会资本和政策制度，区域、民族、性别等作为控制变量；β_0 为回归直线截距，β_1，…，β_6 为待估算回归系数，ε 是随机误差项。

考虑到模型可能会遗漏对被解释变量有系统性影响的解释变量或错误地设定了一个模型的函数形式，因此需要检验。拉姆齐（Ramsey，1969）的

---

① 郭志刚：《社会统计分析方法——SPSS 软件应用》，北京：中国人民大学出版社 1999 年版，第 87 页。

② 郭志刚：《社会统计分析方法——SPSS 软件应用》，北京：中国人民大学出版社 1999 年版，第 95-104 页。

回归设定误差检验（RESET）是一种常用的方法。为了实施 RESET，我们必须决定在一个扩大的回归模型中包括社会融入不同层次拟合值的函数：

$$\log Y = \beta_0 + \beta_1 X_1 + \beta_2 X_2 + \cdots + \beta_k X_k + \delta_1 \hat{Y}^2 + \delta_2 \hat{Y}^3 + \varepsilon \qquad (5)$$

对模型（5），我们检验虚拟假设 $H_0: \delta_1 = 0, \delta_2 = 0$。这时，模型（5）是无约束模型，模型（4）是受约束模型。计算 F 统计量。需要查 F_2，$n-k-3$ 分布表。拒绝，模型（1）存在误设。否则，不存在误设。

（五）结构方程模型分析

为了分析我国少数民族流动人口社会融入的一般性结构特征，本研究采用 AMOS 17.0 结构方程模型（SEM）统计软件，对共生融入的结构模型进行分析和验证。可以明确，结构方程模型是"基于变量的协方差矩阵来分析变量之间关系的一种统计方法"[1]，融入了因素分析和路径分析的多元统计技术，在对多变量间交互关系的定量研究比其他模型具有更强的优势。

结构方程模型的分析过程通常分为模型构建、模型运算、模型修正以及模型解释四个步骤，基本思路是基于相关议题的理念和理论基础，经过分析其中核心命题之间的逻辑关联，拟建一组相关变量的逻辑关联模型，然后通过测量样本 A 的变量数据，获得一种协方差矩阵 S，再用一个不同时间和地点的样本 B 的数据，对所拟建的模型进行参数估算和验证性检验，确定模型最终的协方差矩阵 E。

换言之，结构方程模型是将基于样本 A 的数据获得的协方差矩阵 S 与基于样本 A 的数据获得的协方差矩阵 E 的拟合性进行检验，要是拟建的逻辑模型符合样本 B 的协方差矩阵，则表明该模型可以成立，要是不具有拟合性，则要进行修正。要是修正的模型仍然不符合，则表明拟建的模型不成立。也正因如此，样本 A 和样本 B 需要在时间和地点等方面存在着一定程度的差异性，否则就会存在着"自圆其说"的嫌疑。[2]

---

[1] 刘良灿、张同健：《互惠性、组织学习与企业绩效相关性研究》，《技术经济与管理研究》，2010年第 6 期。

[2] 刘军、富萍萍：《结构方程模型应用陷阱分析》，《数理统计与管理》，2007 年第 3 期。

第二章 共生融入：少数民族流动人口研究的理论模型

从词义学上来讲，"流动人口"属于社会本体论的一个专用术语，即以特定的区域社会为参照物，外来者为"流动人口"。显然，假若以外来者为参照物，那么"社会"则是流动的、陌生的。然而，这种以"社会"为本体的认知不仅在人们的意识中根深蒂固，而且还会渗透到社会政策的各个方面，比如社会福利、社会保障、子女教育，等等。对于流动人口而言，社会不仅是流动的，而且还是封闭的。当个人进入一个相对陌生的社会时，处于流动过程中的社会必然与现实社会产生一个比较和对峙的过程——我们可以将此视为以社会本体论为认知基础的社会结构性矛盾。在这层意义上，无论是"同化论"，还是"多元论"，也不单是"曲线型融入"或"区隔型融入"，学界有关社会融入的理论研究显然都存在着主体对立的社会本体论缺陷。

对于流动的个体而言，真实社会的意义不仅在于它的整体性，还在于它的开放性和共生特质。冲突还是融合？人们一直强调个体自由选择的理性及其社会责任，但是通常都忽视了个人的差异性与社会的复杂性。从个体的角度来看，社会不是外在之物，而在人们的内在认知体系中，并夹杂着个人的情绪、情感以及相对应的生活经验。每个人内心世界都有一个社会，每个人的社会都是自己前期社会生活的内化结果。由于每个人前期生活经验存在着差异，每个人内心世界中的"社会"必然会存在着不同。我们可以将此视为个体与社会的客观矛盾。特别是当社会处于一种流动的过程中时，矛盾加剧的可能性会更大。

第一节 "共生融入"模型的理论基础

在达尔文的进化论问世之后，斯宾塞、白哲特及索姆奈等人构建了"社会达尔文主义"，他们认为社会与其成员的关系有如生物个体与其细胞的关系，并根据自然界"食物链"现象提出了"弱肉强食"、"物竞天择，适者生存"等观点以及相关的社会变革理论。人们在过去的近两个世纪中对自然和社会的各种"深描"中显然刻意支持了这种"物竞天择"、"优胜劣汰"的意识形态偏见。在这种意识形态的支配下，国家与国家、民族与民族以及人类与大自然之间的斗争愈演愈强烈，手段更是愈来愈尖端。正如卢风所言："僵硬的主客二分的思维模式过分刺激了人类扩张性、侵略性、宰制性的主体性，这不仅导致了人与人之间、民族与民族之间的你争我夺和互相敌视，而且导致了人与自然之间的紧张对峙。"①

　　作为一项应用对策类的民族学实证研究，本项研究还得益于周大鸣、许宪隆、纳日碧力戈等学者有关"民族共生"思想的启示，主要目标是立足于我国各民族因共生而互为主体的事实基础，②探析我国东南沿海城市少数民族流动人口"共生融入"模式在政治、经济、文化等层面的逻辑关联（是依次递进，还是平行并进）。正如周大鸣教授强调了文化共生对于城市发展的重要性，指出城市多元文化的共生态模式"实质上反映的是人们在选择、认同、创造文化方面的权利与自由"③。许宪隆教授提出了"共生互补"的理论，即"'共生互补'是指人类的活动及其结果要确保社会系统和自然系统的和谐共生、优势互补、协同进步和发展"④。在《文化生态学语境下的共生互补观——关于散杂居民族关系研究的新视野》一文中，许宪隆教授进一步指出："多元文化的生态关联、系统论的分析脉络是散杂居民族关系研究中不容忽视的新内容，共生互补理念在此基础上构建了基本视野、方法论和话语体系"，并提出了"多元民族文化共存与相互尊重、各民族在共生中发展互补性竞争与规则性合作"⑤的政策目标。

---

　　① 卢风：《共生理念与主客二分》，《南昌大学学报》（社会科学版），1999年第4期。

　　② 参见费孝通的《中华民族多元一体格局》、杨建新主编的《论各民族共创中华》、陈育宁主编的《中华民族凝聚力的历史探索》、江应樑的《江应樑民族研究文集》等。

　　③ 周大鸣：《论城市多元文化的共生态》，《广西民族学院学报（哲学社会科学版）》，2004年第4期。

　　④ 许宪隆：《构建共生互补型多民族和谐社会的思考》，《学习月刊》，2008年第20期。

　　⑤ 许宪隆：《文化生态学语境下的共生互补观——关于散杂居民族关系研究的新视野》，《中南民族大学学报（人文社会科学版）》，2011年第5期。

在理论层面，纳日碧力戈教授在《民族三元观》一文中还运用符号学理论观察和分析中国当下的民族现象，指出"民族三元观在本质上是民族指导生态观，是维系现实生活与思想结构的共生丛"①；在《民族共生与民族团结——指号学新说》中从指号学出发证明"承认差异、重叠共识的重要性：万象共生，天下归心"②。毋庸置疑，作为中华民族乃至整个人类社会普遍存在的一种法则，共生思维为我们分析我国少数民族流动人口社会融入的政策路径提供了新的视角和方法。为此，本章在批判社会本体论的基础上，从行动与结构的逻辑关联中构建"共生融入"理论模型，并阐释该模型的理论基础与预设及其基本命题。

一、行动与结构的逻辑关联

在经典社会学研究中，自孔德以降，社会研究一直存在着对社会本体论的认知分歧，如功能主义倾向于从科学和客观的立场来阐述社会功能和结构机制，重点关注社会适应机制的现实基础和演变逻辑；解释学派则倾向于从主观的行动过程和结构主义的角度揭示社会秩序与自然秩序的过程差异，分析行动者的多层次互动规律及其社会逻辑。面对这种分歧，吉登斯曾提出了一种沟通两者的理论框架——行动结构二重性理论，这为我们分析"社会融入"提供了一个有益的视角（图 2-1）。在该理论中，吉登斯把行动结构分为三个彼此关联的层次，即表达符号秩序及话语形态的表意结构、包含政治制度和经济制度的支配结构以及以法律制度为内涵的合法化结构。在这里，结构并不是什么"外在之物"，而"内在于"人的活动。由于人的认知能力始终是有限的，结构对行动也具有制约性与使动性的作用，超越了个体行动的控制范畴，因此"行动者在互动过程的再生产中利用了结构化模态，并借助同样的模态反复构成着系统的结构性特征"③。

近代史描述了结构二重性的各个方面，这无疑具有方法论的意义，为我们提供了一个新的沟通个人与社会的分析路径——这也正是"社会融入"的

① 纳日碧力戈：《民族三元观》，《贵州民族大学学报（哲学社会科学版）》，2010 年第 2 期。
② 纳日碧力戈：《民族共生与民族团结——指号学新说》，《新疆师范大学学报（哲学社会科学版）》，2012 年第 1 期。
③ Anthony Giddens：*The Constitution of Society*. Cambridge：Polity Press，1984：17.

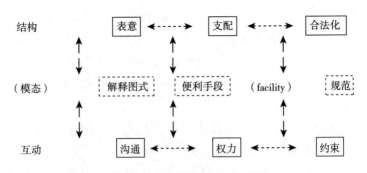

图 2-1 吉登斯社会结构理论

资料来源：Anthony Giddens，*The Constitution of Society.*

目标诉求。不过，在拉图尔看来，如果行动者本身是没有什么个性和差异的话，那他就一定不能被称为行动者，只是一个"占位符（placeholder）"或好像一个"黑箱（black box）"。[①] 因此从行动者的视角来看，不难发现，当吉登斯把行动纳入"未被认识到的条件"与"意外后果"的循环结构中时，其中的因果关联并不足以用来解释个体的差异性以及不同行动结构相遇时的复杂性。换言之，吉登斯的"行动结构"强调了一种"因果循环（causal loops）"过程，对异质性的行动主体具有明显的封闭性特征。正如吉登斯在解释种族隔离区时，只能说明这是理性选择和反思性控制下自然而然的"复合效应"，[②] 却无法解释移民与社会结构之间的距离。

其实，不仅是吉登斯的行动结构化理论，其他立足于社会本体论的行动结构理论（如加芬克尔的常人方法论、布迪厄的场域理论等）都无法证明个体的异质性和多样性能够被行动者的某种特质（如理性、反思性控制、权宜性、惯习等）所统一，特别是在当下流动日益频繁且充满异质差异性的现代社会中，这种封闭式的结构分析方法面临着的挑战倒是显而易见。正如法国从事伊斯兰文化研究的专家罗伊（Olivier Roy）教授研究发现，欧洲国家的第二代和第三代少数民族移民不但没有融入当地的主流社会，反而形成了一

[①] 参见布鲁诺·拉图尔：《科学在行动：怎样在社会中跟随科学家和工程师》（1987），刘文旋、郑开译，北京：东方出版社，2005 年版，第 4 页。

[②] Anthony Giddens：*The Constitution of Society.* Cambridge：Polity Press，1984：9 - 13.

个与主流社会分离的"平行社会"① ——这种"平行社会"显然不能简单地视为个体行动理性的"复合效应"、"权宜性活动"或"惯习系统"。从行动者的主体立场来看，"平行社会"意味着行动者主体关系的分离或对立，这要求有关分析框架注意到行动者的多样性以及彼此互动过程中的关系、模式及其后果。

值得肯定的是，在吉登斯看来，社会结构是由"规则"和"资源"构成的，"我们不能单单通过分配的不均衡来考察'支配'与'权力'，而应该把它们看作社会交往（或者我可以说人的行动本身）中的内在组成部分"②，而本书对行动结构的考察立足于行动者之间的互动模式，我们预设"资源"和"规则"作为一种社会条件对行动者互动模式存在着显著影响，并把"规则"解读为行动者的社会融入空间。同时，在帕森斯的社会系统论中，各个子系统分别发挥着"适应（A）"、"目标达成（G）"、"整合（I）"、"潜在模式维持（L）"等功能。不难发现，帕森斯的系统功能论只从主观动机角度考察功能问题，而没有强调"客观后果"的作用。因此，本书主要考察各种行动后果的集合性质，进而揭示建立在这种集合性质基础上的社会融入系统的逻辑路径。

二、共生理论：社会融入研究的新视角

在行动结构的视角中，西方学界有关社会融入的认识建立在一种主体对立（同化论）或分离（多元论）的假设之上。由于过于强调社会本体的绝对地位，在西方学界对社会融入的相关认知中，作为行动者的移民与社会结构之间存在着不可调和的矛盾。如在西方社会学的族群研究中，"主体的霸权"直接导致了对族群以对立结构而存在的认知范式，这种有关行动与结构的认识显然没有把个体的差异性纳入社会结构的再生产过程中，无法阐释"平行社会"产生的根源和过程，也正因如此，我们需要从一种新的关系视角来分析多样性、差异性的流动人口如何在互动的过程中融入共享的社会结构之中。

正如布劳（Peter Michael Blau）强调："异质性的不断增加会提高族际

---

① Olivier Roy. Euroislam: *the Jihad with in*. The National Interest Spring 2003: 63-73.

② Anthony Giddens: *Central Problems in Social Theory*. London: Macmillan Berkeley University of California Press, 1979: 80.

交往的可能性……各社会阶层间的空间隔离会增强不平等对不同阶层的人们的交往所产生的消极影响"。① 日本哲学家黑川纪章也指出："无论是组织还是文化，老化后就会产生对异质的排斥反应。反过来说，处于绝对主流地位的文化，能否吸收非主流的东西，是能否保持青春，得以长寿的关键。"② 现代生物学研究成果也表明，多样性的异质共生是生命起源之一，"既然在整个地球的历史中，生命的相互关系不断形成又不断解散，那么，既稳定又短暂的共生就是普遍的"③。作为一种认知方式和方法论，共生思想不仅使我们对人与自然、人与社会、民族与民族之间关系的审视有了新的视野和认识，同时还使我们建设一种平等、团结、互助、和谐且富有活力的民族关系有了新的参照和方法。

　　在社会达尔文主义运动如火如荼的时候，19 世纪末 20 世纪初，有一种微弱的思潮返回到了本体论的发生学基础，这得益于生物共生学对生命起源的研究成果。生物学家们发现，几次重要的生物突变被认为与共生有密切关系。共生起源对于进化论的非常明确的含义完全不同于达尔文主义的渐进机制，其独特性在于进化过程可以有两种方式：分离起源（segregogenesis）与综合起源（synthogenesis），共生起源进化属于后者。综合起源中又包含有性和无性起源两种类型，共生起源算后一类。④ 现代生物学研究成果也表明，所有原初生物（protoctist）都是通过细菌共生进化而来，而动物、植物或真菌是某些原初生物共生进化的结果。美国科学院院士恩林·马古利斯把这种原初生物叫做"水中的两不是"（water neither），"它们有些住在水坑中，有些住在树洞里，还有的在湖里，有些甚至漂浮在海中。虽然都是水生生物，却既不是动物又不是植物。虽然动物是从某些原初生物进化而来，植物从另一些原初生物进化而来，真菌从其他一些原初生物进化而来，但是

---

　　① ［美］皮特·布劳：《不平等和异质性》，北京：中国社会科学出版社，1991 年版，第 111 - 114 页。

　　② ［日］黑川纪章：《新共生思想》，覃力等译，北京：中国建筑工业出版社，2009 年版，第 59 页。

　　③ 恩林·马古利斯：《生物共生的行星——进化的新景观》，易凡译，上海：上海科学技术出版社，2009 年版，第 8 页。

　　④ Taylor, F. J. R.：*Implications and Extensions of the Serial Endosymbiosis Theory of the Origin of Eukaryotes*. Taxon, 1974：229.

原初生物本身却不是动物、植物或真菌。"① 马古利斯还指出:"我们,睿智的人类,和我们的灵长类亲属除了出现较迟之外,也没有什么特殊之处;甚至,我们还是进化过程中的后来者。人类与其他生命形式的相似之处明显多于差异之处。生命之间经历了长长的地质时代之后仍存在着的这种深层联系,激起的应该是敬畏而不是反感。"② 马古利斯所指的这种敬畏情感来自于生命起源的平等性以及共生的进化魅力,这能够激发人类对生命存在的本真领悟。

对共生思想进行系统化研究的应当首推日本著名建筑家、思想家黑川纪章。黑川纪章在《新共生思想》一书首次超越了分离主义和二元论,论述了"共生"理念的重要性。"对西方社会的现代化起到巨大作用的二元思想——二项对立的分析方法,已经深深地扎根在我们的思想和生活方式之中。因此,我们经常会陷入'为了否定二元论而不得不举出二项对立'的矛盾之中。我这里论述的共生思想,也常常是在举出二项对立的同时再去克服它,这也是共生思想的最大弱点。"③ 黑川纪章以共生思想批评二元论时没有拘泥于身体和意识的二分法,认为共生思想包含二项对立的、流动的、多样性的远离。"共生思想本是流动的多元论,既不是扬弃二项对立的辩证统一,也不是像庞蒂那样,寻找超越二项对立的统一原理。共生思想既包含有二项对立,又有庞蒂的统一体,而且它还是与二者都有不同的、流动的多样性原理。"④ 显而易见,黑川纪章的共生思想强调了异质共生及自由、平等的理念,具有积极的意义。然而,黑川纪章的共生思想就是要"相互承认对方圣域的思想",认为日本的圣域就是天皇制、稻米的生产、相扑、歌舞伎、数寄屋式建筑等,认为圣域成为圣域的条件不是靠科学分析,而是一个不可知的神秘的领域,是民族认同和文化自豪感的根源——黑川纪章的共生思想具有明显的宗教色彩。

---

① 恩林·马古利斯:《生物共生的行星——进化的新景观》,易凡译,上海:上海科学技术出版社,2009 年版,第 55 页。

② 恩林·马古利斯:《生物共生的行星——进化的新景观》,易凡译,上海:上海科学技术出版社,2009 年版,第 4 页。

③④ 黑川纪章:《新共生思想》,覃力等译,徐苏宁等校,北京:中国建筑工业出版社,2008 年版,第 69 页。

　　日本法学家、哲学家井上达夫通过对"共生"概念进行批判性探讨，积极主张以共生的理念来规定社会新型的人际关系。在井上达夫的这一提案中，包含有他从自由主义立场出发对现代日本社会中存在着的排除异端、一元化趋同倾向的批判意识，他认为自由主义的根本理念就是"异质多样的自律性人格的共生"。① 井上达夫对"象征天皇制"坚持批判的态度，他认为天皇制中存在的许多深刻的问题对一元化趋同倾向提供了担保，使共生的理念成为不可能。显然，井上达夫的共生论强烈批判了一元化的趋同倾向，与黑川纪章的共生思想相比较，更有积极意义。然而，井上达夫虽然对日本的天皇制进行了深刻的批判，但是由于他的共生理念是建立在积极肯定市场竞争原理的基础之上，因此他对资本主义社会中存在的问题却没有足够的认识。尾关周二主张一种与井上达夫以本来意义上的竞争为基础的"竞争性共生"理念不同的以共同性为基础的"共同性共生"的理念。"共同性共生"理念没有否定市场竞争，但认为"这种竞争必须是在不破坏作为其基础的共同性价值这个条件的制约下进行的竞争。这种共生理念来源于对社会主义思想的新发展，但在那些关注福利、环境等问题的有良知的自由主义者中间，这种思想也已有所表现。"② 尾关周二继而认为，"在共同性基础上的共生，即共同性共生的理念，就是以来源于人类最本源性的共同价值为基础、同时又积极承认人们在现代获得的个性价值的一个共生理念，这一理念具备了人学的基础和人类史学的背景。更进一步说，从重视自然性这一点来看，这个概念又具有生态学的价值，它与人和自然的共生也有关联。"③ 多样性共生的理念强调存在的平等性，与"存在是合理"的思维有着本质的区别，因为后者掩盖了世界存在的多样性和平等性，忽视了共生对于存在的伦理意义和巨大贡献。

　　现代"共生"的哲学核心基本上属于"一体化"条件下的互利共生现象的哲学抽象与概括。有关"一体化"，尾关周二强调了"共同"和"个性"的相互关系，吴飞驰则认为："人类因共生共存而彼此之间具有互主体性，当我作为我自身而存在时，他人也同样作为自身而存在，'我'与'他'彼

---

①②③　尾关周二：《共生的理念与现代》，《哲学动态》，2003 年第 6 期。

此互依，自由共在。"① 卢风从共生理念的视角揭示了西方人在主客二分思维模式指导下的对自然的宰制，已造成全球性的环境污染和生态平衡被破坏。② 而王卫则认为，互利共生是在马克思主义主客统一观基础上对"主客二分"和"天人合一"的扬弃。共生强调摒弃共生单元支配和从属现象的存在，既强调"共同价值"，又积极承认各个单元在共生系统中的能量释放和匹配都处于"自我"地位。

共生现象是一种自组织现象，共生过程就是共生单元在合作竞争机制的驱动下自我完善、自行趋优，不断地提高自身的复杂度和精细度的过程；同时，共生过程也是一种在互惠合作的基础上共同趋优的过程，这种优化路径不同于单个单元独自的发展过程，而是在相互激励中互惠合作发展。共生行为的本质是互惠、互补、合作，事实也证明了共生系统及各共生单元互惠互利正是在共生单元相互合作中得到发展和进化。共生思想的合作理念揭示人们在认识和把握自然与人类社会诸种关系时，要加强协同，减少对抗，优化环境，最大限度地减少经济成本和社会成本，开辟达到理想目标的最佳途径。当然，合作理念并不排除竞争。与一般意义上的竞争有所不同的是，共生无论是同类单元之间还是异类单元之间，首先不是单元之间的相互排斥和相互厮杀，而是单元之间的相互依存和相互合作；不是共生单元自身性质和状态的丧失，而是单元自身性质和状态的继承和保留；不是共生单元的相互替代，而是相互补充、相互促进。③

在人类社会的历史中，战争和冲突虽然总是客观存在的，但是共生法则始终是历史的主流。在《家庭、私有制与国家的起源》中，恩格斯指出："住得日益稠密的居民，对内和对外都不得不更精密地团结友爱。亲属部落的联盟，到处都成为必要的了；不久，各亲属部落的融入，从而各个部落领土融入为一个民族的共同领土，也成为必要的了。"④ 尤其是在中华民族形成的过程中，经济层面的共生互补以及文化层面的共生交融，为中华民族从多元走向一体提供了生生不息的动力，也促进了各族人民不断提高了自身的

① 吴飞驰：《关于共生理念的思考》，《哲学动态》，2000 年第 6 期。
② 卢风：《共生理念与主客二分》，《南昌大学学报（社会科学版）》，1999 年第 4 期。
③ 袁纯清：《共生理论兼论小型经济》，北京：经济科学出版社，1998 年版，第 174 页。
④ 恩格斯：《家庭、私有制和国家的起源》，北京：人民出版社，1999 年版，第 170 页。

物质和文化生产水平。正如费孝通先生指出："中原和北方两大区域的并峙，实际上并非对立，尽管历史里记载着连续不断的所谓劫掠和战争。这些固然是事实，但不见于记载的经常性的相互依存的交流和交易却是更重要的一面……贸易是双方面的，互通有无。农区在耕种及运输上需要大量的畜力，军队里需要马匹，这些绝不能由农区自给。同时农民也需要牛羊肉食和皮毛原料。在农区对牧区的供给中，丝织物和茶是重要项目，因而后来把农牧区之间的贸易简称为'马绢互市'和'茶马贸易'。"[①] 换言之，共生融合式发展应是中华民族的内在运作逻辑。

作为一个世界性的宗教，伊斯兰教自唐朝早期传入中国，至今已有1 300多年的历史。[②] 在唐宋时期，来自阿拉伯、波斯及中亚地区的少数民族商人，受到了当时中国人的接纳和认同，部分在中国定居并繁衍后代，成为"土生蕃客"。正是当时中国人对伊斯兰教持有包容、开放的文化心理以及少数民族恪守教规教义行事，伊斯兰教才得以在中国扎根下来。当时在西安、广州、福州、杭州、扬州等地，不仅建有大量的清真寺，而且还有少数民族公墓、学校等宗教服务场所，南宋时期在广州和泉州还设置有"蕃长司"和"蕃学"。元代时期，大量"回回"以中国传统的士、农、工、商等身份散居中国各地，中国少数民族社会初步形成。到了明末清初，"以儒诠经"成为中国伊斯兰教的一个主要特征，"即用儒家思想和语言来解释、宣传伊斯兰教的世界观、人性论、伦理道德、宗教历史等理念"[③]。这不仅改变了中国少数民族社会之前"教义不彰，教理不讲"的不足，而且还促进了社会各界加深了对伊斯兰教的理解和尊重。简言之，伊斯兰教在中国内地的传播和发展表现出了传播方式的多样性以及"与中国本土传统文化相适应的途径。"[④]新疆地区的伊斯兰教发展虽然与内地有所不同，但是与阿拉伯地区的伊斯兰教也有所区别，形成了独特的民族和区域文化特色。

毋庸置疑，与被当代西方国家污名化的"伊斯兰教"不同，真实的"伊

---

① 费孝通：《中华民族多元一体格局》，北京：中央民族大学出版社，1999年版，第9-10页。

② 高占福：《从外来侨民到本土国民——回族伊斯兰教在中国本土化的历程》，《世界宗教研究》，2013年第1期。

③④ 高占福：《伊斯兰教与中国穆斯林社会的宗教文化》，《西北第二民族学院学报（哲学社会科学版）》，2008年第6期。

斯兰教是一种宽容的宗教，也是一种包容性极强的文明"①，"以《古兰经》之明令和穆圣的训导为依据的伊斯兰教伦理道德对全体少数民族具有普遍性的约束和规范作用，对维护现有的社会道德规范和法律法规充分展现了劝善戒恶、尊老爱幼、宽和忠信、扶持弱者等人类优秀品质"②。如《古兰经》第 64 章第 16 节劝诫："能戒除自身的贪婪者，确是成功的。"第 59 章第 7 节告诫："城市居民的逆产，凡真主收归使者的，都归真主、使者、至亲、孤儿、贫民和旅客，以免那些逆产，成为在你们中富豪之间周转的东西。凡使者给你们的，你们都应当接受；凡使者禁止你们的，你们都应当戒除。你们应当敬畏真主，真主确是刑罚严厉的。"③《古兰经》第 4 章 36 节告诫："当孝敬父母，当优待亲戚，当怜悯孤儿，当救济贫民，当亲爱近邻、远邻和伴侣，当款待旅客，当宽待奴仆。"④正如马明良指出："伊斯兰教的慈爱精神是民族团结和社会和谐的重要文化资源。"⑤

第二节　"共生融入"模型的理想类型

毋庸置疑，文化的多样性和多元共生是人类社会发展的内在动力，也是中华文明生生不息的重要源泉。在人类文明的视角中，正如爱德华·威尔逊指出："如果不考量'人性终究是生物进化的结果'以及'生物多样性是人类的摇篮，也是人类最宝贵的天然资产'这两项理念，哲学和宗教将不具太大的意义。"⑥共生作为人类社会和大自然普遍存在的一种基本法则，完全有别于西方学界有关主体对立或分离的思维模式。

作为一种方法论，共生的法则为我们审视我国少数民族流动人口社会融入的代际差异和内在逻辑结构提供了一种新的视野和方法。在市场经济的背景下，周大鸣曾指出："少数民族地区对城市生活价值取向的认同非常强烈，

---

① 伍贻业：《儒家文明影响下的中国伊斯兰教与基督教》，《中国宗教》，2007 年第 3 期。
②③④ 袁年兴：《清真寺功能的共生学阐释》，《中南民族大学学报（人文社会科学版）》，2010 年第 3 期。
⑤ 马明良：《民族关系与和谐社会——以穆斯林民族与非穆斯林民族关系为例》，载《当代中国民族宗教问题研究》（第一集），兰州：甘肃人民出版社，2006 年版，第 88～98 页。
⑥ 爱德华·威尔逊：《大自然的猎人》，杨玉龄译，上海：上海世纪出版社，2005 版，第 326 页。

在强大的现代性冲击面前，传统与现代的张力使族群文化多元化发展的前景充满困境。无论是自然地理空间还是现实的族群分布，珠江流域各地都存在着较为明显的多样性。"① 正是从这一充满人类生存性智慧的法则出发，我们将在描述共生系统的基础上，重构少数民族流动人口研究的新模型——"共生融入"，并以此模型分析我国东南沿海城市少数民族流动人口在流入地社会的代际差异及其逻辑结构。

一、"共生融入"的模型构建

作为一个客观存在，共生现象是一种自组织现象，共生单元之间总是按其内在必然的要求而自发结成共时性与共空性、共享性与共轭性相统一的生存方式。在微观世界，共生现象的存在总是意味着各个共生单元之间各处既独立而又相互承认，相互依赖，相互促进，共同适应，共同发展，同步优化。而且，构成共生的基本单元是多层面的。在理想的人类共生体中，共生不是只限于内部的和睦的共生共荣，而是彼此承认不同的生活方式及不同的价值，从而促进与所有人的相互理解和相互交往。

源于生物共生进化的共生思想在萌芽时期揭示了人类的共生属性，但仅停留在理性呼吁的现实层面，并没有成为严格意义上的哲学范畴。探究其根本原因，在于在传统本体论占统治地位的哲学体系中，很难找到"共生"应有的哲学位置。传统的本体论关注的中心是对知识的探究，即通过形而上的追问探求一切存在背后的终极本体。无论这种本体是抽象物质、绝对精神还是上帝，人的存在价值被消解在这抽象的本体之中。在将"存在者带入其当下在场"的追寻中，传统的本体论以总体性的"同一"来实现对世界的"还原"，泯灭了存在的"差异"。

"共生融入"作为行动结构的一种分析框架，是与"共生系统"这一概念紧密关联的。在共生学的理论视角中，共生系统包括三个基本要素，即共生主体（u）、共生模式（m）及共生条件（E）②。如图 2-2 所示，共生主体是指在共生系统中处于主体地位的行动者，也是共生系统中的能量生产者和

---

① 周大鸣：《珠江流域文化整合的历史与趋势》，《中国社会科学报》，2011 年 2 月 17 日。

② 有的作者也把共生系统的三要素分为共生主体、共生模式及共生条件。参见袁纯清：《共生理论——兼论小型经济》，北京：经济科学出版社，1998 年版，第 4 页。

能量交换者；共生模式是指不同共生主体之间彼此作用的路径、方式或方法，它反映了共生主体之间彼此作用的组织模型、行为模式以及主体间的关联强度。共生条件作为一种外部要素，是指影响共生主体及其共生模式的一切因素的总和，具有三个方面的影响导向，即正向导向（E_P）、反向导向（E_n）和中性导向（E_m）。在共生系统的要素结构系统中，共生模式占据主导地位，联结着共生主体和共生条件，既是共生主体与共生条件相互作用的结果，也是反映了共生的最本质的特性。

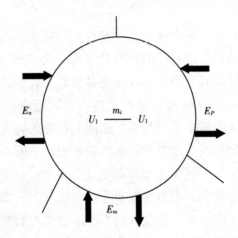

图2-2　共生系统要素示意图

资料来源：袁纯清：《共生理论——兼论小型经济》

　　正如德国哲学家胡塞尔（Edmund Gustav Albrecht Husserl）指出："我就是在我自身内，在我的先验还原了的纯粹意识生活中，与其他人一道，再可以说不是我个人综合构成的，而是对我来说陌生的、交互主体经验的意义上来经验这个世界的。"[1] 为了纠正西方社会融入对个体作为行动者主体地位的忽视，根据图2-2"共生要素示意图"，我们构建了"共生融入"模型（图2-3）。在该模型中，我们预设每个相对独立的主体（U）根据自己的自由选择确定与他人的关系模式（m_i），同时主体在共生结构中的存在也完全依赖于彼此之间的共生模式，并由此构成了具有整体性功能的行动结构。这

---

①　［德］埃德蒙德·胡塞尔：《胡塞尔选集（下卷）》，倪梁康选编，上海：三联书店，1997年版，第878页。

种结构性系统模式预设了一个基本理论，即主体之间的共生模式不是一个静态的形式结构，而是不同主体在共生过程中沉积和积累的、具有一定规范性、并获得了主体之间彼此认同的结构系统。

正如图 2-3 所示，在"共生融入"模型中，共生条件对主体的影响导向也存在着三种类型，正向导向（E_P）、反向导向（E_n）和中性导向（E_m）。正向导向对主体间的共生模式能够产生积极作用，反向导向则对主体间的共生模式产生消极作用，中性导向处于没有影响导向的状态。换言之，共生条件的导向机制主要是外部影响因素的综合作用力发挥对共生模式的主导作用，协调主体、模式、界面以及条件之间的互动关系。正向作用的导向机制能够预防共生失效的突发事件，预防外部反向因素对共生发展方向的诱导。共生系统在共生界面的协调作用下能够发挥抵制反向条件对共生主体反向导向的功能，引导共生主体充分发挥对系统的正向共生效应，同时能够获取自身发展所需的共生能量，并同时促使与自己共生的主体获得相应的共生能量而同步发展。

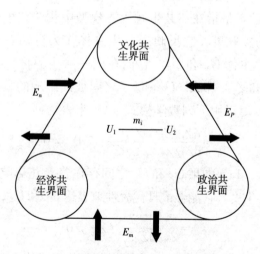

图 2-3　"共生融入"模型示意图

在"共生融入"模型中，由于共生主体作为行动者可以获得相应的共生能力和发展机会，这为共生主体之间的组织模式奠定了基础，从而有利于每个共生主体通过政治、经济及文化共生界面的互动，发挥和利用行动系统的共生效应，从而不断地提高自身的能力和水平。正如皮亚杰认为一样，"整体性来自组成结构的要素之间的相互依存关系和全部要素的结构性组合，必然不同于这些要素简单相加的总和这一事实"。①"共生融入"理论模型预设了共生行动及其结构化特征来源于彼此相互作用而释放的能量，既强调"行动者主体第一性，而社会结构第二性"的社会学思想，又强调行动者的互动关系是动态发展的。与充满不确定性的互动模式不同，共生融入模式的优势表现在能够最大程度增强主体的共生能力，激活每个参与者的内在动力和相互合作的交流机制，从而促进社会结构的良性循环。因此，"共生融入"不仅具有吉登斯意义上的行动结构二重性的特征，而且更倾向于强调行动者的能动性和主体地位。换言之，行动者的共生行为是社会结构优化的根本法则，代表社会发展的方向和前途。

二、"共生融入"的类型划分

为了便于测量"共生融入"模型中的共生效应，我们依据其中共生系统的基本特征，还需要借助一个概念——"共生度"来划分"共生融入"的类型。作为"共生度"，是指在"共生融入"模型中相关共生主体之间对彼此相互作用和影响的关联度，它反映了共生主体作为行动者对彼此影响的程度。假设存在共生主体 U_1 和 U_2，它们在同一共生界面（政治、经济或文化）存在变量 Z_i 和 Z_j，那么，U_1 和 U_2 之间彼此影响的程度可以定义为共生度 δ_{ij}^m。由此，δ_{ij}^m 可以用下列数学模式（1）来表达：

$$\delta_{ij}=\frac{\mathrm{d}Z_i/Z_i}{\mathrm{d}Z_j/Z_j}=\frac{Z_j}{Z_i}\frac{\mathrm{d}Z_i}{\mathrm{d}Z_j} \quad (\mathrm{d}Z_j\neq0) \tag{1}$$

依据数学模型（1），如果 U_1 和 U_2 之间存在着 m 组影响变量，则 δ_{ij}^m 称为 U_1 和 U_2 的特征共生度，它能够最具代表性地表达 U_1 和 U_2 之间变量关系：

$$\delta_{ij}^m=\frac{Z_{mi}}{Z_{mj}}\frac{\mathrm{d}Z_{mi}}{\mathrm{d}Z_{mj}} \quad (Z_{mj}\neq0) \tag{2}$$

数学模型（2）反映了 U_1 和 U_2 在同一层面共生度的内在逻辑。依据该模型，我们可以获悉社会融入的基本类型。如表2-1，依据共生度不同层次的组合，社会融入可以划分为6种不同的类型（其中有3组重合），即"对称性

---

① 克洛德·列维—施特劳斯：《结构人类学》，张祖建译，北京：中国人民大学出版社，2006年版，第33页。

互惠型（$\delta_{ij}^m>0$，$\delta_{ji}^m>0$）"、"偏利共生型（$\delta_{ij}^m>0$，$\delta_{ji}^m=0$ 或 $\delta_{ij}^m=0$，$\delta_{ji}^m>0$）"、"单向寄生型（$\delta_{ij}^m>0$，$\delta_{ji}^m<0$ 或 $\delta_{ij}^m<0$，$\delta_{ji}^m>0$）"、"平行间隔型（$\delta_{ij}^m=0$，$\delta_{ji}^m=0$）"、"反向偏利型（$\delta_{ij}^m<0$，$\delta_{ji}^m=0$ 或 $\delta_{ij}^m=0$，$\delta_{ji}^m<0$）"及"零和博弈型（$\delta_{ij}^m<0$，$\delta_{ji}^m<0$）"。显而易见，"对称性互惠型"无疑为最理想的类型。

　　如表 2-1 所示，在共生模式的不同类型中，对称性互惠型模式不仅强调主体之间对称性的互惠行为，而且还强调这种互惠是正向有益的。对称性互惠型共生无疑是促进共生系统的最佳优化模式，代表不同主体的发展要求以及共生系统的方向和前途，这表现在最大程度增强主体共生能力的提升和共生系统的优化，能够提高共生主体在系统中获取能力以及贡献能量的能力，最大程度激活共生主体的内在动力和合作共赢的条件机制，并促进共生系统中新能量的产生和再生产。也正如此，扩大共生度、建立能量对称分配机制及促进共生主体内部的优化机制是这种共生模式至关重要的条件保障。在对称性互惠型共生的作用下，不但所有共生主体都实现成果共享，而且都能够获得同等的发展机会和空间。

表 2-1　社会融入的类型

δ_{ji}^m ＼ δ_{ij}^m	＞0	＝0	＜0
＞0	对称性互惠型	偏利共生型	单向寄生型
＝0	偏利共生型	平行间隔型	反向偏利型
＜0	单向寄生型	反向偏利型	零和博弈型

　　共生融入的类型划分为我们提供了一个理想类型，用以比较现实情况与理想类型的偏差。在这里，"理想类型的一词适用于关于行动者与行动要素之间的关系的分类和陈述，亦即根据或参照行动者心中的思想和行动取向所依据的一个或几个行为准则所作出的分类和陈述"[①]。可以看出，由于导致了主流文化对其他文化的忽视，社会融入模式"同化论"无疑属于"反向偏利型"的，毕竟移民在整体层面对社会的贡献（如技术移民、资本移民、劳动力移民等）是正向的，而"多元论"的社会融入模式属于"平行间隔型"

---

① Max Weber: *The Methodology of the Social Sciences*. New York: The Free Press, 1949: 90.

的，其主要特征就是在文化与文化之间形成了一条条沟壑。作为一种最理想的类型，"对称性互惠型"融入则突出了主体之间的共生关系，既强调多元共生发展，又存在着彼此对称性互惠共生的稳定结构。共生融入的不同类型表明行动者的共生结构处于一个动态的过程中，行动者不同程度的共生关系决定了行动结构的不同类型。

三、"共生融入"的系统特征

共生关系不仅反映不同共主体相互作用的组织模式和行为模式，也反映彼此之间在社会发展成果和文化交流等方面的共享关系。正如图 2-2 所示，共生能量是共生系统是否具有活力和创造力的具体体现。我们假设共生系统的总能量为 E，对于二元主体的共生系统（即共生主体只有 U_1 和 U_2），各种独立生产的能量分别为 E_A 和 E_B，E_S 表示共生系统的总能量。那么，$E=E_A+E_B+E_S$。显而易见，共生总能量是标志着某种共生系统的走向和前途。为了进一步加强对共生系统总能量的衡量，我们假设 ξ_s 为共生系统的全要素共生度，λ 为共生阻尼系数（即阻碍共生能力产生的负面因素）。由于共生能量的产生是不同主体、外部条件以及共生界面系统作用的结果，所以在二元共生系统中，在假定共生条件及共生界面作用不变的条件下，共生能量的测量模型可以表达为：

$$E_S = f(\xi_s) = \frac{1}{\lambda} \sum_i^m \xi_{si} (0 \leqslant \lambda \leqslant +\infty) \qquad (3)$$

从数学模型（3）可以看出，共生主体之间的行动结果主要表现在是否产生新的共生能量，而这不仅取决于共生阻尼系数的大小，而且还取决于共生主体相互作用的关联度及其共生模型。是偏利共生，还是寄生，或还是对称性互惠共生？无论是哪种模式，共生系统的稳定性条件是明确的，即 $\xi_s >$ ξ_{si}。显然，若 $\xi_s < \xi_{si}$，这则表示 U_1 和 U_2 共生关系具有不稳定特征，共生结构会随时瓦解。

结合图 2-3 "共生融入模型"，不难发现，在共生的过程中，文化、经济及政治等共生界面在共生系统中具有决定性的作用，既是共生关系形成的媒介，也是共生关系的主要表现领域。不仅如此，政治、经济及文化共生界面都是一个相对完整又密切关联的子系统，共生界面的社会意义在于是通过合理的制度安排来发挥共生界面对共生行为的导向作用，增强主体在共生系统中的积极性以及与彼此关联度，吸引每个共生主体在共生系统中的能量产生，减少共生阻尼系数的负面影响，建立具有稳定的结构。简言之，建立一体化的共生界面，减小共生界面的阻尼系数，是促进族群共生发展的前提条件。

在宏观历史和现实层面，在我国社会主义制度建立前，我国民族地区广泛存在偏利共生、平行间隔型共生、单向寄生等多种共生形式。"如新中国成立前四川等地的彝族地区大约 100 万人口保留着奴隶制度，西藏、云南西双版纳等地区大约有 400 万人口保留着封建农奴制度。这些地区的少数民族群众大都附属于封建领主、大贵族、寺庙或奴隶主，可以被任意买卖或当作礼物赠送，没有人身自由"①。这种社会体制反映一种典型"单向寄生"模式。"单向寄生"在旧社会中属于一种典型的阶级压迫和阶级剥削的现象，社会成果只被封建领主、大贵族、寺庙或奴隶主全部占有，只对统治阶级有利而对被统治阶级不利。在近代国际关系格局中，殖民主义国家对于殖民地的掠夺行径属于一种典型"单向寄生"模式。殖民主义者不仅控制了殖民地的政治权力，还将殖民地变成他们的产品倾销市场，造成殖民地社会的畸形发展。

作为一种在行为模式处于一种非对称性互惠共生的共生模型，尽管存在着双向的交流和沟通机制和一体化的共生界面，但是其社会发展成果在于分配的不公平性和不对称性，这就导致很难实现同步发展和共存共赢的结果。譬如民国时期，我国民族地区与内地城市的共生模式属于这种模式，其最直接的后果是我国西部民族地区与东部沿海地区的社会经济发展水平的差距越来越大。也正因如此，新中国成立之后，实施了少数民族优惠政策，强调要实现民族之间事实的平等。在新中国的民族共生发展模式中，一体化条件下的对称性互惠共生目标被具体化为各种少数民族的优惠政策，强调中华民族大家庭以团结、互助和合作为基础，目标在于实现各民族之间对称性的社会成果分配。也正是在这种一体化互惠共生模式下，每个民族和个体都获得了同等的发展机会和发展空间，为夯实中华民族多元一体的关系格局奠定了机制基础，从而也使中华民族的共生体系具有世界其他国家民族（nation）无法比拟的优势。

---

① 袁年兴：《从多元走向一体：民族关系演变中的共生学取向》，《学术月刊》，2010 年第 9 期。

第三节 "共生融入"模型的命题与目标

作为一个预设的理论模型，"共生融入"为我们提供了分析少数民族流动人口社会融入提供了一种"理想类型"的分析框架，也为我们调查问卷的设计以及变量处理提供了理论依据。在社会学的理论中，"理想类型一词适用于关于行动者与行动要素之间的关系的分类和陈述，亦即根据或参照行动者心中的思想和行动取向所依据的一个或几个行为准则所作出的分类和陈述"①。因此，"共生融入"模型在本研究中并不是对具体现象的经验概括或普遍性归纳，而是通过概念形成一个能理解社会行动的分析框架，从而使研究不被个体的微观细节所掩盖。也正因如此，本书致力于一种经验式分析与逻辑性研究相结合的研究范式。

一、"共生融入"模型的基本命题

本研究选择"共生融入"模型作为分析的工具，主要是基于如下现实基础：首先，少数民族流动人口的宗教信仰和生活习俗与东南沿海城市居民的差异性比较明显，异质性共生的特征也比较突出；其次，东南沿海城市作为我国少数民族流动人口最为集中的地区之一，包含了我国 10 个信仰伊斯兰教的少数民族流动人口，样本具有代表性。再次，在社会政策层面，从行动结构的宏观视角来看，探析影响到少数民族流动人口共生融入的影响因素以及流动型的行动结构的特征，显然有助于为社会政策的制定提供充足的理论依据。依据上述对"共生融入"的理论预设，我们可以进一步确定本项研究的几个基本命题。

（一）经济层面共生融入的基本命题

经济是社会的基础，经济的核心是社会成员和利益主体对社会财富的生产和分配，即对经济利益的占有和分配问题。社会经济发展的多元性和差异性以及人们需要的多样性，使每个民族的生产和创造的财富，成为其他民族

---

① Max Weber: *The Methodology of the Social Sciences*. New York: The Free Press, 1949: 49. 转自萧俊明:《文化与社会行动——韦伯文化思想述评》,《国外社会科学》,2000 年第 1 期。

需要的提供者。在人类社会共生发展和民族经济交往互动的过程中，各个民族的生产及其创造的财富的互补性是不可或缺的。在宏观视角中，衡量经济层面的共生融入包括两个层面：一是在经济共生发展的过程中对社会总体经济的贡献；二是对社会财富和经济利益的共享。从我国多民族国家的历史发展历程来看，由于我国东、西、南、北地理生态的差异，形成了不同类型的民族经济，进而使民族间的交往不可避免，而且随着社会经济的发展，民族之间、地区之间，经济上的联系和互补越来越强。历史证明，民族间经济方面的往来畅通、频繁，民族关系就和睦，社会政治就稳定；如果民族间经济往来遭到破坏或阻隔，社会便出现动荡，民族矛盾会激化。民族间经济共生态规律还要求，民族间在经济发展速度和水平上，不同民族成员在分享社会财富方面，应趋于平衡和合理，否则，会导致民族关系的紧张，甚至产生政治冲突。

从个体视角来看，个体的完整性依赖于社会的完整，而个体也只有在共存和共赢的社会条件下才能实现自我的价值和目标。毋庸置疑，共生是特定时空坐标中个体的一种理性选择，这是共生融入结构形成的前提条件。正如回族学者许宪隆教授指出，经济上的互补是民族共生的内在逻辑结构，"随着分工的加剧与社会化程度的日益增强，任何个体、组织和群体之间只有扬长补短，彼此获益，才能在不同主体间的互补互利活动中寻求到自己生存与发展的条件，在互补的过程中实现共赢"[①]。具体对于少数民族流动人口而言，从西北民族地区进入东南沿海城市务工或经商，经济因素是最根本的动力。需要清晰认识到的问题是，由于教育文化和职业技能普遍偏低，少数民族流动人口的经济活动主要局限于清真餐饮、流动地摊、建筑工人、小商贩等领域，社会资源的区域差异性作为一种环境因素对少数民族流动人口的理性选择不可避免地起着导向性的作用。此外，流入地社会对少数民族流动人口的接纳程度如何呢？该群体具有什么样的经济发展空间和就业机会？这对少数民族流动人口而言都是最直接也是最关键的问题。同时，由于个体存在着获得社会资源和社会空间的能力差异性，这也影响到他们经济活动的结果。因此，我们可以提出第一个命题：社会资源、社会空间和个体共生力与少数民族流动人口的经济共生融入存在着因果逻辑关联。

---

① 许宪隆：《构建共生互补型多民族和谐社会的思考》，《学习月刊》，2008 年第 20 期。

（二）文化层面共生融入的基本命题

既然"共生融入"是基于个体理性选择的一种结构化特征，那么从个体在文化层面的共生融入过程具有什么样的规律和特征？在"原生论"看来，正是由于文化层面的一些原生特征，群体之间的差异性主要体现在宗教信仰、生活习俗、语言、历史记忆等可以客观识别的核心特征上，英国社会学家安东尼·史密斯（Anthony D. Smith）甚至将这些特征视为划分"民族"（ethnic group）的主要依据，即"拥有名称的人类群体，他具有共同祖先神话，共享历史回忆和一种或数种共同文化要素，与某个祖国有关联，并至少在精英中有某种程度的团结"[①]。但是在另一面，任何一种民族文化正是在百花齐放、百家争鸣的历史选择过程中发扬其优秀的部分，并为其他民族所尊重甚至吸收，从而成为时代的和世界的文化，进而丰富了人类的文化宝库。从古至今，我国及世界各民族，正是在这种民族文化共生态关系中得以发展进步。因此，传统文化的力量，深深熔铸在主体共生发展的生命力、创造力和凝聚力之中。也正是各民族文化多样性的共生发展，才使我们的世界五彩缤纷、繁花似锦。

毋庸置疑，中华文明体系是中华所有民族文化的共生系统，属于一种"你中有我，我中有你"的一体化共生体。由于少数民族流动人口以伊斯兰教信仰为核心的传统文化与流入地居民存在明显差异，部分学者认为宗教信仰是束缚该群体社会融入的主要因素[②]；也有学者认为"采取有效手段和方式，合理地进行宗教宣传和教育，降低宗教的敏感性，是促进民族关系和谐发展的必要措施。"[③] 然而，即使少数民族流动人口与当地居民因文化习俗的差异而存在一定程度的交往障碍，但是对于一个虔诚的少数民族而言，伊

---

① Anthony D. Smith：*National Identity*. Harmondsworth：Penguin，1991：13.

② 如新疆维吾尔族学者哈尼克孜·吐拉克在《维吾尔族流动人口内地城市融入研究——基于武汉市的调查》一文中指出："民族情感与身份认同的差异、陌生的环境、巨大的文化隔膜、生活饮食的不习惯以及语言不通等种种困境，使少数民族农民工内心产生迷惑、被排斥甚至被抛弃的感觉。"参见《中南民族大学学报（人文社会科学版）》2014年第4期，第63-69页。葛壮也指出："倘若发生或遭逢到不合乎'沙里亚'伊斯兰教教法规定，属于'哈拉姆'（被禁止及要受到惩戒的行为）范畴的事情，非少数民族一般不会感受到少数民族看待此类事情的态度和严重性，前者言语之间有意无意的轻慢，亦会直接招致后者的反感甚至生发敌意"。参见《沪上外来流动穆斯林群体的精神生活——关于上海周边区县伊斯兰教临时礼拜点的考察与反思》，《社会科学》，2011年第10期。

③ 万明钢、高承海：《宗教认同和民族认同对民族交往态度的影响》，《西北师范大学学报（社会科学版）》，2012年第5期。

斯兰教作为"两世并重"的宗教，不仅要求他们坚持宗教信仰，而且还要求能够运用教规教义来规范自己在社会中的行为，这无疑有助于他更好地融入当地社会。在调研中我们也发现，宗教信仰越虔诚的少数民族流动人口，其社会融入程度越高于其他个体。因此，我们提出第二个命题：少数民族流动人口的文化融入与其宗教信仰的虔诚度存在着正向的关联。

（三）政治层面共生融入的基本命题

政治的共生关系是社会共生关系的一种集中体现，其核心是在政治一体化条件下的社会共治和权力共享。我国实行的民族区域自治制度，既是民族共生态关系的一种政治调节机制，也是我国各民族政治共生态关系历史发展的必然结果。正如杨圣敏和王汉生通过北京"新疆村"的考察，揭示了维吾尔族流动人口的"边缘性"突出地表现在社会地位及身份结构[①]；马戎还指出维吾尔族在内地务工人员由于"社会流动"和"族群分层"，导致其社会融入出现了消极发展趋势[②]。当我国少数民族从民族地区流入东南沿海城市之后，我们则需要围绕着政治共生的基本内涵来重新考察其基本要素及其动态关系。在本书基于共生系统的基本特征而构建的"共生融入"模型中，共生的系统效果受共生主体（行动者）、共生模式（互动关系）和共生条件（社会资源、社会空间）三要素制约。既然共生关系能够产生新的系统能力，那么作为能量的社会资源和社会空间的分配方式对文化共生结构和政治共生结构产生什么样的影响呢？

不言而喻，政治共生在"共生融入"模型占据有核心地位。长期以来，党和国家始终坚持扶持和帮助各少数民族发展经济社会的政策，致力于解决历史遗留下的民族间经济、文化和社会发展方面的差距问题。我国对各少数民族实行帮助的特殊政策，既是国家整体发展利益所必需，也是民族共生态规律的客观要求。对于少数民族流动人口而言，少数民族的身份是少数民族流动人口在民族大家庭中对自我认同的依据之一，民族优惠政策成为了维系他们与国家意义关联的一个重要纽带。虽然民族优惠政策存在着跨区域限制而不可

---

① 杨圣敏、王汉生：《北京"新疆村"的变迁——北京"新疆村"调查之一》，《西北民族研究》，2008 年第 2 期。

② 马戎：《我国部分少数民族就业人口的职业结构变迁与跨地域流动——2010 年人口普查数据的初步分析》，《中南民族大学学报（人文社科版）》，2013 年第 4 期。

能满足每个人的诉求，但是"国家在场"的态度和姿势可以影响他们的心理活动。子女教育资源、社区的微观服务以及个体的社会发展空间无疑具有政治支持的心理功效，有助于提高个体的社会责任感和政治认同导向。结合上述内容，可进而推断本研究的第三个命题：以经济共生结构作为逻辑推理的中介变量，社会资源、社会空间、共生力与其政治共生结构同样存在着因果逻辑关联。

（四）共生融入层次关联的基本命题

西方学界对"社会融入"的认识经历了一个从"同化论"（"直线型融入"、"U线型融入"、"W线型融入"）到"多元文化论"和"区隔型融入"的过程，而我国的学者大多偏向或接近于一种"直线型融入"的脉络，如杨菊华认为"经济整合应该在先，次为文化接纳，再次为行为适应，最后是身份认同"[①]。这种社会融入模型虽然注意到了融入的层次关联，但是显然过于理想化。对此，李培林等人基于对中国农民工社会融入的实证分析，指出"社会融入，既不是整体推进的，也不是逐次递进的，而是呈现出平行、多维的特点"[②]。虽然学界的相关观点存在着差异，但是都建立在一种共识的基础上，即把社会融入视为一种行为主体对一种行为主体的被动的适应行为。在共生的视角下，"社会融入"不应被视为流动人口的一种被动的行为，不能过于强调保持流入地社会的固化特征。尤其是在流动日益频繁的现代中国城市社会，"社会融入"如何体现全体社会成员"当家做主"才是核心议题。

与西方社会融合理论及政策不同，中国的民族宗教政策突出了不同文化主体、不同民族共生融合、共存共赢的思想理念。在2014年5月的第二次中央新疆工作座谈会上，习近平总书记指出，"民族团结是各族人民的生命线……各民族要相互了解、相互尊重、相互包容、相互欣赏、相互学习、相互帮助，像石榴籽那样紧紧抱在一起。"[③] 在2014年9月召开的中央民族工作会议全面分析了我国民族工作面临的国内外形势，深刻阐述当前和今后一个时期我国民族工作的大政方针，指出"做好民族工作，最关键的是搞好民族团结，最管用的是争取人心"，"加强各民族交往交流交融，尊重差异、包

---

① 杨菊华：《流动人口在流入地社会融入的指标体系》，《人口与经济》，2010年第2期。
② 李培林、田丰：《中国农民工社会融入的代际比较》，《社会》，2012年第5期。
③ 《习近平在第二次中央新疆工作座谈会上强调：坚持依法治疆团结稳疆长期建疆，团结各族人民建设社会主义新疆》，《人民日报》，2014年05月30日01版。

容多样，让各民族在中华民族大家庭中手足相亲、守望相助"①。在 2015 年 5 月召开的中央统战工作会议上，习近平总书记再次强调："去年召开的中央民族工作会议，明确了当前和今后一个时期民族工作的大政方针和战略任务，各级党委要抓好会议精神贯彻落实，促进各民族和睦相处、和衷共济、和谐发展。"

正如李思强在《共生构建说（论纲）》指出："在物质世界中，任何具体而真实的事物，自身内部诸元素之间及其与外部环境之间的互动，如果通过各自作用与影响的相互渗透，不但能够有助于相互关系的稳定以及各自生存的稳定性，而且能够有利于相互关系的不断完善与发展以及各自的不断完善与发展，因此能够构成不同层次、不同关系间相互作用的互利性。"② 在民族关系的视角中，"共生融入"其实就是要实现各民族在政治、经济、文化等领域共享社会发展成果、同步发展及共同进步这一目标，强调"本地居民"与"流动人口"互为主体，这是一个双向的彼此接纳和融入的过程。据此，我们提出第四个命题：少数民族流动人口在经济、文化及政治层面的共生融入属于一种彼此关联的逻辑结构。

二、"共生融入"模型的理论目标

本次研究遵循了我们对"共生"这一概念的基本界定，重点考察少数民族流动人口与流入地社会共生融入的结构性特征。正如在韦伯的社会学中，理想类型是其比较研究的基础，共生融入作为本书的分析框架，为讨论个案的特征及其偏差提供了可能，这使我们能够做出对现象的基本假设，其中包括产生现象的原因和现象造成的后果，进而在实证分析的支持下，明确相关假设的解释力度和范围，从而实现科学研究的目的。通过"共生融入"模型，本研究试图从三个方面克服西方学界研究存在的问题。

第一，"共生融入"强调个体因共生而存在的主体意义，需要纠正个体作为行动者处于"占位符"这样一个尴尬的地位，突出个体之间的彼此尊重和承认。在传统的社会行动理论中，社会被想象成为一种致力于自我维持、

① 《中央民族工作会议暨国务院第六次全国民族团结进步表彰大会在京举行》，《人民日报》，2014 年 09 月 30 日 01 版。

② 李思强：《共生构建说（论纲）》，北京：中国社会科学出版社，2004 年版，第 188 页。

均衡和自我调节的体系，因此无法对社会的变化做出令人满意的回答。吉登斯的双重结构属性虽然为我们提供了一种沟通个人与社会的分析路径，但是这完全建立在个体具有同质性的假设基础之上。"共生融入"强调的是个体异质性（区域的、宗教信仰的、文化习俗的）的共生以及由此而生成的社会共生结构和运作机制。

第二，与"直线型融入"、"曲线型融入"及"区隔型融入"比较而言，"共生融入"强调主体间的共生关系以及由此所产生的社会结构机制，旨在构建一个开放性（而非封闭）、一体化（而非区隔）的社会系统。尽管部分群体由于历史因素或自身条件处于社会的边缘地带，在社会融入的过程中面临着诸多结构性的障碍，但是"共生融入"作为一种理想类型提供了具体的理论路径。本书"共生融入"模型的经验研究重点在于揭示影响少数民族流动人口共生融入的主要因素以及相关作用机制，为实现中国多民族社会的共生发展提供科学的支持。

第三，每一种有效的共生界面都是一个完整的体系，共生调适机制主要是发挥共生界面对共生行为方向的支配作用，增强共生单元在推进共生系统中的积极性以及与相互之间的关联度，吸引每个共生单元的能量、信息和物质在系统中的全部投入，减少能量、信息和物质的传输损失或失真，避免共生关系失效。因此，建立一体化的共生界面，减小共生界面的阻尼系数是促进族群共生发展的前提条件。在共生行为模式上，共生具有寄生、偏利反向共生、偏利正向共生及对称性互惠共生；在共生组织模式上，共生具有点共生、间歇性共生、连续性共生及一体化共生。与其他共生模式相比，一体化共生模式的最大特点还表现在形成了主导共生界面。主导共生界面能促使物质、信息和能量的交流更有效率更加稳定，从而创造更好的界面环境。在这层意义上，建立共生界面的优化、调适机制是共生发展的首要运作机制。"共生融入"不仅需要突出主体平等、成果共享及互惠合作等结构化特征，还强调个体的共生关系模式在其中的基础性和决定性作用。共生行为模式和共生组织模式的结合具有多种共生关系，而一体化条件下的对称性互惠共生作为一种理想类型提供了一种参照体系，这既具有方法论层面的比较作用，也具有政策层面的指导意义。

第三章　少数民族流动人口基本
情况的代际变化

本项研究是一项应用对策类的实证研究，数据来源于课题组在东南沿海城市的问卷调查和深度访谈。依据本书"共生融入"模型的理论分析框架，参考学界以往的研究成果，本项研究的问卷设计分经济、社会关系、心理、宗教信仰及政策制度五个层面。调查工作从 2015 年 6 月初开始，2017 年 9 月底结束。调查员由 3 位民族社会学专业教师和 10 名研究生组成，其中少数民族学者 2 位。调查工作得到了浙江省民宗委、浙江省伊协、江苏省伊协以及上海市清真寺相关工作人员的大力支持。本次数据的收集采用区域抽样和多层抽样相结合的方法，即先在东南沿海城市（沪、苏、浙、粤、闽）的 358 个市区随机抽取 48 个单元，然后按照单元的区域特征抽取 3 个街道。对于少数民族流动人口比较集中的街道，我们在考虑人口学变量（年龄、职业、教育、民族）对总体样本的代表性的基础上，进行配额抽样来确定调查问卷对象。经过跨度 1 年多的问卷调查，我们总共获得了 3 468 份样本。在经过有效性检验后，最后获得样本 2 872 份。其中，老一代少数民族流动人口的有效问卷 1 512 份，新生代少数民族流动人口的有效问卷 1 360 份。

第一节　人口学变量的代际变化

本书的人口学变量（demography variable）是指人口统计中与因变量相关的个体基本特征，包括性别、年龄、教育水平、民族及地区等。用 SPSS 做层次回归分析的时候，人口学变量通常被作为控制变量。从表 3 - 1 样本的基本情况来看，本次有效样本中老一代少数民族流动占 56.38%（1 512 人），新生代占 43.62%（1 360 人）；男性少数民族流动人口 1 977 人（老一代 998 人，新生代 979 人）。有关少数民族流动人口受教育水平的测量指标，调查问卷的答案分四类："小学及以下"（赋值 1）、"初中（包括未毕业）"（赋值 2）、"高中（包括未毕业）"（赋值 3）、"大专及以上"（赋值 4），老一代少数民族流动人口的平均水平为 1.48，而新生代的平均水平为 1.8，都处于一个较低的水平。在当地居住时间方面，老一代少数民族的平均居住时间为 7.47 年，新生代为 5.06 年。总体看来，有效样本的标准误都处于一种理想状态，说明样本统计量与总体参数的值越比较接近，用样本统计量推断总体参数的可靠度越大。

表 3-1 样本人口学变量描述性分析

基本特征	老一代少数民族			新生代少数民族		
	均值	标准误	样本量	均值	标准误	样本量
性别（男性＝1）	0.66	0.034	1 512	0.72	0.026	1 360
教育程度	1.48	0.051	1 512	1.80	0.045	1 360
居住时间	7.47	0.283	1 512	5.06	0.250	1 360
流出地						
西北地区	0.852		1 288	0.797		1 088
新疆地区	0.065		98	0.100		136
散杂居区	0.083		126	0.103		136
民族成分						
回族	0.900		1 361	0.833		1 133
维吾尔族	0.067		101	0.111		151
其他民族	0.033		50	0.056		76

表 3-1 还反映了东南沿海城市少数民族流动人口在民族成分和来源地方面的比例情况。调查样本包括了中国信仰伊斯兰教的 10 个少数民族，即回族、东乡族、撒拉族、保安族、维吾尔族、柯尔克孜族、哈萨克族、乌孜别克族、塔吉克族、塔塔尔族。其中，回族在少数民族流动人口中占了绝大多数，老一代回族少数民族占 90%，新生代占 83.3%；其次是维吾尔族，老一代维吾尔族少数民族占 6.7%，新生代占 11.1%。其他民族少数民族近几年来也呈现不断增长的趋势，这主要是来自新疆的哈萨克族和甘肃的东乡族。可以明确，少数民族流动人口的来源地和民族成分与性别结构、教育结构一样，都存在着明显的代际变化。

一、性别结构的代际变化

性别结构的变化是衡量少数民族流动人口社会生活状况的一个重要指标，合理的性别结构既是男女平等的重要体现，也是男女实现社会公平和正义的重要基础。在心理学的视域中，每个人从小到老都要经历一系列的社会化过程。严重失衡的男女性别比例，加上少数民族的族际通婚存在着诸多文化困境，这也不可避免地影响到了少数民族流动人口的"再社会化"过程。有关性别心理学的研究还表明，"除了经济成功，婚姻成功也是个人追求的重要目标之一，婚姻目标受挫同样会导致心理失范"[①]。对于个体而言，要么是一个人背井离乡，要么是举家迁移，不同的状况显然会带来不同的"再社会化过程"。考察性别结构的代际变化，有助于我们洞察少数民族流动人口社会融入背后复杂的社会环境。

相关数据表明，老一代男性少数民族流动人口比老一代女性少数民族多了一倍，而新生代男性少数民族流动人口所占的比例则更高，多出了2倍以上，这既反映了女性少数民族在结婚前一般不会单独外出打工或经商，也表明老一代少数民族流动人口举家迁移已逐渐成为了一种趋势。不过，新生代却在这种趋势中遇到了明显的阻碍。图3-1进一步揭示了少数民族流动人口性别结构的代际变化。在新生代男性少数民族流动人口不断增长的情况下，女性新生代少数民族流动人口却呈现出下降趋势。即使是结婚了的新生代少数民族流动人口，举家迁移困难重重。对此，来自宁夏吴忠市的新生代少数民族人士MY在访谈中讲述了他个人的情况。[②]

我们那边的人结婚都比较早。我今年28岁，有3个娃了。老婆也是我们吴忠市的，是我堂嫂的表妹。我和堂兄他们来杭州3年了，很少回家。老婆在家里带娃，没有办法过来，娃要人带。本来想把小娃一起带过来，一是负担不起，最关键是没有学校读书。我堂兄和堂嫂都在杭州，可是孩子还在老家，很长时间没有回家去了。店里有个小伙子今年也要回家讨媳妇了，彩礼太高了。结婚后还是要出来，在老家没有盼头。

---

① 李卫东等：《性别失衡背景下农民工心理失范的性别差异研究》，《社会》，2013年第3期。
② 访谈对象：MY，男，撒拉族，28岁；访谈时间：2017年8月1日；访谈地点：杭州市西城区。

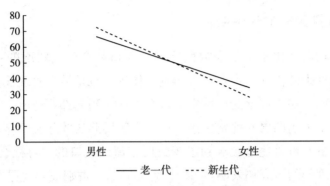

图 3-1　性别结构的代际变化（百分比）

　　从 MY 的访谈内容可以初步判断，影响少数民族流动人口性别结构代际差异的核心因素是经济因素，其次是子女的教育问题，即制度因素。在少数民族社会，女性婚前一般不会单独外出打工或经商，而男性则相对自由些。在性别结构严重失衡背景下，男性少数民族流动人口被视为"养家糊口"的顶梁柱，而女性被更多地赋予"贤妻良母"、"相夫教子"的传统家庭妇女角色。从性别结构的代表变化还可以初步判断，新生代男性少数民族流动人口承担着越来越重的社会责任。

二、教育结构的代际变化

　　在我国处于社会转型的过程中，客观的结构分层明显快于制度整合，而"教育是打破阶层固化的重要途径"[1]。比较分析少数民族流动人口代际之间的受教育年限，有助于我们获悉个体人力资本的动态趋势以及少数民族聚居区的教育发展现状。图 3-2 显示，新生代少数民族流动人口平均接受学校教育水平明显高于老一代，但是两者都处于比较低的水平，即老一代平均为1.48 年，新生代为 1.80 年。与此同时，新生代平均值的标准误明显高于老一代，这也说明新生代内部受学校教育水平也存在着比较大的差距。

　　图 3-2 反映了少数民族流动人口教育水平的代际差异。其中，老一代少数民族流动人口有一半左右的处于"小学及以下"水平，而新生代少数民

---

　　① 邱玉娜：《代际流动、教育收益与机会平等——基于微观调查数据的研究》，《经济科学》，2014年第 1 期。

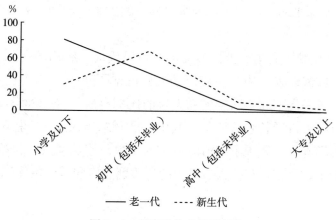

图 3-2　教育结构的代际变化

族流动人口有一半左右处于"初中（包括未毕业）"的水平。一般而言，"教育不平等效应取决于家庭背景差异对子女教育的影响、教育体系不平等程度、教育在劳动力市场中的重要性三种因素。"[①] 由于少数民族流动人口主要从事的清真饮食行业对教育水平没有太高要求，因此劳动力市场在此方面缺乏足够的推动力。在调研中，我们也发现个别有大学学历的新生代少数民族流动人口在拉面店做"跑堂"或做拉面师傅，"读书无用论"在少数民族流动人口中占有一定的地位。

三、民族成分结构的代际变化

我国目前有 10 个信仰伊斯兰教的少数民族。根据第六次全国人口普查的数据，我国少数民族的总体人口规模为 23 142 104 人，依次是回族（10 586 087）、维吾尔族（10 069 346）、哈萨克族（1 462 588）、东乡族（621 500）、柯尔克孜族（186 708）、撒拉族（130 607）、塔吉克族（51 069）、保安族（20 074）、乌孜别克族（10 569）、塔塔尔族（3 556）。由于历史原因，我国少数民族主要聚居在大西北地区（甘宁青地区和新疆地区），社会经济发展水平远远低于东南沿海城市。随着我国城市化进程不断加快，越来越多少数民族人口从西北农牧地区进入东南沿海城市经商或务工，"不到 10 个少数民族中，就有

---

① 王学龙、袁易明：《中国社会代际流动性之变迁：趋势与原因》，《经济研究》，2015 年第 9 期。

1 个离开自己原来的生活圈，加入国内移民的大军，成为一名少数民族流动人口"①。

图 3-3 反映了我国少数民族流动人口民族成分结构的代际变化。在老一代少数民族流动人口中，回族流动人口占据了 90%，其次是维吾尔族流动人口。与老一代不同，回族流动人口的比例有所下降（83.3%），其他少数民族的流动人口增长趋势明显。其中，维吾尔族从 6.7% 上升到 11.1%。在调查的总样本中，我国东南沿海城市的少数民族流动人口包括 10 个信仰伊斯兰教的少数民族，包括人口最少的乌孜别克族和塔塔尔族。

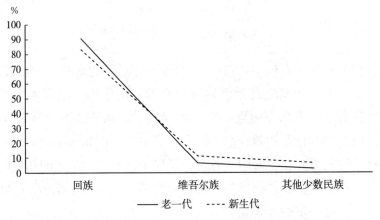

图 3-3　民族成分结构的代际变化

四、来源地结构的代际变化

中国信仰伊斯兰教的少数民族主要聚居在新疆和陕甘宁青地区。其中，维吾尔族、哈萨克族、乌孜别克族、塔塔尔族和柯尔克孜族聚居在新疆地区，东乡族聚居在新疆和甘肃地区，撒拉族聚居在青海地区，保安族聚居在甘肃地区。与其他少数民族不同，在第 5 次人口普查时，48.6% 的回族聚居在宁夏、陕西、甘肃、青海和新疆地区，其他则散杂居在全国各地，华北、东北、华东、中南、西南地区分别占有 12.45%、5.24%、11.86%、

---

① 王宇洁：《2008 年中国伊斯兰教概况及对穆斯林流动问题的分析》，参见金泽、邱永辉（主编）：《中国宗教报告 2009》，北京：社会科学文献出版社，2009 年版，第 86－101 页。

12.17%和9.59%。[①] 样本数据揭示了90%左右的少数民族流动人口来自大西北地区。图3-4揭示了少数民族流动人口来源地的代际变化，其中来自西北的新生代人口所占比例呈下降趋势，而来自新疆地区的新生代少数民族流动人口比例明显高于老一代，散杂居地区的新生代少数民族流动人口比例也比老一代略有上涨。

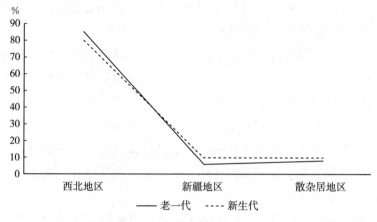

图3-4　来源地结构的代际变化

　　在调研中我们也发现，同一个城市的少数民族流动人口通常以老乡关系和亲友关系为纽带聚居在一起，不同城市中少数民族流动人口的来源地特征往往也比较明显。如在浙江省杭州市、江苏省的苏州市、扬州市、南京市，回族少数民族流动人口主要来自青海省化隆县和循化县，只有少量的甘肃和宁夏的回族少数民族流动人口，来自新疆地区的少数民族流动人口主要是和田县和于田县的维吾尔族。在上海市，新疆地区少数民族流动人口主要来自喀什地区，回族少数民族流动人口主要来自宁夏地区和甘肃地区。

第二节　经济层面的代际变化

　　在西方学界，"社会融入"通常是站在"社会排斥"这一概念的对立面

---

　　① 杨文炯：《回族人口的分布及其城市化水平的比较分析——基于第五次人口普查资料》，《回族研究》，2006年第4期。

提出的。"社会排斥"的概念最初由勒内·勒努瓦提出，主要是在贫穷和经济排斥的领域。在 20 世纪 80 年代欧盟反贫困计划中，"社会排斥"也主要是指经济排斥。正是由于这一点，有些学者还是坚持认为经济层面的贫困问题是妨碍社会融入的主要因素。尽管相关主张带有片面性，但是从社会现实的角度彰显了社会融入必然包括要实现经济层面的目标。对此，李培林指出，经济层面的社会融入主要是强调外来人口在劳动力市场中的职业地位以及从事该职业的收入及家庭消费情况。

在共生融入的理想类型中，对称性互惠共生模式表现在最大程度增强共生单元共生能力的增长和共生系统的优化，能够加强共生主体在整个共生系统中的能量摄取和释放的能力，最大程度激活共生主体的内在动力和相互合作的交流机制，并促进系统新能量的产生和良性循环。可以肯定，对称性互惠共生是共生系统优化的根本法则，代表共生发展的方向和前途。在此层面上，扩大族群共生度、建立能量对称分配机制及内生优化机制是族群共生发展至关重要的条件保障。

与其他流动人口一样，"少数民族流动人口从西部边疆地区来到东部沿海城市，经济层面的区域差异是一个非常重要的推动力"[①]。不仅如此，经济收入与流入地的差距或分层，也有可能直接影响到少数民族流动人口在社会层面即心理层面的融入情况。由于工作条件、技术水平及住房情况与经济收入密切相关，为此我们将这些相关因素作为经济层面的测量指标。为了便于变量操作化，有关工作条件的测量通过平均每月的工作时间来计算；工作收入以可支配收入为准，并剔除最高的 1‰ 和最低 1‰ 的异值；在住房方面，对不同的住房情况作出分类并赋值：自建或自购房，赋值 3；单独或家庭租房，赋值 2；集体宿舍或与他人合租，赋值 1；公棚或无固定住所，赋值 0。工作技术水平的赋值标准是：1 为体力劳动；2 为半体力半技术；3 为技术或经商。劳动强度相对于具体的检测人而言，按照他们日常工作的体力状态来测量，分四种类型并赋予不同的值：高强度劳动（非常疲惫），赋值 3；较大强度劳动（疲惫），赋值 2；一般强度劳动（有时

---

① 高翔等：《穆斯林流动人口城市社会适应性实证研究——以兰州市回族、东乡族为例》，《人口与经济》，2011 年第 2 期。

疲惫轻松，有时轻松），赋值 1。在利用回归模型对少数民族流动人口经济融入的影响因素进行分析前，以"相对经济收入"（即少数民族流动人口平均可支配收入与本地城镇户籍人口的收入差距的绝对值）作为因变量，并对奇异值进行剔除。"相对经济收入"作为因变量，类型为连续型变量。

少数民族流动人口经济层面的基本特征及代际变化见表 3-2。

表 3-2　少数民族流动人口经济层面的基本特征及代际变化

基本特征	老一代少数民族流动人口			新生代少数民族流动人口		
	均值	标准误	样本量	均值	标准误	样本量
每月工作天数	28.80	2.552	1 512	28.55	3.007	1 360
每天工作小时数	11.97	2.966	1 512	11.34	2.592	1 360
职业技术水平	1.97	0.783	1 512	1.93	0.780	1 360
个人月收入	4 171.42	184.09	1 512	3 284.79	113.67	1 360
劳动强度	1.39	0.831	1 512	1.52	0.799	1 360
住房	1.65	0.936	1 512	1.55	0.588	1 360
个人年消费	11 400.00	298.98	1 512	7 883.61	339.57	1 360

注：①以家庭为单位的收入（如拉面馆、小商铺），按照参与人员平均估算。
②由于月收入及个人消费原始数据标准误较高，故剔除最高 1% 和最低 1% 样本计算。
③以家庭为单位的流动人员，人均年收费取家庭劳动力平均值。

一、劳动时间结构的代际变化

劳动时间涉及个体的身心健康和休息权。所谓"休息权"，《法学词典》是指"公民的基本权利之一。劳动者为保护身体健康和提高劳动效率而休息和休养的权利。其目的是保证劳动者的疲劳得以解除，体力和精神得以恢复和发展；保证劳动者有条件进行业余进修，不断提高自己的业务水平和文化水平；保证劳动者有一定的时间料理家庭和个人的事务，丰富自己的家庭生活"[1]。我国《劳动法》第四章"工作时间和休息休假"中对劳动者休息权

---

① 《法学词典》编辑委员会：《法学词典》，上海：上海辞书出版社，1980 年版，第 262 页。

作了专门规定。劳动者依法享有休息权，休息权不可剥夺。我国《宪法》第四十三条第二款规定，国家发展劳动者休息和休养的设施，规定职工的工作时间和休假制度。

对于少数民族流动人口而言，他们最初从西部农村或牧区来到东部沿海城市，由于受教育文化普遍偏低，导致他们的工作长期局限于清真餐饮、流动地摊、建筑工人、小商贩等领域，因此老一代和新生代每个月的工作天数平均都超过 28 天，每天的工作时间都超过了 11 个小时。图 3-5 不仅反映了少数民族流动人口的平均劳动时间远远超过了法定的时间，而且在结构上还呈现出了明显的代际。从线条的走势来看，老一代少数民族流动人口的劳动时间结构接近一条直线，也就是说有一个相对固定的顺序；而新生代的劳动时间结构呈现明显的落差，具有不均衡的层次结构。从上图中还可以看出，处于正常劳动时间的少数民族流动人口出现了下降的趋势，大多数集中在 12 个小时以上，不过工作时间超过 13 个小时以上的人口也呈现出下降的比例。由于少数民族流动人口的就业方位主要集中在清真饮食行业，店铺老板（老一代少数民族为主）一般是从早上 6 点起床去采购，晚上 10 点休息，中午歇业时会略微休息一下；普通员工（以新生代为主）大多早上 9 点开始工作，晚上 10 点休息，中午也会休息一段时间。对于普通员工而言，大多与老板具有地缘、姻缘或血缘关系，加上就业竞争激烈，因此也不可能在劳动时间上提出"过分"的要求。

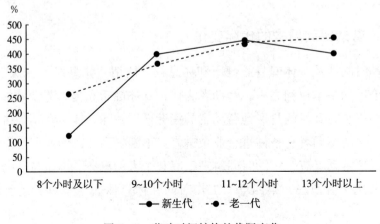

图 3-5　劳动时间结构的代际变化

二、劳动强度结构的代际变化

在中国经济高速发展的背景下，"过度劳动"业已成为了一种普遍的社会问题。所谓"过度劳动"，"是指劳动者在其工作过程中存在超时、超强度的劳动行为，并由此导致疲劳的蓄积，经过少量休息无法恢复的状态。"劳动强度过高成为了"过度劳动"的主要特征。如图3-6所示，在老一代少数民族流动人口中，从事高强度劳动的占有40.5％，而新生代在同一强度有所下降，占新生代总人口的23.5％；有46.3％的老一代少数民族流动人口的劳动为"较大强度"，而这一劳动强度的新生代占有69.5％。具有一般劳动强度的少数民族流动人口所占比例都很小，即老一代为13.2％（这一比例包括了大量的退休老年少数民族流动人口），新生代为7％（这一比例包括了部分失业的新生代少数民族流动人口）。

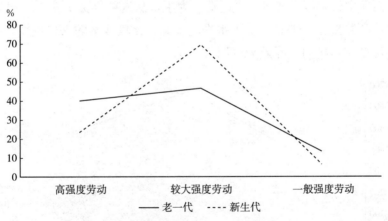

图3-6 劳动强度结构的代际变化

图3-6比较清晰地揭示了新生代少数民族流动人口劳动强度的结构分化，而这种分化的曲线表现在老一代则比较缓和。探析相关原因，这与他们的生存发展背景紧密相关：对于老一代少数民族流动人口而言，他们最初从西部农村或牧区来到东部沿海城市，由于受教育文化普遍偏低，导致他们的工作长期局限于清真餐饮、流动地摊、建筑工人、小商贩等领域。虽然随着原始资金的不断积累，越来越多的人开始从事个体经营活动，但是都属于高强度劳动。新生代少数民族流动人口一部分人进入了企业或公司，从事现代

化劳动，强度相对较低，即使是在拉面馆做拉面师傅或做"跑堂"，其劳动强度也要低于老板（而这以老一代少数民族流动人口为主）。可以初步判断，少数民族流动人口的劳动强度问题与其就业市场狭窄以及个体的职业技能具有比较直接的关联。

三、职业技术结构的代际变化

职业技术类型和水平属于个体人力资本的一项重要指标，与个体的生产生活产生直接的关联。在共生系统中，职业技术还是共生单元产生能量的主要依据。少数民族流动人口主要从事与清真饮食相关的行业，其中来自陕甘宁青地区的少数民族以开拉面馆为主，来自新疆的少数民族主要从事新疆特色餐厅、流动摊位和玉石经营为主。老一代少数民族流动人口的职业技术水平明显高于新生代，这主要在于老一代少数民族流动人口大多数为"老板"身份，而新生代则以"师傅""跑堂"为主。从这两组数据来看，教育水平的相对提高并没有带来职业技术水平的提高。比较样本的人口规模，新生代和老一代没有明显的代际差异（图3-7）。

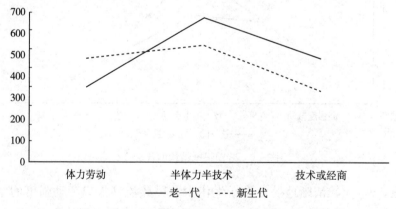

图3-7　职业技术结构的代际比较

图3-7揭示了老一代少数民族流动人口的职业技术主要集中在"半体力半技术"的领域，涉及的职业主要有拉面师傅、炒菜或糕点师傅和工厂技术工人等，这类职业具有一定的技术性，但通常是基于经验积累或学校学习而形成的。职业技术类型中的"体力劳动"主要是指工地一线工人、拉面店

的"跑堂"或服务员、流动摊位人员以及保安（门卫）等，新生代少数民族流动人口中在该类型中的人数多于老一代。"技术或经商"类型涉及的职业主要有个体户（老板）、玉石商人、清真饭店老板和管理人员、工厂管理人员以及从事现代新技术的工人及研发人员。在这种类型中，老一代以个体户、清真饭店老板和玉石商人为主，新生代主要以个体户、管理人员和现代新技术人员为主。上图表明，无论是老一代，还是新生代，少数民族流动人口的职业技术类型仍然以"半体力半技术"为主。

四、经济收入结构的代际变化

老一代少数民族流动人口的劳动虽然主要局限于拉面馆、水果店或烧烤摊，但是无疑有助于提高他们的经济收入。与学界已有的研究比较而言，"工作时间长，劳动强度大"[①] 这是一个客观存在的事实，但是即使存在着收入偏低的个别案例，总体而言，少数民族流动人口平均经济地位以及其收入状况与当地城市居民没有明显区别。比如，2015 年浙江省居民人均可支配收入 35 537 元，其中城镇常住居民人均可支配收入为 43 714 元，[②] 而老一代少数民族流动人口的年均可支配收入明显略高浙江省的平均水平。

从职业结构、就业状况上看，学界相关研究认为，少数民族流动人口主要以按照家庭模式经营拉面馆为主[③]，职业以餐饮业等本民族的特色产业为主、就业渠道具有传统性[④]，多呈家庭式的务工团体，结构较为单一[⑤]，这些都是普遍存在的一个客观事实。从消费情况上看，少数民族流动人口的消费主要在日常生活的必要开支上。高翔指出，少数民族流动人口"日常生活

① 哈尼克孜·吐拉克：《维吾尔族流动人口内地城市融入研究——基于武汉市的调查》，《中南民族大学学报（人文社会科学版）》，2014 年第 4 期。

② 《浙江居民人均可支配收入 35 537 元》，参见"杭州网"（杭州新闻中心）2016 - 01 - 20，网址：http://hznews. hangzhou. com. cn/jingji/content/2016 - 01/20/content_6050800. htm.

③ 熊威：《民族宗教流动人口社会学调查——广州市化隆拉面从业群体的基本特征调查报告》，《贵州大学学报（社会科学版）》，2010 年第 6 期。

④ 季芳桐：《城市化进程中的和谐社会建设——和谐社会视野下的流动穆斯林城市管理研究》，《南京理工大学学报（社会科学版）》，2008 年第 2 期。

⑤ 韩锋：《城市外来少数民族务工经商人员生存状况调查——以成都市外来新疆维吾尔族人员为例》，《贵州民族研究》，2011 年第 4 期。

和教育开支是其主要消费取向"①，需要纠正的是，东南沿海城市少数民族流动人口对子女教育的开支主要限于男性儿童的中小学教育层面。

数据显示，少数民族流动人口在经济层面的问题主要体现在代际之间的明显差异上。新生代少数民族流动人口的劳动时间和劳动强度与老一代少数民族差不多，但是他们在职业技术水平上明显低于老一代少数民族，这也导致了他们的经济收入和消费水平仍然存在着非常明显的差异（图3-8）。尽管新生代少数民族流动人口的教育水平明显强于老一代少数民族，但是在经济收入层面并没有优势。"读书无用论"在少数民族流动人口中比较盛行。下面的案例揭示了少数民族流动人口经济层面问题的系统性反应。②

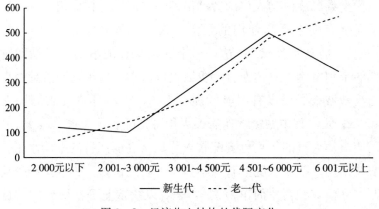

图3-8　经济收入结构的代际变化

我们那个地方太穷了，没有发展的空间，我们同个地方的人好多都出来打工了，广州的发展比较好嘛，我也想出来闯一下，找到发展的机会，赚更多的钱回去修建房子，养家里的老人和孩子，同时也出来见见世面，不想一辈子就困在老家。有时候一年回去一次，有时候两年都不回去一次，只有家里面有事了才回去。如果我们回去了，一家人的经济来源就断了，只能一起喝西北风了，再说了，这里的租金多贵啊，关门一天要损失多少钱，而且来回的车票也很贵啊，这个家不是不想回，而是回不起啊。

你看看这个地方没有在繁华地段，但是租金还是很高啊，我们的积蓄有限，

---

① 高翔：《兰州市流动穆斯林城市适应性分析》，《中国人口科学》，2010年第1期。
② 访谈对象：MX，男，撒拉族，43岁；访谈时间：2016年7月5日；访谈地点：广州市小北区。

所以只能租下这一小间屋子来开拉面馆。如果忽略了店面的问题，那感觉在这里生活得还行，有吃有住有经济来源，与周围的居民关系也不错，也比在老家见到更多的东西，见了大世面，而且还体验了大城市的繁华，虽然我的经济收入不是很高，但是我觉得在这里还可以生活，所以总体来说还是不错的。

现在的主要担心就是我们店面房租的问题，原本老板说好的是再租一年的，而且我们已经把接下来一年的房租交了，但是现在他突然说要把房子收回去，叫我们尽快搬出去，他答应说把已经交了的钱退给我们，但是这个店面是我刚刚装修的，他又不答应赔我装修费，再说马上搬出去我们也找不到合适的店面啊，你说这个该怎么办？

这次的访谈对象是一个已经外出离家 7 年的中年男性，他目前对自己现在的生活感到满意，有一个小店面开拉面馆，每个月的收入也还不错，与周围的居民也相处得很好，但是现在他面临的问题就是店面纠纷，找不到解决的办法，还有就是清真食品的真假性难辨，很难购买的困难，并且他还表达了自己因为工作的原因而无法经常去清真寺的苦恼，当问到他现在是什么身份时，他回答说是农民工。我们认为，自我认同身份的差异在他融入当地社会生活有很大的影响，同时，他也表明了自己很难融入这个地方，将来还是要回到老家去的。此外，在最后谈到政府对他生活的影响时，他表现出失望和不信任的样子。

第三节　社会交往（关系）层面的代际变化

在社会网络论的个体视阈中，社会融入情况可以从关系取向（relational approach）和位置取向（positional approach）两个基本视角来分析。具体而言，"关系取向"关注"社会联结"（social connectivity）的密度、强度、对称性、规模等指标，而"位置取向"则重点讨论是两个或以上的行动者和第三方之间的关系所折射出来的社会结构，强调用"结构等效"（structural equivalence）来理解人类行为[1]。在调研中我们也发现，少数民族流动人口

---

① Baker, Wayne. E.: "Three - dimensional block models", *Journal of Mathematical Sociology*, 1986 (12): 191 - 223. 转自马冬梅、谢一帆：《少数民族进城务工人员社会网络及其影响因素——以广西桂林市为例》，《黑龙江民族丛刊》，2008 年第 4 期。

的社会关系网络具有"强关系"的特征，即其社会关系网络主要局限于亲友和老乡群体之内，与熟人社会之外的少数民族也很少交往。结合学界的研究成果，我们从社会交往的广度和强度这两个标准层的相关指标来测量少数民族流动人口社会网络层面的基本状况以及代际差异。相关指标分为"从来不或没有"、"很少"、"一般，看情况"、"偶尔"和"经常"5种程度，分别赋值为1～5分。为了便于比较老一代和新生代的相关比例，下表中把回答"一般，看情况"、"偶尔"和"经常"视为"有"，赋值1；把回答"从来不或没有"、"很少"，赋值0。

从表3-3的数据可以获知，老一代少数民族流动人口中与当地居民交朋友的占58%，而新生代则达到了72%；55%的老一代少数民族知道邻居的姓名，而这在新生代中占有69%，这表明少数民族流动人口与当地社会交往的范围呈现扩大趋势。在交往强度方面，新生代特明显也明显强于老一代，有34%的新生代少数民族流动人口熟悉邻居家庭的基本情况，而这在老一代只占29%；71%新生代少数民族流动人口与邻居相互帮助过，也明显高于老一代的56%。不过，少数民族流动人口的社会交往网络主要局限于私人领域，很少参与公共领域（如参与社区活动）的社会交往。总体来看，不论是老一代还是新生代，少数民族流动人口与当地社会交往的强度和广度都处于一个比较低的状态。

表3-3　少数民族流动人口社会交往（关系）层面的代际比较

社会关系层面融入内容	老一代少数民族		新生代少数民族	
	比例	样本量	比例	样本量
您是否交往非少数民族朋友	0.58	1 512	0.72	1 360
您知道您邻居的姓名吗	0.55	1 512	0.69	1 360
您知道邻居工作家庭情况吗	0.29	1 512	0.34	1 360
您和您的邻居相互帮助过吗	0.56	1 512	0.71	1 360
您和您的邻居是否经常聊天	0.52	1 512	0.42	1 360
您和您的邻居互赠过礼物吗	0.23	1 512	0.19	1 360
您参加少数民族朋友的聚会吗	0.36	1 512	0.34	1 360
您参加社区组织的活动吗	0.12	1 512	0.13	1 360

一、社会交往（关系）广度的代际变化

正如格兰诺维指出："社会关系是指人们通过主观努力不断建构并发展起来的社会资源或资本及其形成的网络。"[①] 社会交往（关系）在一定程度上既是个体社会资本的主要体现，本质上也属于一种重要的社会资源。与其他流动人口不同，"少数民族流动人口与城市居民关系，既是一般的邻居关系，但由于民族身份以及文化与汉族存在差异性，居民关系又表现为民族关系"[②]。在宗教的视角下，少数民族流动人口的社会交往关系还表现为一种世俗社会和宗教社会、伊斯兰教与其他宗教之间的关系。一般认为，由于少数民族流动人口与当地居民在宗教信仰和生活习俗上存在着认知和了解层面的隔阂，彼此之间的社会交往很少——这其实是一种不全面的认识。毕竟，任何一种经济活动脱离不了当地社会特定的交往网络。这正如表3-3所反映，无论是新生代，还是老一代，大多数少数民族流动人口在当地社会都有比较固定的非少数民族朋友。

图3-9在表3-3的基础上进一步反映了少数民族流动人口在社会交往（关系）层面的代际变化。显而易见，越来越多的新生代少数民族流动人口在流入地社会有非少数民族朋友，民族宗教文化并没有成为其社会交往的障碍。另一面，少数民族流动人口在公共领域的社会交往具有代际传递的特征，而这又与社会结构建设存在着内在的关系，这表明东南沿海城市的公共领域并不具有实质意义的开放性。参与社区活动不仅在于个体的意愿和时间问题，更在于个体能否在社区活动中获得必要的参与意义和身份认同感。

二、社会交往（关系）强度的代际变化

社会交往的强度反映了社会交往所带来的信任程度和情感积淀程度，也是区别"强关系"和"弱关系"的重要依据。对于少数民族流动人口而言，他们从居住地的"熟人社会"进入东南沿海城市，社会交往的范围（广度）

[①]　宋国恺：《农民工体制改革——以自雇佣的个体农民工城市社会融合为视角》，北京：社会科学文献出版社，2014年版，第77页。

[②]　李吉和、杨春娥：《中、东部地区城市穆斯林流动人口社会关系融入状况——基于武汉、广州、杭州、宁波的调查》，《西南民族大学学报（人文社会科学版）》，2015年第5期。

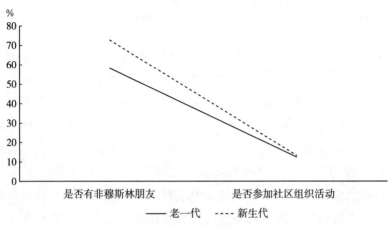

图 3-9 社会交往广度的代际变化

以及与不同对象的交往强度发生了根本性的改变。尤其是他们与当地居民之间的交往，是否长期处于"弱关系"状态？这对少数民族流动人口的社会融入会带来什么样的影响？在格拉诺维特看来，市场经济社会中推动就业机会的是"弱关系"而不是"强关系"，而在边燕杰看来，中国素以一个"人情社会"著称，"强关系"才是中国流动人口获得就业机会的主要依据。无论是哪种观点，都表明了社会交往（关系）的强度对中国少数民族流动人口都会产生这样或那样的影响，而社会交往（关系）强度的代际变化也势必会给少数民族流动人口带来一系列的新情况和新问题。

图 3-10 反映了少数民族流动人口社会交往（关系）强度的代际变化。与老一代比较而言，更多的新生代少数民族流动人熟悉邻居的基本情况，彼此之间也相互帮助。只是在聊天和"礼尚往来"方面略微低于老一代。后者的影响可能与劳动时间及经济因素相关。尽管如此，新生代的社会交往（关系）的强度明显高于老一代。在深度访谈的过程中，个别案例虽然不具有绝对的代表性，却能够反映出少数民族流动人口社会关系的代际差异。如在上海市的 MB 向课题组成员提供了相关情况。[①]

问：在城市待了那么长时间，您觉得自己喜欢城市生活吗？

---

① 访谈对象：MB，男，回族，29 岁；访谈时间：2016 年 8 月 22 日；访谈地点：上海市静安区。访谈记录人：课题组成员 YQ。

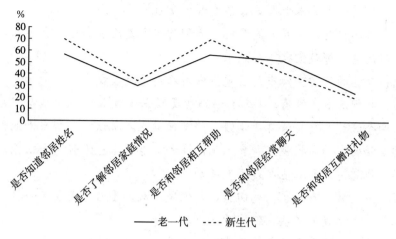

图 3-10　社会交往强度的代际变化（百分比）

答：不太喜欢，感觉还是不如家里待得舒服。如果不是为了挣钱，我们也不会选择出来的。

问：那您觉得自己有融入到城市中吗？觉得自己的身份和之前比有什么变化吗？

答：没有融入到城市中，感觉自己还是一个外来人，身份没有变化。

问：您对本地人的评价是什么？

答：我们跟本地人没什么接触，也不太了解，不知道该怎么说。（在一旁的店主妈妈跟我们说其他人还可以，就是城管太坏了，有时候把他们店里的东西、钱收走，店都没办法开下去。店主也转而跟着附和。）

问：您结交的本地人的朋友数是多少？

答：我没有本地朋友，也想交本地的朋友但是没有合适的机会。

问：您对您孩子和本地孩子交往的态度是怎样？

答：这个随便孩子，能多交朋友当然是最好的，处得来就好。

问：您对上海本地新闻的关注情况是怎样？

答：基本不关注，平时也比较忙，不赚钱的时候就睡觉休息，有时候也陪孩子出去玩玩。

问：您和他人闲聊时是否会谈论上海发生的事？

答：偶尔会谈到，大多数时候都是谈家乡发生的事儿。

问：您觉得上海本地人是否愿意和您交往？

答：有的愿意，有的不愿意吧。我们肯定也是愿意和他们交往的，但如果他们不愿意，那我们也不会强求。

问：在您的日常生活中是否觉得本地人对您有歧视？

答：歧视基本上没有。（店主妈妈则反驳说汉族人歧视回族人，在他们老家有两个汉族人要将清真寺烧毁，好多回族人在抗议，还给我看他们老乡微信群里拍的现场争执视频。我们细问缘由，老人家也没说出个前因后果。）

问：您觉得您和本地人是否有差别？

答：差别肯定有，我们是回族，他们是汉族，生活习惯也不一样，他们接受的教育也比我们多些，经济收入也不一样。

问：您觉得您和本地人是否有距离？

答：有距离吧，毕竟有那么多不一样。

问：您是否愿意在上海定居？

答：不愿意，肯定还是想回自己的家乡，亲朋好友都在家乡。

问：您未来的打算是什么？

答：走一步看一步，在这边能挣到钱最好，挣不到钱就考虑回家。

问：您大概经过多长时间才适应城市生活？

答：一两年吧。大概花了一两年的时间熟悉城市、适应城市。

问：您觉得您是否有融入到上海，成为上海的一员？

答：我虽然在上海赚钱，但是还是觉得自己并没有真正融入这座城市，对这座城市的了解也不是很多。

课题组成员第二天再经过这家店时，店主和店主的妈妈采买水果去了，店里只有上次访谈时未发一言的店主的丈夫，为了深入了解上次访谈时所提到的城管拿钱、没收店铺用品及汉人欲烧毁清真寺等相关事件，我们决定与其进行访谈。访谈中我们了解到，城管没收店铺用品是因为店家把卖的东西摆在了门口，而这是不被允许的，之后没把东西摆在门口后，城管也就没再来没收过东西了。而汉人欲烧毁清真寺也是他岳母听别人讲的，事情真伪还不知道，网上新闻也没看到有报道的，而且他们家乡那边管得也挺严的，真有人想烧毁清真寺估计早就被控制起来了，不大可能还发生什么争执。事实上，类似有损社会交往的故事大多是道听途说的，其真实性令人置疑，但是为什么还会流传呢？这侧面反映了少数民族流动人口的社会关系处于一种不太理想的状态，而这种故事的代际传播刚好能够满足个体对现状的不满。其中的代际差异，还体现了一种性别差异，即店主的妈妈和店主丈夫的态度对待流言存在着明显的差异。

三、少数民族内部关系结构的代际变化

有关少数民族流动人口的社会关系网络问题，李晓雨和白友涛 2009 年基于对南京和西安少数民族流动人口的考察指出："少数民族流动人口内部的团结性及与其他群体的表面友好实质有隔阂的状态，就意味着当他们在城市中遇到突发事件时，'强关系'在帮助他们解决问题、渡过难关方面的作用是非常大的。"[1] 需要补充的是，少数民族流动人口因利益冲突（主要是因拉面馆的距离）的确存在着隔阂，而大多数"突发事件"与这种利益冲突有关。因此，少数民族内部并不存在"强关系"，这种"强关系"是以血缘、姻缘和地缘为纽带的，少数民族内部（包括同民族内部）并非学界所指那样存在着"强关系"。[2] 不具有宗教群体色彩的"强关系"，只有在与非少数民族个体或群体发生冲突时才看似具有宗教群体色彩。事实上，在涉及与非少数民族个体或群体的矛盾冲突时，绝大多数少数民族流动人口通常寻求政府层面的支持，都尽量避免陷入"民族矛盾"的纠纷之中。

第四节　社会心理层面的代际变化

心理层面的融入一般是指社会个体基于对自我存在的察觉、认知和体悟，把自己归属为所在社会群体中的其中一员，从而在社会群体中形成一种自我认同和归属感。[3] 心理融入既是一种社会过程，也是一种社会过程的结

---

① 李晓雨、白友涛：《我国城市穆斯林流动人口社会适应问题研究——以南京和西安为例》，《青海民族学院学报》，2009 年第 1 期。

② 如同来自甘宁青地区的回族少数民族因拉面馆的距离存在着矛盾冲突一样，在维吾尔族流动人口中，附件 3 的调研日志揭示了"大老板"对弱势个体的种种欺凌。

③ 田北海、耿宇瀚：《农民工与市民的社会交往及其对农民工心理融入的影响研究》，《学习与实践》，2013 年第 7 期。

果。李培林指出："当社会个体或群体背景发生变化时，他们原有文化背景中形成的心理状态就变成一种心理背景，而在新环境中出现的心理反应首先就落在这个心理背景上。"① 事实上，社会个体的"心理融入涉及客观的外在环境以及由此所产生的心理反应，属于所有社会条件的综合产物"②，其中遵循的一般心理路线是"自我归类"和"区别他者"。

对于少数民族流动人口而言，自我认知具有非常重要的社会意义，这将直接关系到他们自身内心是否冲突——是特殊群体？还是共同体中的一员？相关的结果测量他们作为外来者是否在心理层面存在着"边缘化"及相关程度的主要标准。为此，我们选取了最有代表性的6个指标进行了测量，主要是从行为主体来考察个人对当地社会的心理归类。为了便于比较，我们把问卷中的5分制变量转换为"是"（1）与"否"（0）两种类型。从表3-4相关测量结果可以发现，大多数少数民族在主观上都愿意和非少数民族朋友，在内心并不排斥"他人"，这一方面也没有代际之间的差异。在有关生存压力这一方面，老一代和新生代均约有一半人表示"有"。但是，在流入地的发展信心这一方面，新生代少数民族流动人口（49%）明显低于老一代（81%）。在身份认同层面，有61%的老一代少数民族流动人口认为当地人对少数民族有偏见，而持有这一看法的新生代少数民族也占51%，呈现了一定程度的好转趋势。

表3-4　少数民族流动人口心理层面的基本情况及代际比较

心理层面融入内容	老一代少数民族		新生代少数民族	
	比例	样本量	比例	样本量
您觉得本地人是否愿意和您交往	0.81	1 512	0.89	1 360
您对在当地的发展有信心吗	0.53	1 512	0.49	1 360
您觉得当地人对少数民族有偏见吗	0.61	1 512	0.51	1 360
您愿意退休后在当地养老吗	0.47	1 512	0.66	1 360
您认为当地是您的第二故乡吗	0.57	1 512	0.69	1 360
您遇到困难愿意求助政府部门吗	0.32	1 512	0.45	1 360

---

① 李培林：《流动民工的社会网络和社会地位》，《社会学研究》，1996年第4期。
② 本书阶段性研究成果（负责人为本书第一作者）：《穆斯林流动人口社会融入的代际比较研究——以长三角地区的调查数据为例》，《中南民族大学学报（人文社会科学版）》，2016年第2期。

在社会认同方面，正如有的学者指出："少数民族流动人口在'自我'认知上表现出了较为明显的适应性，但在'认同'和'城市归属感'方面则呈现出了较强的不适应。"① 具体而言，这种情况存在着比较明显的代际差异。表3－4数据揭示，尽管老一代少数民族流动人口暂居在东南沿海城市的平均时间高于新生代，但是仍然一半以上的老一代少数民族流动人口对当地社会缺乏认同感。对于新生代而言，有69％的把所在地视为自己的第二故乡，明显高于老一代。在调研中，大多数老人表示过几年要回老家养老。在政治认同层面，大多数少数民族流动人口表示，遇到困难不会找当地政府，约68％的老一代持有这个想法，新生代也占有55％。

一、社会认同感的代际比较

在表3－4中，有关"您觉得本地人是否愿意和您交往"、"您觉得当地人对少数民族有偏见吗"、"您遇到困难愿意求助政府部门吗"这三个方面的问题，涉及少数民族流动人口对当地社会的接纳和认可，因此我们可以从这个方面初步判断少数民族流动人口社会认同感的基本情况及其代际差异。所谓"社会认同感"，是指"个体知晓他/她属于特定的社会群体，而且他/她所获得的群体资格会赋予某种情感和价值意义"②。在本书中，"社会认同感"主要是从少数民族流动人口自我角度获悉的与当地社会的双向认同感。图3－11表明，新生代的社会认同感明显高于老一代，大体呈现上升的趋势。其中，无论是老一代还是新生代，少数民族流动人口认为当地居民愿意和该群体交往的比例远远高于其他两个方面，这表明少数民族流动人口的社会认同感还存在着宗教层面和政策层面的自我束缚。

二、社会归属感的代际比较

在表3－4中，有关"您对在当地的发展有信心吗"、"您愿意退休后在当地养老吗"以及"您认为当地是您的第二故乡吗"这三个方面的问题，涉及少数民族流动人口对当地社会的信任以及把自己视为其中一员的感觉，因

---

① 高翔：《兰州市流动穆斯林城市适应性分析》，《中国人口科学》，2010年第1期。

② J Israel，H Tajfel：*The context of social psychology：a critical assessment*. New York：Academic Press，1972：31.

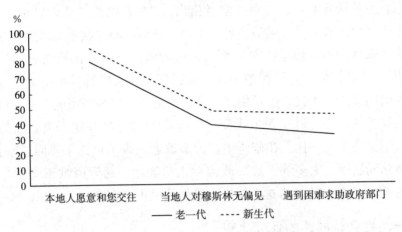

图 3-11　社会认同感的代际比较

此我们可以从这个方面初步判断少数民族流动人口社会归属感的基本情况及其代际差异。所谓"社会归属感",是指"社会成员对环境的认同、满意和依恋程度"①,"个体将自己归属于某一团体,并对其产生亲切、自豪的情绪体验"②,"涵盖了认同感、安全感、成就感等主要内容"③。图 3-12 表明,新生代少数民族流动人口的社会归属感明显高于老一代,但是其中有关他们在当地对社会的发展信心,却略低于老一代。总体看来,老一代少数民族流动人口的社会归属感处于较低的水平。

下例为一份新生代少数民族流动人口的深度访谈资料,访谈对象 MG是一家凉皮店店主,她向课题组成员讲述了相关情况。这一个案可以有助于我们更加具体地了解少数民族流动人口对地方政府的政策诉求。④

我们都是来自青海化隆。我只上了小学,没怎么读过书,识不了几个字。他(丈夫)上了高中,文化水平比我高些。我离开家有 7 年多了,先在江苏待了 3 年,然后来到了广州。发展还可以,主要就是我丈夫在广州找了一份工作,我也就一起跟过来了。老家那边经济也不是很发达,赚不到钱,

　　① 付建红、陈晓冬:《城市流浪人员社会归属感调查研究——以凉山州六县市为例》,《西昌学院学报(社会科学版)》,2013 年第 4 期。
　　② 时蓉华:《社会心理学词典》,成都:四川人民出版社,1988 年版,第 187 页。
　　③ 刘云光:《和谐社会视阈下的社会归属感》,《中共天津市委党校学报》,2008 年第 5 期。
　　④ 访谈对象:MG,女,回族,23 岁;访谈时间:2016 年 7 月 5 日;访谈地点:广州市小北区。

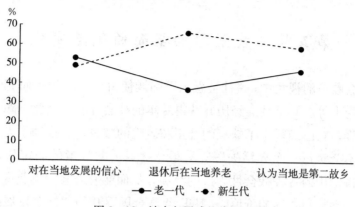

图 3-12　社会归属感的代际比较

一年到头主要就有个种地的收入。这儿虽然房租高，但是跟家里比，收入还是要好点。我之前在别人店里打工，熟悉了开店的方方面面，就拿家里的积蓄开了个小店。我现在就开凉皮店，我妈妈也会帮我一起弄。要交比较贵的房租，最近生意也不是太好。种地的时候是一年三四千块的样子，做跑堂时是一个月 1 300 块左右。我们是外地人，广州本地人很少会给我们工作机会，而且我们也没有什么技术，赚不到什么钱。一周七天每天都会开店，得赚钱。一般都是早上七八点到晚上九点半左右，这条街上的大部分店都是这样的。我们租的一间房子，大概 40 多平方米，一家人在一起。房子挺小的，但是租金还比较贵，好在一家人住一起，心里有个安慰。每月的生活消费开支大概 2 500 块左右，主要花在房租上，还有就是买点生活用品，有时候老家有什么比较大的花销，也会给我爸寄点钱回去。

　　这边开销比在老家的消费要高许多，广州的东西要比老家的贵。与附近其他居民的关系一般吧，没有什么比较密切的交往，他们估计也不太愿意跟我们交往。生活中遇到困难，主要就是找家人和亲戚帮忙，有时候也会请老乡帮忙。自己解决不了的就找民委等政府部门，我们都很少和别人发生矛盾，毕竟出门在外，还是以和为贵好。也没有什么娱乐，主要就是休息和参加宗教活动，偶尔会带着孩子出去转转。目前生活的困难就是店铺生意不太好，不知道还能不能经营下去。还有就是没办法让孩子（女儿）在广州正常上学。等孩子大了，就送她回老家去上学，在老家上学几乎不要花什么钱，但是在这儿上学要交几万块的借读费，上不起呀。

第五节 政策影响层面的代际变化

在社会政策的视角中，"社会融入"强调使每个人"积极而充满意义地参与、享受平等、共享社会经历并获得基本的社会福利。因此，融入是一个积极的过程，它已经超出了缺点的补正和风险的减少，它推动了人类发展并确保机会不会对每一个人错失"①。一般认为，公共政策的制定和执行能够支撑和扶持作用的各种社会性因素的总和，从而能使公共政策获得认同、信任、服从、参与和宽容的价值。② 1995 年联合国召开的"社会发展问题世界首脑会议"（哥本哈根，1995 年 3 月），117 个国家和政府的首脑以及代表其他 69 个国家的部长通过了《社会发展问题哥本哈根宣言和行动纲领》。会议指出了所有国家面临着三大问题：消除贫穷、促进全面发展、推动社会一体化，尤其是针对那些社会条件低下的群体。因此，会议把"社会融入"界定为创造"一个人人共享的社会，在这样的社会里，每个人都可发挥积极的作用，同时也要承担相应的权利与责任"。③

对于我国少数民族流动人口而言，在流入城市的社会生活存在着这样或那样的困境，既有客观层面的，也有主观层面的。积极为少数民族流动人口提供服务管理，引导他们融入流入社会，这既是做好新的历史条件下宗教工作的需要，也是贯彻落实党的民族宗教政策的要求。考虑到相关政策制度（户籍制度、医疗制度等）相对稳定性的事实，我们从少数民族流动人口对政府服务管理工作的反应来考察政策制度的影响程度。

依据与少数民族流动人口日常生活紧密相关的政策制度内容，本部分问卷设计了 6 个测量指标。同样，为了便于比较老一代和新生代的相关比例，表中把回答"一般，看情况"、"偶尔"和"经常"视为"有"，赋值 1；把回答"从来不或没有"、"很少"的赋值 0。从表 3 - 5 的数据可知，大约有一半左右的少数民族流动人口认为当地政府没有为他们提供清真饮食的便利，

① Amartya Sen：*Development as Freedom*. New York：Anchor Books，2000. 转自唐骏：《社会政策的基本目标：从克服贫困到消除社会排斥》，《江苏社会科学》，2002 年第 3 期。

② 阮博：《论公共政策的社会支持系统及其优化》，《理论与改革》，2011 年第 6 期。

③ 徐丽敏：《"社会融入"概念辨析》，《学术界》，2014 年第 7 期。

而且代际之间的差异不明显。同时也有一半以上的少数民族流动人口认为当地政府没有维护他们的合法权益。在住房方面，由于东南沿海城市房租普遍较高，少数民族流动人口面临比较大的生存压力。在这一面，74％老一代和58％新生代少数民族流动人口认为当地社区为他们提供服务。

表3-5　影响少数民族流动人口社会融入的政策制度因素

社会融入的政策制度内容	老一代少数民族		新生代少数民族	
	比例	样本量	比例	样本量
当地为您清真饮食提供便利了吗	0.51	1 512	0.57	1 360
合法权益受侵犯时，政府提供服务吗	0.45	1 512	0.48	1 360
所在社区为您租房或购房提供服务吗	0.26	1 512	0.42	1 360
所在社区为您就业或创业提供服务吗	0.13	1 512	0.31	1 360
当地政府为您宗教信仰提供保障吗	0.64	1 512	0.71	1 360
当地政府为您子女教育提供服务吗	0.22	1 512	0.19	1 360

特别是在就业创业服务这一方面，仅有13％老一代少数民族流动人口认为当地政府为他们提供了服务。相比较而言，有31％的新生代少数民族流动人口认为当地政府在这方面为他们提供了服务。与上述相关政策不同的是，也有64％的老一代和71％的少数民族流动人口认为当地政府为他们的宗教信仰提供了服务。显然，相比较而言，新生代少数民族流动人口面临着更多的现实困难，如子女上学问题、收入不稳定问题以及来自少数民族内部的同行利益冲突问题，等等。换言之，东南沿海城市的服务管理政策没有很好地解决少数民族流动人口的现实生活问题。

在课题组成员与少数民族流动人口的深度访谈中，我们也发现，一些访谈对象来到东南沿海城市多年，客观上能够很好地适应城市的生活，但其心理融入程度并不高。经济生活上，访谈对象情况良好，但是工作强度也大，且未能有良好的住房环境和饮食条件；社会生活上，访谈对象的社会交往对象比较单一，多为亲戚老乡，与本地人接触较少，相应地，社会支持网络建设也比较薄弱；宗教生活上，城市繁忙的生活使访谈对象的宗教功课有所减少，但仍保持着清真禁忌习俗；文化生活上，由于交往对象的单一和语言的限制，访谈对象不能够充分参与到当地的文化生活中去，但是城市生活客观上还是改变了他们的一些思想观念；城市生活上，访谈对象大多认为自己与本地人差距较大，有一定的心理距离，且自己在城市参与度较低，归属感也不强，政府等官方机构组织对于访谈对象来说也没有什么存在感，遇到的困难大多为店铺的经营状况不佳和子女上学难问题。在调研的过程中，少数民族流动人口最关注的问题是子女的教育问题、合法权益的保护问题以及少数民族内部的利益冲突问题。尤其是子女教育问题，涉及少数民族流动人口对该城市的基本认同和社会归属感。如在少数民族流动人口比较集中的下沙高教园区，少数民族子女多数到余杭区武术学校就读，每学期的学费达到 2 000 元左右。在广州市，少数民族流动儿童的"借读费"竟高达数万元。

在 2016 年 7 月的调研过程中，位于杭州市高沙商业街的西北拉面馆 W（1979 年出生，青海化隆人，属于老一代少数民族流动人口）向我详细描述了他子女上学的艰辛历程。刚开始来杭州市，所有学校以各种理由拒收他的子女入校就读。后来，他爱人写了一封长达 4 页的书信，前往市政府申述。两个月之后，她的举动引起了市政府领导关注，并责成下沙管委会办成此事。"找也没有用！"这是常听到的一句解释。访谈对象来到城市多年，客观上她能够很好地适应城市的生活，但其心理融入程度并不高。经济生活上，访谈对象情况良好，但是工作强度也大，且未能有良好的住房环境和饮食条件；社会关系上，访谈对象的社会交往对象比较单一，多为亲戚老乡，与杭州本地人接触较少。由于交往对象的单一和语言的限制，访谈对象不能够充分参与到杭州当地的文化生活中去，但是城市生活客观上还是改变了她的一些思想观念。城市繁忙的生活使访谈对象的宗教功课有所减少，也认为自己与本地人差距较大，社区参与度较低，归属感也不强，政府等官方机构组织对于访谈对象来说也没有什么存在感。访谈对象现阶段遇到的两大困难为店铺的经营状况不佳和子女上学难问题。

综上所述，本章内容描述性分析了我国东南沿海城市少数民族流动人口的基本情况以及代际之间的变化，初步掌握了该群体的基本特征以及生存发展的社会环境。总体看来，我国东南沿海城市的少数民族流动人口主要来自中国西北地区（少数民族聚居区），其中来自甘、宁、青地区的回族占大多数。对于老一代少数民族流动人口而言，他们最初从西部农村或牧区来到东部沿海城市，由于受教育文化普遍偏低，导致他们的工作长期局限于清真餐饮、流动地摊、建筑工人、小商贩等领域。不过，随着原始资金的不断积累，越来越多的人开始从事个体经营活动，虽然这主要局限于拉面馆、水果店或烧烤摊，但是无疑有助于他们提高在杭州的经济收入。

　　新生代少数民族流动人口的学校教育水平虽然高于老一代，但是其经济收入明显低于老一代。新生代少数民族流动人口的劳动时间和劳动强度与老一代少数民族差不多，但是他们在职业技术水平上明显低于老一代少数民族，这也导致了他们的经济收入和消费水平仍然存在着非常明显的差异。新生代少数民族流动人口的社会关系网络主要局限"地缘＋血缘"的小圈子内，对当地社会的认同都比较低。现代城市生活对他们的宗教信仰产生了明显的影响，新生代少数民族流动人口参与宗教生活的比例有明显的下降趋势，不过，新生代的社会交往广度和社会认同程度明显高于老一代。在日常生活中，少数民族流动人口面临着许多急需政府提供服务解决的困难，如孩子上学难、内部矛盾纠纷突出、租房住房难等，并由此引发一系列的社会心理反应。

第四章 少数民族流动人口社会 融入的代际比较

"社会融入"作为一个社会学概念的理论优势在于能够较好地沟通个体与社会之间的关联，从而能够在一定程度上阐释"社会秩序何以可能"这一经典社会学议题。在共生理论的视角中，"社会融入"还能够进一步阐释主体间的意义关联，赋予"社会秩序"一种积极的人文关怀。对此，纳日碧力戈指出，民族共生的本质在于"摆脱二元对立，走第三条道路，由二生三。这种'三'的折中照顾了历史，照顾了差异，也照顾了发展，它指向万物归一，使人们有可能跨越个人、家族、部落、民族、种族、国家、地区，认识到各个民族首先是生命体，他们相互之间以及和周围的各种生命和非生命现象之间可以共生并存，各自以对方为生存环境，达致'美美与共'的境界"①。所谓"二生三"，是指不同主体从"二元对立"到"三元归一"的共生存在形态。正是在此层意义，本书的研究路径集中在代际比较的脉络之中，积极探索我国少数民族流动人口共生融入的变化问题，即对于东南沿海城市而言，如何实现"二生三"的共生格局？其中有哪些核心要素？这些要素的影响机制又具有什么样的代际差异？

第一节 研究预设与因子分析

一、基本预设

从上述文献回顾中可以看出，西方学界对社会融入的认识，无论是"直线型融入"，还是"曲线型融入"或"区隔融入"，都存在着社会本体论的缺陷，这种理论模型过于强调主流社会的中心地位，其本质实际上是强调了当

---

① 纳日碧力戈：《万象共生中的族群与民族》，《复旦学报（社会科学版）》，2018 年第 1 期。

地社会居民的"主人"的地位，而移民则是外来者——这种"社会融入"其实就是单向的、被动的自我适应过程。在西方学界这种理论的影响下，部分中国学者的理论取向也偏向"直线型融入"，即认为"社会融入"是一种不断适应、不断发展的过程。当然，从当下中国社会政策的支持视角来看，东部沿海城市针对少数民族流动人口的社会制度和社会政策已较之前有很大改善，而且各级政府也非常努力地帮扶来自民族地区的少数民族流动人口，这无疑也有利于新生代少数民族流动人口顺利地适应陌生的城市社会生活。

当前我国东南沿海城市各级政府的政策实践和探索无疑具有值得肯定的积极作用。李吉和等人也指出，流入中东部城市的少数民族流动人口，在一定程度上为各民族广泛接触提供了条件，不仅有利于个体的自身发展，而且还有利于促进民族之间的交流和交融。[①] 在对少数民族流动人口的描述性分析中我们也发现，新生代少数民族流动人口的社会交往广度和社会认同程度明显高于老一代。在共生理论的视角下，共生环境的外部改善以及共生界面的优化，有助于促进共生系统新能量的不断增长。基于学界对社会融入的动态、多维、多层面的认识以及老一代和新生代少数民族流动人口的基本情况，首先，我们提出第 1 个研究假设：

假设 1：随着我国经济社会的快速发展以及政策制度环境的改善，少数民族流动人口的社会融入呈现上升的趋势。

其次，在社会资本的视角中，较强的人际关系纽带有助于社会融入。在 2003 年欧盟的联合报告中，"社会融入"是指"确保具有风险和社会排斥的群体能够获得必要的机会和资源的过程。通过这些资源和机会，他们能够全面参与经济、社会和文化生活，享受正常的生活以及在他们居住的社会应该享受的正常社会福利，并确保他们有更大的参与关于他们生活和基本权利的获得方面的决策"[②]。在共生理论的视角下，社会融入的本质属于一种共生行为，其核心内涵就是一体化条件下的主体平等、互惠合作以及成果共享，而这具体体现在经济共生、文化共生以及政治共生等层面。

---

① 李吉和、范才成：《论少数民族流动人口与民族交融——基于中、东部地区少数民族群体的研究》，《中南民族大学学报（人文社会科学版）》，2012 年第 3 期。

② SFP（European Structural Funds Program）：*Further Information：Social Inclusion*. 2007 - 2013 European Structural Funds Program，2004.

从学界已有的研究文献中我们也发现，一些学者认为人力资本和社会资本对于少数民族构建社会网络及实现社会融入具有积极的作用，还有一些学者立足于社会结构层面，指出政策制度应该是调适少数民族流动人口社会融入的主要影响因素。事实上，影响共生行为的因素既有个体层面的，也有社会层面的，同时还包括外部环境。对于少数民族流动人口而言，由于一体化条件下的互惠合作是民族共生的前提和基础，而民族之间的成果共享则是民族共生的主要途径，也是我国民族政策的本质特征之一，并且已经形成了"各民族通过政治、经济、文化的密切合作而形成的民族共同繁荣、共同发展、共同优化的民族发展模式"[①]。可以明确，学界已经从个体层面、横向层面以及纵向层面都提出了相应的影响因素，这种立体式的预设，显然有助于克服因变量遗漏而造成的内生性问题，有助于分析结果更加贴近事实。因此，我们可以提出第 2 个假设：

假设 2：个体层面的人力资本、横向层面的社会资本以及纵向层面的制度政策是影响我国少数民族流动人口共生融入的核心因素。

假设 2.1：人力资本的提升，有助于提高少数民族流动人口的共生融入。

假设 2.2：社会资本的提升，有助于提高少数民族流动人口的共生融入。

假设 2.3：政策制度的完善，有助于提高少数民族流动人口的共生融入。

再次，以"社会融入"为切入点来研究少数民族流动人口，不仅有利于我们分析他们在城市化进程中的实际情况和种种困难，更有利于建设和谐的社会主义社会。作为一个社会政策概念，社会融入总是与社会排斥相对而言。最初，"社会排斥只局限在贫困问题或者经济排斥领域，后来随着社会研究的深入和反社会排斥计划及行动的实践"[②]，"社会融入"概念逐渐得到了学者和政府的广泛使用。对此，郭星华教授指出："社会排斥是全部或者部分被排除在决定一个人与社会融入程度的经济、社会或文化体系之外的多

---

① 袁年兴：《民族共生发展的形成理路及运作机制》，《学术探索》，2009 年第 2 期。
② 丁辉、李想：《社会融入视角下我国农村弱势群体成人教育发展探析》，《继续教育》，2010 年第 3 期。

层面的、动态的过程。"①

换言之，社会融入是一个动态的多层次社会过程，这在学界已经取得一定的共识。因此，有的学者从物质（经济）、制度（社会）和精神（宗教）等层面来探索少数民族流动人口的社会融入状况，指出相关职能部门应在公共设施、服务等方面有较为长期的计划；也有的学者从社区支持的角度出发，强调运用一定的物质和精神手段对少数民族流动人口进行无偿帮助，既包括生活上的帮助，也包括心理的调适和精神的鼓励。② 此外，正如本书文献综述部分已指出，杨菊华、朱力等学者认为"社会融入"的不同层次存在着一定的逻辑递进关系，其中的理由是："只有流动者拥有了一份稳定的工作、一定的经济实力，获得了像样的经济地位，他们才会更有信心、更有能力与流入地居民进行深层次交往，也才能更好地为当地人接纳，从而促进其他方面的融入。"③ 据此，我们提出第 3 个假设：

假设 3：少数民族流动人口的共生融入是一个动态、多层次的过程。

假设 3.1：少数民族流动人口的共生融入包括经济共生、社会（关系）共生、心理共生及文化共生四个融入的层次。

假设 3.2：经济融入在社会融入结构中占有特殊的位置，经济共生程度的提高有助于总体共生融入水平的提高。

二、探索性因子分析

少数民族流动人口社会融入的代际变化不仅蕴藏了我国东南沿海城市民族宗教关系的发展趋势，也反映了我国现行政策在理念和实践之间的成效问题。在调查问卷的指标设计中，我们围绕"共生融入"的理论模型，最大限度地包括从微观到宏观、从横向到纵向的主要影响因素。基于学术共识，我们在调查问卷中设置了经济、文化、社会（关系）及心理四个层面的测量指标。本章内容重点分析东南沿海城市少数民族流动人口共生融入的基本状况、影响因素及其代际差异。在使用回归模型分析共生融入的影响因素前，

① 郭星华：《漂泊与寻根——流动人口的社会认同研究》，北京：中国人民大学出版社，2011 年版。

② 李林凤：《城市少数民族流动人口的社区支持》，《青海民族研究》，2006 年第 3 期。

③ 杨菊华：《从隔离、选择融入到融入：流动人口社会融入问题的理论思考》，《人口研究》，2009 年第 1 期。

由于相关指标可能存在着信息重叠，因此还有必要对相关因变量和自变量加以操作化，以便后续统计分析。

采用探索性因子分析的方法来界定少数民族流动人口共生融入程度的变量结构，一方面有助于较为科学地将前述测量指标转化为经济、社会交往、文化、心理四个维度的综合因子，另一方面也很好地起到了检验测量信度的作用。"因子分析的目的是简化数据或找出基本的数据结构，因此使用因子分析的前提条件是观测变量之间应该有较强的相关关系"[1]。如果相关矩阵中的因子相关系数都小于 0.3，则不适合做因子分析。[2] 通过对本次研究前述的 13 项社会融入指标进行相关关系的矩阵分析，发现"您和家人过本地人的节日吗"在相关矩阵中与其他指标都为负相关，指标"您和邻居（非少数民族）互赠过礼物吗"及"您觉得和当地人有明显区别吗"在相关矩阵中的最大相关系数都小于 0.3，因此也不适合做因子分析，所以在下一步的因子分析中，这 3 项指标都予以剔除。

由于 KMO 值是从比较观测变量之间的简单相关系数和偏相关系数的相对大小出发，其值的变化范围从 0 到 1。KMO 值在 0.9 以上时，表明该观测变量"非常适合"作因子分析，0.8 以上表示"比较适合"作因子分析，0.7 以上"适合"作因子分析。但是一般而言，只要 KMO 值达到 0.5 以上，都可以做因子分析。在社会关系层面，本书利用 SPSS17.0 软件对相关指标按照老一代和新生代少数民族流动人口分别进行 KMO 检验，老一代和新生代两组 KMO 值分别为 0.888 和 0.881，卡方值分别为 191.511 和 2 875.079，自由度均为 28，sig 值均在 0.000 的水平上，相关数值说明上述测量指标可以进行因子分析。在进行因子分析时，课题组采用主成分方法提取新的因子，最后提取到各个因子负荷在 0.709（老一代）和 0.643（新生代）以上的公因子[3]，其特征根分别为 5.670 和 5.140。变量类型为连续型变量。

---

[1] 傅德印：《因子分析统计检验体系的探讨》，《统计研究》，2007 年第 6 期。

[2] 郭志刚：《社会统计分析方法——SPSS 软件应用》，北京：中国人民大学出版社，1999 年版，第 92 页。

[3] 即对新的因子进行 Kaiser 标准化的正交旋转法，选择特征值大于 1 的主成分为研究所需要的公因子。探索性因子方法参见高翔、张燕等人的《流动穆斯林城市社会适应性实证研究——以兰州市回族、东乡族为例》，《人口与经济》，2011 年第 2 期。

在心理层面的变量处理中，对相关指标进行 KMO 检验，老一代和新生代两组 KMO 值分别为 0.707 和 0.628，卡方值分别为 62.002 和 458.153，自由度分别为 21 和 15，sig 值也均在 0.000 的水平上，相关数值说明上述测量指标可以进行因子分析。在进行因子分析时，课题组采用主成分方法提取新的因子，最后在"老一代"数据中提取到总负荷在 0.629 以上的一个公因子，其特征根为 2.944；在"新生代"数据中提取到总负荷在 0.636 以上的一个公因子，其特征根为 2.232。根据指标内容，我们把相关指标概括为 1 个公因子，即少数民族流动人口的"心理共生融入"。变量类型为连续型变量。

本次研究选取了最有代表性的 7 个指标进行了调研，分消极、一般和积极三种程度，分别赋值 1～3 分。同样对相关指标进行 KMO 检验，两组 KMO 值各是 0.677 和 0.691，卡方值分别为 61.760 和 675.958，自由度分别为 21 和 21，sig 值在 0.000 的水平上，相关数值说明上述测量指标可以进行因子分析。在进行因子分析时，课题组采用主成分方法提取新的因子，最后在"老一代"数据中提取到总负荷在 0.646 以上的一个公因子，其特征根为 2.560；在"新生代"数据中提取到总负荷在 0.629 以上的一个公因子，其特征根为 2.568。根据指标内容，概括为公因子"文化共生融入"。变量类型为连续型变量。

在对政策制度变量的数据处理中，我们同样对 7 个相关指标进行 KMO 检验，两组 KMO 值各为 0.653 和 0.621，卡方值分别为 48.588 和 509.051，自由度分别为 15 和 15，sig 值在 0.000 的水平上，相关数值说明上述测量指标可以进行因子分析。在进行因子分析时，课题组采用主成分方法提取新的因子，最后在"老一代"数据中提取到总负荷在 0.625 以上的两个公因子，其特征根分别为 8.931 和 3.069；在"新生代"数据中提取到总负荷在 0.617 以上的两个公因子，其特征根分别为 2.019 和 1.353。根据指标具体内容，我们把对应指标概括为 2 个因子，即"保障政策"和"服务政策"。

从表 4-1 中，在新生代少数民族流动人口共生融入的结构中，文化共生的方差贡献率为 21.255，特征根为 3.285，明显大于其他层次的融入；其次为经济层次的共生融入，方差贡献率为 22.518，特征根为 1.576；社会交往层次的融入所占比重最低。与此相对应，在老一代少数民族流动人口社融入的结构中，经济共生的比重大于其他层次，方差贡献率为21.748，特征根为1.826；其次是文化层次的共生融入，方差贡献率为21.681，特征根为2.232。心理层次的共生融入在新生代和老一代少数民族流动人口的社会融入中都占比较低的比重，方差贡献率分别为17.617和12.718。自变量对于少数民族流动人口社会融入的累计方差贡献率分别达到72.485%（老一代）和77.978%（新生代），这说明少数民族流动人口共生融入的因子结构合理。

表4-1 少数民族流动人口共生融入的因子分析结果

	文化共生		经济共生		社会（关系）共生		心理共生	
	老一代	新生代	老一代	新生代	老一代	新生代	老一代	新生代
经济地位	0.323	0.113	0.713	0.772	0.242	0.129	−0.416	0.131
消费模式	0.172	0.021 9	0.854	0.843	0.105	0.118	−0.123	0.121
经济宗教关联	−0.278	0.231	0.702	0.754	−0.177	0.321	0.231	0.123
交往广度	0.117	0.112	0.173	−0.112	0.834	0.711	−0.176	−0.112
交往强度	−0.136	0.133	−0.145	0.158	0.882	0.873	0.182	0.143
生活习俗	0.825	0.836	−0.116	0.291	0.197	0.181	0.153	0.158
交流语言	0.833	0.667	0.177	0.251	−0.127	0.119	0.186	0.426
文化认知	0.778	0.693	0.114	0.177	−0.112	0.333	−0.185	0.143
社会归属感	0.145	0.215	0.232	0.185	−0.271	0.173	0.725	0.841
社会认同感	0.127	0.118	−0.119	0.146	0.215	0.103	0.621	0.872
特征值	2.232	1.625	1.826	3.762	1.571	1.157	1.158	1.352
方差贡献率	21.681	21.255	21.748	22.518	16.338	16.588	12.718	17.617
累计方差贡献率	21.681	21.255	43.429	43.773	59.767	60.433	72.485	77.978

第二节 共生融入的层次内涵与程度

一、因子分析结果的内涵界定

经过主成分分析之后，我们提取了若干新因子。其中，有关共生融入公因子包括"经济共生融入"、"文化共生融入"、"社会（关系）共生融入"以及"心理共生融入"。根据相应的指标内涵，我们可以对共生融入的不同层次进行一个比较清晰的界定。首先，"经济共生融入"的测量指标包括"经济地位"、"消费模式"以及"经济与宗教的关联"。其中，与"经济地位"相关的数据内容是少数民族流动人口的人均年收入与当地居民人均年收入的比较值①（如表4-1，这在老一代少数民族流动人口中的解释力为71.3%，在新生代中的解释力为77.2%）。"消费模式"根据恩格尔系数的计算方式来赋值，即食物支出金额在总支出金额中所占的比重为50%～59%的赋值为1，40%～50%赋值2，30%～40%赋值3，低于30%赋值4（这在老一代少数民族流动人口中的解释力为85.4%，在新生代中的解释力为84.3%）。至于"经济与宗教的关联"（这在老一代少数民族流动人口中的解释力为70.2%，在新生代中的解释力为75.4%），主要是考察经济活动对宗教信仰的影响，即"非常有影响"赋值1，"比较有影响"赋值2，"有影响"赋值3，"基本没有影响"赋值4，"完全没有影响"赋值5。由此我们界定"经济共生融入"，就是指具有不同文化背景的主体具有平等的经济活动机会、相对公平合理的经济收入以及能够共享社会发展成果，且这不以牺牲共生主体的文化特征为前提条件。

　　其次，"文化共生融入"包括的测量指标有"生活习俗"、"交流语言"以及"文化认知"。其中，"生活习俗"具体对应的问题是"您在当地的宗教生活习惯适应吗"（这在老一代少数民族流动人口中的解释力为82.5%，在新生代中的解释力为83.6%）；"交流语言"对应的问题是"您是否能流利地使用普通话与他人交流"（这在老一代少数民族流动人口中的解释力为83.3%，在新生代中的解释力为66.7%）；"文化认知"对应的问题是"您是否完成念、拜、斋、课、朝等功课"（这在老一代少数民族流动人口中的解释力为77.8%，在新生代中的解释力为69.3%）。由此，我们界定"文化共生融入"是指文化主体在多元文化条件下具有基本的交流界面，适应当地社会文化环境，并保持自身文化的核心要素。

　　正如杨文炯等人在论证河湟地区多元宗教文化的涵化与和合共生时指出："在这一地区历史上正是道教、汉传佛教、藏传佛教、伊斯兰教的彼此

---

　　①　根据各地政府门户网站信息，2014年上海市人均年收入47 710元，浙江省人均年收入40 393元，江苏省人均年收入34 346元。本书以三者的平均值（40 816元）作为当地居民经济收入。

影响与整合，夯实了河湟地区多元民族—宗教文化和而不同的文化根基。同时基于这一个案的分析，提出了中国传统文化结构是'儒道释伊四教互补合一'的'一室四间'的观点。"① 文化共生融入既强调了一个彼此承认的文化动态过程，还强调了多元文化之间需要具有彼此互动和相互影响的交流界面，从而突出多元文化一体化的共生局面。

再次，如表 4-1，"社会（关系）共生融入"的测量指标被概括为"交往广度"和"交往强度"两个方面的内容。其中，与"交往广度"对应的代表性内容为"您是否交往非少数民族朋友"（这在老一代少数民族流动人口中的解释力为 83.4%，在新生代中的解释力为 71.1%）；与"交往强度"对应的代表性问题为"您和邻居是否相互帮忙过"（其解释力在老一代少数民族流动人口中占 88.2%，在新生代中占 87.3%）。根据相应的指标内涵，我们界定"社会（关系）共生融入"是指不同主体（族群）之间的广泛交流、互帮互助和团结友爱。对此，许宪隆等人还从"互补"的角度进行了阐释，即"各民族在共生中发展互补性竞争与规则性合作"②。社会关系的共生融入既要强调交往主体的地位平等以及交往方式的友好情感，还要强调交往主体之间在交往过程中的互补性结构以及由此所形成的交往规则。

最后，表 4-1 中"心理共生融入"的测量指标被概括为"社会认同感"和"社会归属感"两个方面。其中，与"社会认同感"对应的代表性内容为"您觉得当地人对少数民族有偏见吗"（这在老一代少数民族流动人口中的解释力为 72.5%，在新生代中的解释力为 84.1%）；与"社会归属感"对应的代表性问题为"您认为当地是您的第二故乡吗"（其解释力在老一代少数民族流动人口中占 62.2%，在新生代中占 87.2%）。根据相应的指标内涵，我们界定"心理共生融入"为流动个体认为自己得到了尊重，并由此产生对当地社会的认同和信任，从而获得一种必要的社会归属感。对于少数民族而言，"信奉伊斯兰教，既是他们宗教归属的需要，也是他们民族归属的需

---

① 杨文炯、樊莹：《多元宗教文化的涵化与和合共生——以河湟地区的道教文化为视点》，《兰州大学学报（社会科学版）》，2013 年第 5 期。
② 许宪隆、张成：《文化生态学语境下的共生互补观——关于散杂居民族关系研究的新视野》，《中南民族大学学报（人文社会科学版）》，2011 年第 5 期。

要"①，但是对世俗社会的认同和归属也是少数民族流动人口融入其中的必要条件。

通过探索性因子分析，可以明确，少数民族流动人口的共生融入包括经济共生融入、文化共生融入、社会（关系）共生融入以及心理共生融入四个层次。基于上述对不同层次的内涵界定，我们可以对"共生融入"作出更为具体的概念性阐释："共生融入就是指不同文化主体在一体化条件下，经济上进行对称性互惠合作，文化层面相互尊重、理解、欣赏和开放性交流，日常生活中互帮互助和团结友爱，每一个个体都把自己视为当地社会中的一员，从而最终形成一个充满情感、价值和规范的社会共同体。"

二、共生融入程度的代际变化

本章研究采用的研究方法包括探索性因子分析和多元线性回归分析。在提取少数民族流动人口在不同层次的共生融入因子之后，根据相关假设和变量结构，我们以研究对象的社会融入程度（包括总体融入程度与各具体方面的融入水平）为因变量，旨在考察了人口学变量、政策制度变量以及社会资本等变量对社会融入的影响程度。其中社会人口学变量包括性别、民族、教育程度、职业技术、来源地、居住时间等，社会资本涉及亲缘、本民族、同宗教以及非同质性的社会资本等类别。我们将通过多元线性回归分析，考察少数民族流动人口社会融入程度的影响因素及其代际差异。

在有关共生融入多项指标的测量体系中，因子分析的主要功能在于把错综复杂的变量归结为几个无关的新的综合变量，这可以克服人为确定权重的缺陷。由于因子分析后变量之间的量纲不同，因此需要把新因子的各种方差贡献率为标准化转化的权数，进而获得标准化得分，并根据共生融入因子的标准化数据（见表4-2），把共生融入不同层次的标准化数据转换成1～100之间的数值，从而得出共生融入不同层次的程度数值。② 表4-3呈现了新生代和老一代少数民族流动人口共生融入程度。

① 贺萍：《新疆地区少数民族社会心理的实证分析报告》，《世界宗教研究》，2018年第6期。
② 转换公式：转换后的因子值＝（新因子标准分＋B）×A。其中，A＝99/极差值，B＝1/A－因子最小值。参见边燕杰、李煜：《中国城市家庭的社会网络资本》，《清华社会学评论》，2000年第2期。

表 4-2　少数民族流动人口社会融入因子的描述性分析

	经济融入因子		文化融入因子		心理融入因子		社会融入因子		总体社会融入因子	
	新生代	老一代	新生代	老一代	新生代	老一代	新生代	老一代	新生代	老一代
标准误	0.058 6	0.072 36	0.058 6	0.072 36	0.058 6	0.072 4	0.058 6	0.072 36	0.023 03	0.024 97
极差值	3.864 9	3.888 8	4.414 2	3.761 8	4.426 0	4.639 4	3.778 7	3.819 4	1.801 1	1.881 3
极小值	−1.954	−2.290 4	−2.074 2	−1.536 7	−1.807 1	−2.220 1	−1.297 8	−1.217 8	−0.812 4	−0.715 8
极大值	1.910 6	1.598 5	2.340 0	2.225 1	2.618 8	2.419 3	2.481 0	2.601 6	0.988 7	1.165 4

　　从表 4-3 的相关数据可以发现，在社会融入程度的目标分数为 100 的条件下，我国东南沿海城市少数民族流动人口的总体社会融入程度都处于比较低的程度，老一代仅为 38.670，新生代也仅为 45.655。新生代少数民族流动人口的总体共生融入程度上比老一代有所提升。具体在共生融入的四个层次中，少数民族流动人口在经济层次的共生融入程度达到最高水平，老一代为 59.307，新生代为 51.059，新生代的经济融入程度低于老一代。在文化共生融入层面，新生代少数民族流动的融入程度（47.519）明显高于老一代（41.442）。在社会关系层面，老一代少数民族流动人口的共生融入程度仅为 32.567，而新生代也仅为 35.001，这表明少数民族流动人口的社会关系具有非常明显的封闭性。在心理融入层面，老一代少数民族流动人口的共生融入程度为 48.374，而新生代为 51.422，呈现上升趋势。

表 4-3　少数民族流动人口社会融入程度

	文化融入程度		经济融入程度		社会关系融入程度		心理融入程度		总体社会融入程度	
	老一代	新生代	老一代	新生代	老一代	新生代	老一代	新生代	老一代	新生代
均值	41.442	47.519	59.307	51.059	32.567	35.001	48.374	51.422	38.670	45.655
标准误	1.904	1.315	1.842	1.502	1.876	1.536	1.544	1.311	1.314	1.266
极小值	1	1	1	1	1	1	1	1	1	1
极大值	100	100	100	100	100	100	100	100	100	100

第三节　共生融入代际差异的影响因素分析

　　上述分析结果表明，我国东南沿海城市少数民族流动人口的共生融入具有代际传递的特征，总体融入水平都比较低。我们关注的核心问题是：为什么我国少数民族流动人口的共生融入具有代际传递的特征？影响这种代际传递的核心因素主要是哪些？这些变量因素在文化、经济、社会（关系）及心理等层次又表现出什么样的差异性？依据前期预设的理论模型，我们确定了人力资本、社会资本及政策制度为自变量，并加入来源区域、民族、性别等控制变量，并建立多元回归模型进行回归分析。表4-4为多元回归分析的结果。从表4-4中的各个模型调整后的 R^2 能够看出，自变量具有比较好的解释力。

一、文化共生融入的影响因素

"文化共生融入"强调了共生与融入的两个维度。一方面，不同民族、区域的文化在相遇时能够得到彼此的承认和尊重，这种有助于个体从文化中回答"我是谁"的根本问题；另一方面，不同主体的文化处于多元一体的格局之中，不独立于中华文明的体系之外，这有助于个体回答"谁是我们"的根本问题。在现实层面，"中国经历了从'以族统国'到'以国统族'的过程，外来的'一个民族，一个国家'的民族主义理想让位于多族共生、和而不同的现实考量。当今中国的民族关系已经不是互相兼并、互相排斥的民族关系，而是多元一体、互补共生的民族关系。拥抱差异，守望尊严，追求重叠共识，这是一个值得追求的全新的民族生态圈。"[1]

在人口流动日益频繁的现代社会中，宗教群体的流动性对少数民族流动人口的共生融入也带来了新的问题。与民族地区的少数民族不同，少数民族流动人口由于置身于现代城市社会之中，"民族情感与身份认同的差异、陌生的环境、巨大的文化隔膜、生活饮食的不习惯以及语言不通等种种困境"[2]，容易造成边缘化心理；"对教务的发展有普遍的失落感"[3]，"饮食习

---

[1] 纳日碧力戈：《从民族国家到民族生态：中国多元共生理念的形成》，《同济大学学报（社会科学版）》，2016年第1期。

[2] 哈尼克孜·吐拉克：《维吾尔族流动人口内地城市融入研究——基于武汉市的调查》，《中南民族大学学报（人文社会科学版）》，2014年第4期。

[3] 马强：《流动的精神社区：人类学视野下的广州少数民族哲玛提研究》，北京：中国社会科学出版社，2006年版，第129页。

表 4 - 4　少数民族流动人口共生融入的影响因素（非标准化 Beta 值）

	文化共生融入		经济共生融入		关系共生融入		心理共生融入		总体共生融入	
	老一代	新生代	老一代	新生代	老一代	新生代	老一代	新生代	老一代	新生代
男性[a]	-0.412**	-0.212	0.518***	-0.333	0.121	0.233	0.132	0.154	0.231	0.222
教育程度	0.291*	-0.323***	0.126	0.053	0.433**	0.232	-0.219	0.543***	0.123***	-0.016***
职业技术	0.519	-0.522	0.232**	0.676***	0.228	0.273	0.278	-0.221	0.293	0.354***
居住时间	0.154	0.531	0.039*	0.112**	0.046	-0.046***	-0.032**	0.230***	0.065 1	0.043***
民族[b]										
维吾尔族	-0.232	-0.233	-0.655	-0.091	-1.422**	0.038	0.423	-0.221	-0.386*	-0.165
其他民族	-0.264	-0.222	0.212	-0.194	0.066	0.272	0.465	0.101	-0.024	0.007
来源地[c]										
新疆地区	0.232	-0.547***	-0.178	-0.375	0.912	-0.226	0.153	0.658**	0.173*	-0.190**
散杂居区	0.457	0.444***	0.702*	-0.032	-0.682	0.277	0.307	0.418*	0.136	0.222***
亲情型社会资本	0.555***	-0.111	0.563**	0.552	-0.232	0.079	0.689***	-0.555	0.325**	0.354
民族社会资本	0.332	-0.176	0.384	0.232*	-0.144	0.245 6	-0.344	-0.432*	0.062	-0.088
宗教社会资本	0.543***	-0.543**	-0.223	0.232 4	0.098	-0.123	-0.098	0.023	0.231**	-0.031
非同质社会资本	0.237	0.122	0.219	0.064	-0.045	0.409*	0.113	0.103	0.085	0.126**
服务政策	0.333	-0.063	0.113	0.024	-0.130	0.292**	0.108	0.072	0.037	0.069**

（续）

	文化共生融入		经济共生融入		关系共生融入		心理共生融入		总体共生融入	
	老一代	新生代	老一代	新生代	老一代	新生代	老一代	新生代	老一代	新生代
保障政策	0.343	0.003	0.035	0.019	−0.051	−0.054	0.588***	0.333**	0.132***	0.037
优惠政策	0.326	−0.563	−0.135	−0.011 4	−0.051	0.162*	0.453**	0.232	0.112	0.016
文化共生融入			0.216**	0.136**						
经济共生融入					0.010	0.160**	−0.260***	0.238***		
关系共生融入										
心理共生融入										
常数项	−1.634***	0.735**	−1.698***	−1.456***	−0.576	−0.785**	−0.687*	−1.433***	−0.921***	−0.435**
F检验值	6.762	7.123	8.453	13.231	2.232	2.353	7.876	14.564	7.723	17.642
调整后的 R^2	0.222	0.321	0.213	0.432	0.221	0.123	0.341	0.421	0.331	0.763
D.F.	15	15	15	15	15	15	15	15	15	15

注：* $P<0.05$；** $P<0.01$；*** $P<0.001$。

a. 男性，以女性为参照组。

b. 民族，以回族为参照组。

c. 来源地，以西北地区为参照组。

惯和丧葬习俗在大多数城市难以得到满足"[①]，"清真寺和礼拜点相对不足，回民墓地紧缺问题"[②]。

表 4-4 的模型 1 分析了少数民族流动人口在文化共生融入层面的影响因素。其中，老一代少数民族流动人口的文化融入存在着性别差异（$\beta=-0.412$，$P<0.01$），老一代女性少数民族流动人口的文化共生融入高于老一代。不过，这种性别差异在新生代少数民族流动人口中没有显著的呈现。学校教育作为一种变量在少数民族流动人口的文化共生融入也产生了显著的影响，而且在代际之间存在不同的影响方向，即学校教育对老一代少数民族流动人口的文化共生融入是正向的影响（$\beta=0.291$，$P<0.05$），对新生代是反向的影响（$\beta=-0.323$，$P<0.001$）。换言之，新生代少数民族流动人口的学校教育程度越高，其文化共生融入程度越低，这在一定程度上表明学校教育增长了新生代少数民族流动人口的文化封闭性。

首先，不同的社会资本对少数民族流动人口的文化共生融入也发生了代际差异，即影响老一代少数民族流动人口文化融入的社会资本主要是宗教社会资本和亲情型社会资本，当老一代少数民族流动人口的这两种社会资本越高，其文化融入程度也越高。亲情型社会资本对新生代的文化共生融入没有显著的影响，但是宗教资本产生了显著影响。出人意料的是，宗教资本对新生代的文化融入产生了反向的显著影响，也就是说，新生代的宗教资本越高，其文化排斥性越强，这完全有别于老一代。其次，新生代少数民族流动人口文化融入存在着明显的地缘因素，即来自散杂居地区的新生代少数民族流动人口的文化融入程度高于来自甘、宁、青等地区的新生代少数民族流动人口，而后者又高于来自新疆地区的新生代少数民族流动人口，但是这种地缘差异在老一代少数民族流动人口中没有显著特征。此外，职业技术和居住时间对少数民族流动人口的文化融入没有影响作用。

二、经济共生融入的影响因素

在市场经济条件下，经济因素成为民族交流和融合的重要推手。

---

① 马晨晨、段学芬：《浅析流动穆斯林的社会融入问题》，《新西部》，2011 年第 27 期。

② 陈晓毅：《都市流动穆斯林文化适应问题及其解决之道——基于问卷调查的广州个案实证研究》，《青海民族研究》，2010 年第 3 期。

"经济共生融入"强调了共享社会发展成果以及平等的社会发展机会，其相反的情况则为"社会排斥"（social exclusion）。在勒内·勒努瓦（Rene Lenoir）、西尔弗（Silver，1995）和德汉（De haan，1998）等人的"社会排斥"理论中，"社会排斥指的是某些人或地区遇到诸如失业、技能缺乏、收入低下、住房困难、罪案高发环境、丧失健康以及家庭破裂等等交织在一起的综合性问题时所发生的现象"[①]。"经济共生融入"和"社会排斥"虽然都属于一种经济现象，实则是社会体制的一种真实写照。对于少数民族流动人口而言，从中央到地方的各级政府为促进其经济共生融入提供了诸多政策便利，这也在一定程度提高了该群体的经济收入。

表4-4中的模型2分析了少数民族流动人口在经济共生融入层面的影响因素。分析结果表明，首先，老一代少数民族流动人口的经济融入存在着明显的性别差异（$\beta=0.518$，$P<0.001$），即老一代男性少数民族流动人口在经济层面的共生融入程度高于老一代女性少数民族流动人口，而新生代在经济层面的共生融入中没有显著的性别差异。无论是新生代，还是老一代，职业技术对他们的经济融入程度呈现显著的影响，尤其是对新生代少数民族流动人口而言，职业技术对于经济融入的影响程度（$\beta=0.672$，$P<0.001$）高于老一代（$\beta=0.232$，$P<0.01$）。

其次，老一代和新生代的社会资本对他们在经济层面共生融入的影响存在着明显的差异，新生代少数民族流动人口面临着新的社会条件和社会资本环境。对于老一代少数民族流动人口而言，主要是亲情型社会资本（$\beta=0.563$，$P<0.01$）影响其经济融入，而对于新生代而言，主要是民族资本（$\beta=0.232$，$P<0.05$）影响其经济融入。在人力资本方面，学校教育水平在少数民族流动人口经济层面的共生融入没有显著的影响。此外，老一代少数民族流动人口在经济层面的共生融入程度存在着明显的区域差异，即来自内地的高于来自西北甘宁青地区，来自西北甘宁青地区的又高于新疆地区的，新生代则没有这种区域差异。

---

① 黄佳豪：《西方社会排斥理论研究述略》，《理论与现代化》，2008年第11期。

三、社会关系共生融入的影响因素

社会关系共生融入强调了个体在一体化社会条件下交往的性质和程度，包括社会关系广度和强度两个维度。在杨菊华看来，社会关系融入属于行为适应的一种客观显著现象，主要包括交往对象、频度、模式和范围四个影响因素。[1] 与其他群体不同，少数民族流动人口的社会关系融入涉及民族因素和宗教因素，因此在设计的调查问卷中，主要从社会因素和政策因素来考察该群体在东南沿海城市在社会关系层面的共生融入状况。正如学界已有学者指出，少数民族流动人口也面临着种种困境，"城市居民由于缺乏与他们的沟通和了解，从而对其造成误解和偏见"[2]，"城市居民和汉族流动人口的歧视和偏见"[3]，等等。从表4-2中的相关数据我们也可以看到，少数民族流动人口的社会关系融入虽然呈现出上升的趋势，但是依然处于非常低的水平，且在诸多层次中是最低的。

表4-4中的模型3分析了少数民族流动人口在东南沿海城市中社会（关系）共生融入的影响因素。分析结果表明，个人资本中的学校教育对东南沿海城市老一代少数民族流动人口的共生融入关系产生了比较显著的正向影响（$\beta=0.433$，$P<0.01$），表明老一代少数民族流动人口的学校教育水平越高，其社会关系融入越高。但是，学校教育对于新生代少数民族流动人口的社会关系融入没有显著影响。对于新生代少数民族流动人口而言，在流入城市的居住时间越长，其社会关系融入越高（$\beta=0.050$，$P<0.01$）；同时，服务政策（$\beta=0.292$，$P<0.01$）、少数民族优惠政策（$\beta=0.162$，$P<0.05$）以及非同质性社会资本与新生代的社会关系融入都呈现正向的显著相关（$\beta=0.409$，$P<0.05$），而这三种变量对于老一代少数民族流动的社会关系融入都不呈现显著影响。性别、职业技术因素对老一代和新生代的社会

① 杨菊华：《流动人口在流入地社会融入的指标体系——基于社会融入理论的进一步研究》，《人口与经济》，2010年第2期。

② 常岚：《城市穆斯林流动人口的经济生活状况探析——基于武汉市的调查》，《贵州大学学报（社会科学版）》，2013年第4期。

③ 高翔、鱼腾飞等：《结构变迁理论视角下的流动穆斯林城市适应的障碍性因素分析——以兰州市回族、东乡族为例》，《西北人口》，2011年第4期。

关系融入都无显著影响。

　　从学校教育到居住时间、政策制度及非同质性社会资本，社会关系共生融入影响因素的代际变化，表明"熟人社会"的运作逻辑在少数民族流动人口的共生融入中发挥了比较重要的作用。对于老一代而言，学校教育有助于提升个人的个人资本和共生融入能力，有助于他们突破传统的民族宗教社会网络，加强与当地居民的社会交往；而对于新生代少数民族流动人口而言，在学校教育普遍提高的前提下，非同质性社会资本实际上提供了一种解决实际困难的资源。在现实生活中，这突出表现在子女入学问题、房屋租赁问题、合法权益的保障问题。也正因如此，积极的地方政府服务和政策制度也有助于推动他们与当地居民的交往。

四、心理共生融入的影响因素

　　心理共生融入不同于心理适应，后者是指被动地对社会环境的变化而采取的一种心理调适行为，而心理共生融入主要是个体在社会共生的结构中找到属于自己的身份和角色，对流入地社会具有稳定的归属感和认同感，也是共生融入的最深层次的体现。表 4-4 中的模型 4 分析了少数民族流动人口在心理层次共生融入的影响因素，分析结果发现，少数民族流动人口的心理融入与性别、职业技术等因素都没有显著的相关。但是个人资本中的学校教育对于新生代产生了正向的显著影响（$\beta=0.543$，$P<0.01$），即新生代少数民族流动人口的学校教育水平越高，其在当地城市社会的心理融入程度越高。不过，学校教育对于老一代少数民族流动人口的心理融入没有显著影响。居住时间对于少数民族流动人口的心理融入存在着明显的代际差异，即居住时间对新生代少数民族流动人口的心理融入产生正向的显著影响（$\beta=0.110$，$P<0.001$），而对老一代产生反向的显著影响（$\beta=-0.037$，$P<0.05$）。

　　在调研中，首先，我们也发现老一代少数民族流动人口都希望回到自己的故乡养老，而新生代则更多愿意在当地城市居住下来。不过，随着少数民族流动人口举家迁移到东南沿海城市，亲情型社会资本作为一种有利的变量，对于老一代心理融入产生了正向的显著影响（$\beta=0.692$，$P<0.001$）。该因素对于新生代没有显著影响。一个值得特别注意的发现是：民族资本作为一个显著的因素变量，对于新生代少数民族流动人口的心理融入产生了反

向的影响（$\beta = -0.337$，$P < 0.05$）；其次，来自内地其他地区的新生代少数民族流动人口的心理融入程度高于来自西北地区的少数民族流动人口，而老一代少数民族流动人口则没有这种地域差异；此外，在政策制度层面，少数民族优惠政策对于少数民族流动人口的心理融入存在着明显的代际差异，即对老一代产生显著的正向影响（$\beta = 0.346$，$P < 0.001$），而对新生代没有产生显著影响；保障政策对于老一代少数民族流动人口（$\beta = 0.588$，$P < 0.001$）以及新生代（$\beta = 0.333$，$P < 0.01$）的心理共生融入都产生显著的影响。

五、总体层面共生融入的影响因素

表 4-4 中的模型 5 分析了少数民族流动人口在总体层面共生融入的影响因素。首先，服务政策以及少数民族流动人口在流入城市的居住时间、职业技术、非同质性社会资本，对新生代产生了显著的正向影响，但是对该群体老一代的共生融入没有显著影响。相反，对于老一代而言，同质性社会资本和社会保障政策具有重要的影响意义，即亲情型社会资本（$\beta = 0.108$，$P < 0.05$）、宗教社会资本（$\beta = 0.149$，$P < 0.05$）和保障政策（$\beta = 0.132$，$P < 0.001$）等变量对其总体共生融入产生了正向的显著影响，而相关变量对于新生代没有显著影响。学校教育对于老一代少数民族的共生融入存在着正向的显著影响（$\beta = 0.123$，$P < 0.001$），而对新生代没有显著影响。其次，民族因素和地域（来源地）因素也在少数民族流动人口的共生融入中产生了代际差异，即民族因素对老一代少数民族流动人口产生了反向的显著影响（$\beta = -0.386$，$P < 0.05$），而对新生代少数民族流动人口则没有任何影响。在老一代少数民族流动人口中，新疆籍的少数民族总体共生程度高于甘宁青地区的少数民族，而在新生代少数民族流动人口中，这种情况刚好相反，即来自甘宁青地区的新生代少数民族流动人口的总体共生融入程度高于来自新疆地区的。

第四节　少数民族流动人口共生融入的代际问题

依据上述统计分析结果，我们可以检验本研究报告在之前提出的三个假设。首先，可以肯定的是，新生代少数民族流动人口的社会融入的总体程度高于老一代（假设 1 成立）。不过，正如上述，我们还不仅要认识到新生代少数民族流动人口在经济和心理层面的融入程度出现了下降趋势，而且还要认识到这两个层面对其他两个层面都能够产生消极的影响。其次，个人资本、社会资本及政策制度对少数民族流动人口的社会融入产生了显著的影响（假设 2 成立），但是这些影响因素的作用方向并非是完全一致，在融入的不同层面产生了不同方向的影响，而且还存在着代际差异性。如学校教育对于有助于老一代少数民族流动人口的经济融入，但是对新生代心理融入产生了消极反向影响，因此假设 2.1 不成立。

同样，社会资本的影响也具有这种复杂性，如民族资本和亲情资本有助于提高老一代少数民族流动人口的经济融入和心理融入，但是对新生代少数民族流动人口产生了消极影响。因此，假设 2.2 也不成立。比较明显的是，新生代的社会融入对政策制度提出了更加鲜明的要求，且存在着一种"逆水行舟，不进则退"的格局。这对于老一代的社会融入同样也产生作用。简言之，政策制度的完善，有助于提高少数民族流动人口的社会融入（假设 2.3 成立）。毋庸置疑，少数民族流动人口的社会融入是一个动态、多层次的过程（假设 3 成立）。此外，探索性因子分析已经确定了少数民族流动人口的社会融入包括经济融入、社会（关系）融入、心理融入及文化融入四个层次（假设 3.1 成立），只是经济融入与总体社会融入并不存在必然的因果关联（假设 3.2 不成立），政策支持显然有助于少数民族流动人口的社会融入，尤其是对于新生代少数民族流动人口而言。

一、总体融入水平持续偏低问题

基于学术共识，我们在调查问卷中设置了经济、文化、社会关系及心理四个层面的测量指标，然后经过探索性因子分析，得出了经济融入、社会关系融入、心理融入及文化融入四个公因子，这也在一定程度验证了学术共识的客观性和可行性。上述回归分析结果表明，我国东南沿海城市少数民族流动人口共生融入的总体水平处于一个比较低的状态，新生代少数民族流动人口的共生融入水平虽然比老一代有所提高，但是面临着更为复杂的影响结构。尤其是在经济共生融入和心理共生融入层面，新生代少数民族流动人口的共生融入水平明显低于老一代。图 4-1 反映了少数民族流动人口共生融入的代际趋势。尽管新生代与老一代社会融入在不同层面具有一定的代际差异，但是图 4-1 两个线条明显处于同一振幅范围内，彼此之间没有比较大的偏离，这也说明了少数民族流动人口的社会融入具有代际传递的内在逻辑。同时，图 4-1 中新生代的线条比老一代更接近于一条直线，这表明新生代少数民族流动人口共生融入的内部差异性低于老一代，相关影响因素越来越具有结构化的特征。

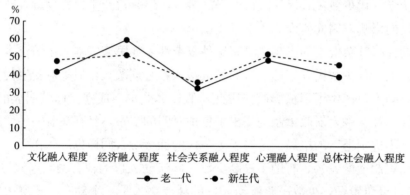

图 4-1　穆斯林流动人口共生融入程度的代际变化

　　少数民族流动人口共生融入程度的偏低具有明显的代际传递问题，这种持续性的偏低现象虽然从图 4-1 中看出具有好转的趋势，但是在心理融入层面处于明显的下降趋势，这也意味着少数民族流动人口的社会融入呈现出了复杂交叉的趋势，一切皆有可能。在"宗教市场论"看来，"一个宗教群体跟周围的张力程度越高，对于这个宗教群体的归属就越昂贵"，而"昂贵是指归属于一个宗教群体所要付出的物质的、社会的和心理的代价"[1]。少数民族流动人口社会融入的持续偏低问题无疑对个体造成了不容忽视的心理压力和社会代价，这也反过来对其社会融入产生了进一步的消极影响。虽然"宗教市场论"具有明显的片面性，但是无论如何，我们需要警惕少数民族流动人口社会融入偏低的结构化特征及其非良性循环的可能性。对此，我们

---

　　① 罗杰尔·芬克、罗德尼·斯达：《信仰的法则：解释宗教之人的方面》，北京：中国人民大学出版社，2004 年版，第 145 页。

将在下一章进一步验证。

二、少数民族流动人口的"内卷化"问题

"内卷化"作为一个经济社会学的概念，最早由美国人类学家亚历山大·戈登威泽（A. Golden - weiser）提出，旨在描述"系统在外部扩张条件受到严格限定条件下，内部不断精细化和复杂化的过程。"[1] 格尔茨（Geertz）也通过印度尼西亚爪哇地区的个案研究指出，农业的内卷化是指"由于农业无法向外延扩展，致使劳动力不断填充到有限的水稻生产"[2]。在黄宗智看来，"内卷化"是指"在高度人口压力之下，伴同商品化而形成的现象。其核心内容在于以劳动边际报酬递减的代价换取农业生产的劳动密集化"[3]。尽管学界认为黄宗智对格尔茨"内卷化"概念存在着不恰当的拓展，[4]但是综合看来，由于外部条件限制而产生的"内卷化"现象，至少包括两个结果：内部的精细化和内部的矛盾化。假如把"内卷化"作为一种分析社会问题的概念，那么黄宗智的"内卷化"视角无疑更具有解释力。

正如杜赞奇（Prasenjit Duara）运用"内卷化"概念描述国家政权基层治理困境一样，"国家机构不是靠提高旧有或新增机构的效益，而是靠复制或扩大旧有的国家与社会关系来扩大其行政职能"[5]。对于少数民族流动人口而言，其"内卷化"问题也是显而易见的，即随着越来越多的少数民族流动人口集中于清真饮食行业，少数民族内部的矛盾冲突日益突出，进而加剧了该群体的社会融入问题。由于清真饮食的客户群体在特定区域内具有明显的限度，因此少数民族流动人口内部有一条约定俗成的规定，新开的清真饮食店面与已有的不能低于直径500米的距离。有的地方在清真寺以及伊斯兰教协会的调解下，店面的距离由500米降至300～400米。尽管如此，在人口规模急剧增长的背景下，清真饮食的店面早就出现了饱和现象，这也造成

---

①④　刘世定、邱泽奇：《内卷化概念辨析》，《社会学研究》，2004 年第 5 期。

②　Geertz, Clifford：*Agricultural Involution：The Process of Ecological Change in Indonesia*. Berkeley And Los Angeles：University of California Press，1963：82.

③　黄宗智：《发展还是内卷？十八世纪英国与中国——评彭慕兰〈大分岔：欧洲、中国及现代世界经济的发展〉》，《历史研究》，2002 年第 4 期。

⑤　[美] 杜赞奇：《文化、权力与国家：1900—1942 年的华北农村》，南京：江苏人民出版社，2020 年版，第 67 页。

了两种不同的"内卷化"问题:一是大量少数民族流动人口在流入城市里处于一种流浪的状态;二是少数民族流动人口内部因店面距离而产生的群体冲突越来越多。可以明确,当越来越多的少数民族流动人口挤进清真饮食行业时,并没有带来所谓的"精细化"和"自我战胜的过程"①。事实上,少数民族流动人口之间尽管存在着宗教或民族的联系纽带,但是基于这种"内卷化"问题,大多数的社会交往主要局限于老乡群体之间,不同的少数民族老乡群体处于隔阂甚至是矛盾的状态。表4-3的相关数据分析表明,亲情型社会资本对于老一代少数民族流动人口的社会融入产生了显著的影响。对于新生代而言,在清真饮食市场处于饱和的条件下,亲情型社会资本对其加入该行业已经明显失去正向的影响力,这导致他们转向重新重视和整合民族社会资本和宗教社会资本,从而也就带来了第三个问题:民族宗教资本的反向影响问题。

三、民族宗教资本的反向影响问题

研究发现,职业技术对少数民族流动人口的经济融入程度产生了正向的显著影响,但是学校教育对少数民族流动人口的经济融入没有显著的影响,这说明学校教育与少数民族流动人口的职业技术没有直接关联,其中的主要问题集中在少数民族流动人口的就业空间非常狭窄,从事的职业主要集中在清真饮食领域。同时,与老一代少数民族流动人口不同,影响新生代少数民族流动人口经济融入的社会资本只有民族资本,这也意味着新生代少数民族流动人口因为经济因素越来越强调其民族身份和民族认同意识,从而加强其民族资本。这样一来,经济层面的因素强化了少数民族流动人口的少数民族身份与汉族身份之间的边界。也正是如此,不难理解,为什么新生代少数民族流动人口的社会关系融入层面比老一代有明显的下降趋势。因此,我们可以说,新生代少数民族流动人口的经济融入与其社会关系融入产生了一种消极的逻辑关联,而这完全有别于老一代少数民族流动人口。与此相对应的是,流入城市的服务政策、少数民族优惠政策以及非同质性社会

---

① 按照郭继强的原话来说:"内卷化是对经济主体特别是家庭农场(农户)自我战胜和自我锁定机理的一种概括;它分别体现在两个不同的层面上,相应地形成内卷化区间Ⅰ和内卷化区间Ⅱ。"参见郭继强:《"内卷化"概念新理解》,《社会学研究》,2007年第3期。

资本与有助于改善新生代的社会关系融入，这也是民族宗教工作的微观切入点。

首先，对于老一代少数民族流动人口而言，其宗教社会资本和亲情型社会资本有助于其文化共生融入，表明其宗教信仰程度越虔诚，越有利于其文化共生融入。然后，宗教资本对新生代少数民族流动人口的文化融入产生的却是反向的显著影响，表明新生代的宗教环境越来越具有排斥性。

其次，学校教育对于新生代的文化融入也是反向的消极影响，这完全有别于老一代。值得注意的是，这其中存在着一条需要进一步验证的线索，即学校教育是不是加强了新生代少数民族流动人口的文化排他性呢？至少可以明确，新生代少数民族流动人口的学校教育和宗教资本对他们文化融入的反向作用是显著的，而且新疆地区少数民族流动人口高于甘宁青地区，后者又高于内地其他地区的少数民族流动人口。

再次，对于老一代少数民族流动人口而言，最初进入东南沿海城市主要依靠亲友或同乡的帮助才得以立足，因此也在当地形成了一个相对比较固定的、带有浓郁亲情的社会关系网络，于是正如表4-3的数据表明，亲情型社会资本作为一种有利的变量对他们的心理融入产生了正向的显著影响，而民族资本不产生任何心理融入影响。与老一代少数民族流动人口不同，很多新生代少数民族流动人口依靠现代通信工具（如QQ、微信）在东南沿海城市立足，而这种通信工具往往以民族特色行业为主题的，因此民族资本作为一个显著的变量，对于新生代少数民族流动人口的经济融入产生了显著的影响。由于民族特色为主题的QQ或微信群，大多强调本民族的文化地位，那么在以汉族为主流的文化环境下，正如表4-3的数据分析结果表明，民族资本对于新生代的心理融入产生了反向的影响，这表明新生代面临的社会文化经济有别于老一代，不利于他们的心理融入。

不过，"国家"对于少数民族流动人口而言总是能够产生一种心理归属感，因此反映"国家在场"的社会保障政策对于老一代及新生代少数民族流动人口的心理共生融入都能够产生显著的影响，这也意味着加强少数民族流动人口的社会保障体系，有助于改善新生代少数民族流动人口心理层次的消极影响，促进该群体的心理共生融入。

四、影响社会融入的政策效应问题

保障政策对老一代少数民族经济融合、社会融入、心理融合及宗教入世的影响均在 0.000 水平上显著，对于新生代少数民族而言，保障政策对于少数民族的经济融合、社会认同及宗教入世无显著影响，而对他们的社会融入呈现反向的显著影响，但对他们宗教信仰及社会归属有显著的正向影响。这表明，城乡（区域）保障制度的差异性对新生代的社会交往产生了束缚，而这促进了他们偏向于融合以宗教信仰为纽带的老乡少数民族群体；相比较而言，这种保障制度的差异性在老一代少数民族身上有所体现，集中反映了我国保障制度的群体分层及其相对收益在不断扩大的趋势。其次，服务政策对于老一代少数民族的经济融合、社会融入及社会归属没有产生显著影响，而对他们的社会认同及宗教入世产生了正向显著影响，与他们的宗教信仰又呈现反向的显著影响；对于新生代少数民族，服务政策对他们的经济融合、社会融入、心理认同产生了显著的正向影响，与他们的宗教信仰和社会归属感没有显著影响，但对他们的宗教入世产生了显著的反向影响。其中原因：一是与老一代少数民族主要依赖于老乡少数民族群体相关；二是政府的服务政策取得了明显的成效，但是服务政策对新生代宗教入世的反向影响，说明地方政府还不善于应对少数民族内部新出现的矛盾和冲突。

综上所述，统计分析结果揭示了影响新生代少数民族流动人口社会融入的因素比老一代少数民族流动人口更为复杂，呈现多层交叉的牵制与交互作用。对于新生代少数民族流动人口而言，在控制其他变量的情况下，经济相对收入与他们的社会融入有显著关联，也与他们认同当地社会以及对当地社会的心理归属呈正向影响，这与老一代少数民族流动人口完全不同，说明了新生代少数民族流动人口的经济活动及社会交往范围开始从传统的老乡少数民族群体向外拓展。在控制其他变量的情况下，新生代少数民族流动人口对当地社会的认同有助于他们在宗教及社会、经济层面的融入，但是他们的心理认同与心理归属存在反向的显著影响，这反映了他们的个人发展与社会存在着明显的心理落差。在控制其他变量的情况下，新生代少数民族流动人口的心理归属与他们的宗教信仰又呈现正向的显著影响，这一看似矛盾的指标指向，实际上反映了"熟人社会"对他们的心理影响。

第五章 新生代少数民族流动人口的共生融入结构

经过回归分析，我们已掌握了我国东南沿海城市少数民族流动人口共生融入的程度、代际差异以及相关的主要影响因素。但是在政策层面，这些影响因素具有什么样的结构性特征？这会不会产生"顾此失彼"的政策困境？社会融入作为一种系统性的社会行动，可以视为一种社会系统，而社会系统的存在与运作，"一方面依赖于它如何协调它内部各个组成要素的相互关系，另一方面也依赖于它本身如何处理它与它的环境的复杂关系"①。也正是社会系统这种双重依赖性，少数民族流动人口的社会融入有可能面临着各种形式的结果。因此，我们需要对相关影响因素的结构性特征进行分析，并提供一个相对客观、科学的促进少数民族流动人口共生融入的政策模型。本章在"共生融入"理论模型的基础上，运用结构方程模型（SEM）的统计方法对我国东南沿海城市新生代少数民族流动人口共生融入的结构进行验证性分析。

第一节 潜变量和测量变量的操作化

一、样本测量变量的操作化

在社会系统中，任何个人行动的实现程度不仅依赖于"我"的所作所为以及所处于的复杂环境，而且也依赖于同一个系统中他者行为的实现程度以及他者对"我"的期待。共生理论模型旨在探索"我"与"他者"的共生何以可能。在变量的设计中，我们遵循了对"共生"这一概念的界定以及研究预设的内容指向，并把变量分为"行动条件"和"行动结构"两个层次，重

---

① 高宣扬：《鲁曼社会系统理论与现代性》，北京：中国人民大学出版社，2010年版，第149页。

点考察作为"行动条件"的"共生力"、"社会资源"和"社会空间"等变量对少数民族流动人口与流入地社会的组织模式和行为模式的影响（即共生融入结构）以及相关变量之间的逻辑关联。同样，依据北京大学郭志刚教授的观点，一些看似与潜变量紧密相关，但与其他测量变量的最高相关性低于0.3的变量在本研究中被剔除。[①] 表 5-1 为样本基本情况以及变量操作化说明。

表 5-1　新生代少数民族流动人口的样本测量变量说明

层次	潜变量	内涵	测量变量	测量变量编码说明
行动条件	共生力	个体共生能力	a_1. 语言水平	普通话：无法交流＝1；交流有障碍＝2；勉强交流＝3；比较熟练＝4；很熟练＝5
			a_2. 社交能力	交往当地朋友：3人及以下＝1；4~8人＝2；9~15人＝3；15~30人＝4；31人以上＝5
			a_3. 教育水平	未读书＝1；小学＝2；初中＝3；高中＝4；大学及以上＝5
	社会空间	个体社会空间	a_4. 就业机会	非常少＝1；比较少＝2；一般＝3；比较多＝4；非常多＝5
			a_5. 发展空间	完全没有信心＝1；没有信心＝2；视情况而定＝3；比较有信心＝4；很有信心＝5
			a_6. 接纳程度	很不尊重＝1；不是很尊重＝2；因人而异＝3；比较尊重＝4；很尊重＝5
	社会资源	个体获得社会资源	a_7. 子女教育	从来没有＝1；非常少＝2；偶尔＝3；比较多＝4；非常多＝5
			a_8. 技能培训	从来没有＝1；非常少＝2；偶尔＝3；比较多＝4；非常多＝5
			a_9. 社区服务	从来没有＝1；非常少＝2；偶尔＝3；比较多＝4；非常多＝5

---

① 郭志刚：《社会统计分析方法——SPSS 软件应用》，北京：中国人民大学出版社，1999 年版，第 350 页。

（续）

层次	潜变量	内涵	测量变量	测量变量编码说明
行为共生结构	经济共生	经济共生模式	b_1. 月经济收入	2 500 元以下=1，2 500～3 500 元=2；3 501～4 500 元=3；4 501～5 500 元=4；5 500 以上=5
			b_2. 职业技术	高强度体力劳动（如工地搬运工）=1；一般体力劳动（如服务员）=2；半体力半技术（如拉面师傅）=3；一般技术职业或个体户=4；高新技术职业（或经营公司）=5
			b_3. 互惠合作	与当地居民是否互惠合作：从来没有=1；非常少=2；偶尔=3；比较多=4；非常多=5
			b_4. 经济组织	参与当地社会经济组织：从来没有=1；非常少=2；偶尔=3；比较多=4；非常多=5
	文化共生	文化共生模式	b_5. 宗教信仰	与在家时比较：减弱很多=1；减弱一点=2；没变化=3；加强一点=4；加强很多=5
			b_6. 参与交流	参与伊协组织的文化交流活动：没有=1；很少=2；偶尔=3；比较多=4；非常多=5
			b_7. 文化互动	参与当地婚丧嫁娶：从来没有=1；非常少=2；偶尔=3；比较多=4；非常多=5
	政治共生	政治共生模式	b_8. 参与管理	参与少数民族服务管理：从来没有=1；非常少=2；偶尔=3；比较多=4；非常多=5
			b_9. 政治信任	有困难找政府：从来没有=1；非常少=2；偶尔=3；比较多=4；非常多=5
			B_{10}. 地方政策	非常不满意=1；比较不满意=2；满意=3；比较满意=4；非常满意=5

　　如表 5-1 所示，"行动条件"，亦即"共生条件"，是指少数民族流动人口社会融入的外部条件，它与共生系统中的环境相对应，对共生系统产生积极、消极及中性的三种影响。在这一层次中，潜变量"共生力"是指少数民族流动人口在共生系统中获取共生能量和资源的能力，基于上章的探索性因子分析，我们界定具体的测量变量包括"（普通话）语言水平"、"（与陌生人）社会交往能力"以及（学校）"教育水平"。潜变量"社会资源"是指少数民族流动人口可以获得的、有助于自身参与共生系统的公共资源，具体测

量变量涉及少数民族流动人口日常生活最迫切需要解决的困难，包括"子女（学校）教育（资源）"、"（就业）技能培训（资源）"以及"社区服务（资源）"。潜变量"共生空间"是指少数民族流动人口在流入城市中的生存和发展空间，既包括物质层面的空间（就业机会、发展机会），也包括心理精神层面的空间（即被流入社会接纳的心理空间）。

"行动结构"亦即"共生结构"，是指少数民族流动人口在文化、政治、经济等界面共生的组织模式和行为模式。其中，组织模式是指少数民族流动人口的共生组织属于点共生、间歇性共生，还是属于连续或一体化共生；行为模式是指少数民族流动人口的共生结果属于正向或反向偏离共生、无相关的并生，还是指互惠共生。基于上章的探索性因子分析，在经济共生界面，我们从"经济收入"、"职业技术"、"互惠合作程度"以及"参与经济组织程度"四项指标来测量"经济共生"潜变量；"文化共生"潜变量包括"宗教信仰的对比度"、"文化交流参与度"以及"与当地的文化互动程度"三项测量指标；"政治共生"潜变量包括"参与管理的程度"、"政治信任度"以及"政策满意度"三项测量指标。

二、样本测量变量描述性分析

本次变量内容的处理遵循了我们对"共生度"这一概念的界定，重点考察少数民族流动人口与流入地社会的共生程度。从样本的基本情况来看，少数民族流动人口进入东南沿海城市经商或务工，最初的动机还是想改变自己在老家时的经济状况，但是当他们进入东南沿海城市之后，自身的局限性开始呈现了出来，表5-2反映了这一基本情况。其中，新生代少数民族流动人口的学校教育水平普遍很低，接受小学教育以及未曾上过学的占65.8%，使用普通话进行交流有不同程度障碍的有50.1%，45.7%的新生代与陌生人结交朋友的数量低于3人（社会交往能力相对有限）。与此相对应，仅仅只有38.4%的新生代少数民族流动人口对在东南沿海城市的发展有信心，有三分之一左右的新生代当地的接纳空间有限，也只有36.4%的新生代认为有"就业机会"。同时，仅仅只有12.9%的新生代认为子女在本地接受学校教育没有困难，85.3%的认为没有享受到社区提供的便民服务，也只有16.8%的对当地政府提高技能培训表示认同。换言之，新生代少数民族流动人口与东南沿海城市的"共生度"存在着一系列问题。

表5-2　新生代少数民族流动人口样本测量变量的基本情况

变量	百分比	变量	百分比	变量	百分比
共生力		非常难	40.4	比较多	23.3
教育水平		比较难	16.2	非常多	5.7
小学以下	50.5	一般	30.5	文化共生融入	
小学	15.3	比较容易	6.8	社区活动	
初中	23.4	非常容易	6.1	没有参与	25.5
高中	8.2	技能培训		很少参与	16.9
大专及以上	2.6	没有	48.1	有时参与	25
社交能力		很少	10.2	参与比较多	13.7
3人及以下	45.7	一般	24.9	参与非常多	18.9
4~8人	11	比较多	5.9	宗教信仰	
9~14人	29.3	非常多	10.9	减弱很多	14.8
15~30人	11.1	社区服务		减弱一点	16.7
31人以上	2.5	没有	31.4	没变化	26.1
普通话水平		很少	20.7	加强一些	14.6
很熟练	49.9	一般	33.2	加强很多	27.8
比较熟练	15.3	比较多	9.4	婚丧习俗	
不熟练	23.4	非常多	5.3	没有参与	12
比较不熟练	8.2	共生融入		很少参与	16.5
非常不熟练	2.6	经济收入		有时参与	38
共生空间		2 500元以下	6.3	参与比较多	13.1
就业空间		2 500~3 500元	24.7	参与非常多	20.5
非常小	21.1	3 501~4 500元	31.1	政治共生融入	
比较小	8.6	4 501~5 500元	29.1	政府支持	
一般	33.5	5 500元以上	8.8	没有	33.2
比较大	6.8	职业技术		很少	12.8
非常大	29.8	高强度体力劳动	32	一般	33.9
发展空间		一般体力劳动	10.3	比较多	11.5
很没信心	20.7	半体力半技术	35	非常多	8.6

（续）

变量	百分比	变量	百分比	变量	百分比
没信心	15.4	一般技术、个体户	19.1	参与管理	
不清楚	25.5	高新技术或公司	3.6	没有参与	34.6
有信心	20.2	互惠合作		很少参与	16.5
很有信心	18.2	没有	3.5	有时参与	35.5
接纳空间		很少	21.8	参与比较多	4.8
很不尊重	16.9	一般	30.5	参与非常多	8.6
不尊重	14.2	比较多	18.4	地方政策	
因人而异	31.5	非常多	25.8	非常不满意	43.1
比较尊重	13.7	经济组织		比较不满意	18.7
很尊重	23.7	没有	24.1	满意	24.4
共生资源		很少	12.3	比较满意	5.5
子女教育		一般	34.6	非常满意	8.3

　　表5-2的数据还表明，新生代少数民族流动人口的经济收入水平虽然处于一个相对理想的状态，不过，大部分还是从事强度比较高的体力劳动。在经济收入方面，以东南沿海城市居民的平均水平为参照，新生代的经济收入主要处于月收入3 500～5 500元之间，这与当地城市居民的平均收入水平差不多。新生代少数民族流动人口的劳动强度之所以大，主要是因为其活动领域主要集中在清真饮食行业，很少有休息时间。与老一代一样，有一半左右的新生代与当地社会的经济合作交流非常有限，有70%的很少参与当地社会的行业协会或经济合作组织，这表明新生代的经济关系网络主要局限在特定领域内，不具有现代经济网络的开放性特征。

　　表5-2数据还反映了新生代少数民族流动人口宗教信仰的基本情况。对于新生代少数民族流动人口而言，虽然现代城市社会生活对自己参与宗教活动产生了一定程度的影响，但是70%左右的新生代认为自己能够坚持自己的宗教信仰，甚至有42.4%的新生代少数民族流动人口认为自己在东南沿海城市加强了宗教信仰。同时，大部分新生代少数民族流动人口对伊斯兰教之外的文化交流活动秉持一种肯定和积极参与的态度，不仅积极参与社会组织的文化交流活动，也参与当地的婚丧嫁娶活动。可以肯定，对于新生代

少数民族流动人口而言，自己信仰的宗教不仅注重精神领域的功课和仪式，而且还重视在世俗社会中的谦和与包容。

在政治共生融入层面，79.9%的新生代少数民族流动人口认为没有得到东南沿海城市的政府支持，现实生活中遇到困难很少找政府部门帮助。正如前述，少数民族流动人口处于依赖于"熟人社会"所提供的社会资本，这也导致绝大部分（87.6%）的新生代少数民族流动人口不参与或很少参与政府主导的宗教事务管理，对此表现出一种冷漠和不信任。也正因如此，大部分新生代少数民族流动人口对东南沿海城市的政策不满意，这也进一步验证了现行的政策大多处于一种缺席状态，与新生代少数民族流动人口的现实生活问题没有太多关联，从而最终导致该群体在政治层面的共生融入处于一个相对滞后的状态。

第二节　模型构建、参数估计与拟合

在掌握了新生代少数民族流动人口在共生融入方面的基本情况之后，我们还需要深入分析这些测量指标之间的结构性逻辑关联。需要说明的是，表5-2中的测量指标体系建立在探索性因子分析的基础上，只是在本章我们的测量变量因新生代少数民族流动人口的基本特征也作了适当合理的处理。经过SPSS19.0软件进行信度检验，Cranach's Alpha的系数比较理想（0.837），各项潜变量Cranach's Alpha的系数也都处于0.7以上的理想水平，这反映了使用的新生代数据内部一致性很好，具有比较理想的信度。

在此基础上，我们基于上述探索性因子分析和多元回归分析的结果，预设"共生融入"的结构方程模型，并按照调查问卷的时间和地点的差异性，把新生代的样本随机分为样本A和样本B，然后用样本A检测预设模型的拟合度；最后依据拟合的具体表现对预设模型进行修正，并用样本B进行再次验证，进而期望得出一个相对稳定的结构模型。

一、模型的构建

为了最大限度地减少本次数据分析的估算偏差，我们运用AMOS 21统计软件对少数民族流动人口共生融入的结构方程模型（SEM）进行分析和验证。结构方程模型的统计分析是一种综合影响因素分析和影响路径分析的综合性的系统分析方法，其优势主要表现能够处于不同复杂变量之间的相互影响关系，从而能够克服多元回归分析的内生性问题，具体而言，这种方法优势主要体现在："①区分观察变量和潜在变量，进而通过观测外在表现推测潜在概念；②将路径分析中单一外显变量用潜在变量代替，考虑变量的测量误差，更加符合客观实际，使研究结果更精确；③既能研究变量间直接影响，也能研究变量间的间接影响和总效应，表达中介变量的作用"①。

需要认识到，结构方程模型分析涉及变量单位的处理问题，"由于观察变量所隐含的因子本身没有单位，不设定单位无法计算，可以采用固定方差或固定负荷两种方法，其中后者是最常用的方法"②。因此，本项研究采取了固定负荷的方法。基于因子分析的结果，我们发现，"语言水平（a_1）"在潜变量"共生力"中的负荷值最大，因此我们将"语言水平"的负荷值固定为 1；"就业机会（a_4）"在潜变量"社会空间"中的负荷值最大，于是我们将"就业机会（a_4）"负荷值固定为 1；"子女教育（a_7）"在潜变量"社会资源"中的负荷值最大，我们也将它的负荷值固定为 1。同样，"管理参与（b_8）"在潜变量"政治共生"中的负荷值较大，我们将"管理参与（b_8）"的负荷值固定为 1；"生活习俗（b_5）"在潜变量"文化共生"中的负荷值最大，我们也将它的负荷值固定为 1；"经济收入（b_1）"在潜变量"经济共生"中的负荷值最大，我们同样也将它的负荷值固定为 1。据此，结合本研究有关共生融入的理论预设，我们可以假设少数民族流动人口共生融入的结构方程模型如图 5-1。

在经典社会系统论看来，社会的每一个部分都对整体产生了作用，由此维持了社会稳定，社会的构成部分以系统的方式结合在一起，对整体发挥着好的作用，同时每一部分也维持着平衡状态。正如皮亚杰（Jean Piaget）指出："一个结构具有整体性、转换型和自我调整性。整体性来自组成结构的

---

① 龙立荣：《心理学方法变革的逻辑》，《自然辩证法通讯》，2001 年第 5 期；李心丹：《行为金融理论：研究体系及展望》，《金融研究》，2005 年第 1 期；方敏、孙影：《结构方程模型应用的几个问题》，《中国卫生统计》，2006 年第 4 期；等等。

② 张文宏、雷开春：《城市新移民社会认同的结构模型》，《社会学研究》，2009 年第 4 期。

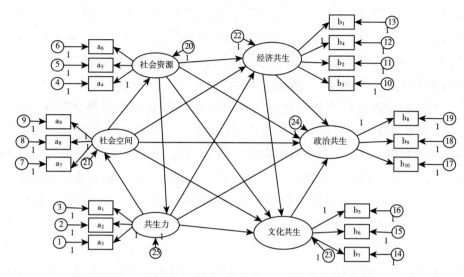

图 5-1　"共生融入"结构模型假设

要素之间的相互依存关系和全部要素的结构性组合必然不同于这些要素简单相加的总和这一事实。同时，结构不是一个静止的形式，而是一个由若干转换机制形成的系统。一切已知的结构，从最初级的数学群结构，到决定亲属关系的结构等，都是一些转换系统。结构的自我调整主要有三种形式，即节律、调节和运演。这是结构的本质特性，它涉及结构的内在动力，具有守恒性和某种封闭性。"[1] 因此，在图 5-1 "共生融入"结构模型假设中，我们预设少数民族流动人口不仅在经济、文化及政治层面的共生处于一个彼此紧密关联和相互影响的系统状态，而且相关因素之间也存在着复杂的关联。换言之，自变量系统与因变量系统共同构成了多层次、多维度交叉影响的大系统。

二、参数估算与模型拟合

图 5-1 "共生融入"模型只是一个基于我们理论而假设模型，这要求我们采用最大似然法进行参数估计，从而拟合模型。"一般认为因子间的相关，在有合理解释下，可以容许自由估计，但对于指标误差间的相关除有特

① 〔瑞士〕皮亚杰：《结构主义》，倪连生、王琳译，北京：商务印书馆，1984 年版，第 13 页。

殊理由外，不能随意容许自由估计"[①]。我们利用 AMOS21 软件对假设模型进行参数估计，从总体模型上来看，整体自由度大于 0，属于非饱和模型；其次，从局部模型来看，观测变量都超过了 2 个，因此不存在"内部"借用自由度的问题，因此整个模型是可识别的。

当然检验理论模型拟合成功与否，最主要是要综合考察 NNFI、CFI、AGFI 及 RMSEA 等指标，一般来说，样本协方差矩阵和估计的协方差矩阵间的相似程度小于 3，调整后的拟合指数 AGFI、塔克—刘易斯指数（TLI）大于 0.9，且近似均方根误差（RMSEA）小于 0.05 时，模型是比较令人满意的——样本 A 的模型拟合结果显示，模型未通过绝对拟合检验，即样本协方差矩阵和估计的协方差矩阵间的相似程度为 2.233（CMIN＝308.206，do＝138）、塔克—刘易斯指数（TLI＝0.894）、拟合指数（AGFI＝0.906），近似均方根误差（RMSEA＝0.053），未完全达到绝对拟合的测量标准（表 5-3），因此需要对模型进行修正。[②]

表 5-3 "共生融入"模型样本 A 绝对拟合指数对比表

模型拟合指数	判断标准	预设模型	修正后的模型
拟合优度指数（GFI）	取值在 0～1 之间，＞0.90 拟合好	0.932	0.939
调整的拟合优度指数（AGFI）	取值在 0～1 之间，＞0.90 拟合好	0.906	0.917
近似误差均方根（RMSEA）	＜0.05 拟合好	0.053	0.047
x^2/df	＜3 拟合好	2.233	1.969
塔克—刘易斯指数（TLI）	取值在 0～1 之间，＞0.90 拟合好	0.894	0.917

表 5-3 为"共生融入"模型样本 A 绝对拟合指数对比表。该表的中间两组数据是我们从 AMOS21 分析软件输出的模型修正指数和残差矩阵，可以发现，共生力对政治共生结构、共生空间对经济共生结构和文化共生结构、经济共生结构对文化共生结构和政治共生结构、社会资源对政治共生结构都没有显著影响，因此我们将相关路径剔除；同时为了减少模型的卡方数

① 侯杰泰等：《结构方程模型及其应用》，北京：教育科学出版社，2004 年版，第 119 页；张文宏、雷开春：《城市新移民社会认同的结构模型》，《社会学研究》，2009 年第 4 期；等等。

② 袁年兴：《长三角地区穆斯林流动人口社会融入研究——基于结构方程模型的分析》，《中国人口科学》，2016 年第 2 期。

值，在理论合理的前提下，允许一些受限制的指数可以自由估计——从样本A拟合后的参数检验结果来看，a_1 与 a_2、b_3 与 b_4、b_5 与 b_6 的残差相关的修正指数（MI）较大，可以考虑随意估计，其中 a_1 和 a_2 的残差相关，说明新生代少数民族流动人口的语言水平与社交能力紧密相关，语言交流障碍是影响他们的社会交往能力；b_3 和 b_4 的残差相关，说明新生代少数民族流动人口加入经济组织有助于建立互惠合作的共生关系，同时互惠合作模式也是他们加入经济组织的主要动因；b_5 和 b_6 的残差相关，揭示了宗教信仰越虔诚的新生代少数民族流动人口，在文化交流方面越主动和积极。换言之，我们可以根据现实情况，增加上述指数残差的相关。

表 5-3 最右侧的数据是经过修正之后的数据，其中 $x^2/df=1.968$，小于界限 3；拟合指数（GFI）和调整后的拟合指数（AGFI）分别为 0.939 和 0.917，都大于 0.90；塔克—刘易斯指数（TLI）为 0.916，大于 0.90；近似均方根误差（RMSEA）为 0.047，小于 0.05，而且所有参数估计都达到了显著水平，这表明样本 A 的模型通过绝对拟合检验，修正的结构方程模型能够很好地拟合样本数据。

第三节　模型验证与分析：共生融入的逻辑结构

与探索性因素分析法（EFA）不同，结构方程模型采用的是验证性因素分析（CFA），需要通过多份样本数据来检验模型的拟合程度，否则就会存在"自圆其说"的问题。[①] 依据样本 A 的分析结构对模型进行了修正，至于修正后的模型能否很好地拟合实际数据，这还需要通过样本 B 的验证。将样本 B 的数据代入修正后的结构方程模型后，结果显示模型通过了绝对拟合检验，其中 $x^2/df=2.097$，拟合指数（GFI）为 0.945，调整后的拟合指数（AGFI）为 0.926，塔克—刘易斯指数（TLI）为 0.912，近似均方根误差（RMSEA）为 0.046。图 5-2 为修正后的模型对样本 B 的数据分析结果。

结构方程模型（SEM）的主要作用是"揭示潜变量之间、潜变量与观

---

① 刘军、富萍萍：《结构方程模型应用陷阱分析》，《数理统计与管理》，2007 年第 3 期。

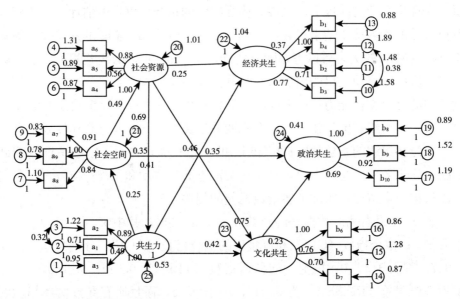

图 5-2 新生代少数民族流动人口共生融入的结构方程模型（修正后）

测变量之间的结构关系，这些关系在模型中通过潜变量间的路径系数以及潜变量与观测变量间的载荷系数来体现”①。从数据分析结果及潜变量的关系路径来看，新生代少数民族流动人口的共生结构并没有出现研究预设中的那种逻辑递进关系，流动型的行动结构与相对稳定社区的共生融入规律存在着明显的差异。其中，经济共生结构与文化共生结构及政治共生结构是一种并行的分离关系，经济共生并没有形成政治共生和文化共生的前提条件或驱动力，而是出于一个相对独立的结构特征。其次，文化共生结构对经济共生结构没有显著影响，但是对政治共生结构有显著的正向影响，路径系数为0.20，且 $P<0.001$，这说明文化层面的共生融入有助于新生代少数民族个体形成政治上的共识和认同。

总体而言，东南沿海城市少数民族流动人口的政治共生结构对整个行动结构并具有整合功能，新生代少数民族流动人口的共生融入结构既不是整体推进的，也不是逐层递进的，经济收入的提高并不能带来必然的社会融入。

---

① 袁年兴、许宪隆：《长三角地区穆斯林流动人口社会融入研究——基于结构方程模型的分析》，《中国人口科学》，2016 年第 2 期。

虽然经济共生结构对文化共生结构以及政治共生结构并不存在着基础性的决定作用，但是需要认识到，对经济共生结构产生影响作用的社会资源变量对个体的共生能力以及文化共生结构产生显著影响，进而影响政治共生结构。

图 5-2 揭示了社会资源变量对经济共生结构和文化共生结构产生显著的正向影响，路径系数分别为 0.246（$P<0.001$）和 0.351（$P<0.001$）。但是社会资源变量对政治共生结构没有显著影响。图 5-2 中的社会空间为新生代少数民族流动人口在流入地社会获得的生存和发展空间。分析结果显示，社会空间对新生代少数民族流动人口的政治共生结构（政治认同、政治信任以及参与管理的积极性）产生正向的显著影响，路径系数为 0.415，$P<0.001$，但是对经济共生结构和文化共生结构没有直接的显著影响。这说明"资源"和"规则"对于行动结构的影响存在不同层次和路径，属于一个多维的交叉过程。

在图 5-2 中，共生力变量包括语言交流水平、社交能力以及公民意识等测量变量，该变量对新生代少数民族流动人口的经济共生结构和文化共生结构有显著影响，路径系数分别为 0.46（$P<0.001$）和 0.418（$P<0.001$），但对政治共生结构也不产生显著影响。由于这类指标随着时间呈现递增的趋势，因此图 5-2 中的相关路径说明文化共生结构具有时间效应，同时由于社会空间对共生力具有显著影响，说明文化共生结构还具有可操作性。鉴于文化共生结构与政治共生结构的逻辑关联，因此可以明确，政治共生结构和文化共生结构不仅具有不断强化的客观趋势，同时借助教育、培训等手段，还具有可操作性的特征。

图 5-2 还揭示了社会资源对共生力也产生显著的正向影响，其路径系数为 0.353，$P<0.001$；社会资源与社会空间变量也出现正向的显著相关，其路径系数为 0.49，$P<0.001$。这说明东南沿海城市的社会资源通过学校教育（少数民族流动儿童）、职业技能和普通话培训以及社区服务等特定的方式向新生代少数民族流动人口开放，不仅能够促进该群体在经济和文化层面的共生关系，同时还通过社会空间的中介作用对政治共生结构产生影响。由于社会空间对新生代少数民族流动人口在流入地社会的共生能力也出现显著的正向影响（系数为 0.248，$P<0.001$），说明社会空间对于少数民族流动人口而言具有较强的政治意义，对个体价值导向也比较明显。

第四节　少数民族流动人口共生
融入的结构性问题

在马克思主义理论中，"只有随着生产力的这种普遍发展，人们之间的普遍交往才能建立起来"[①]。分析当代中国少数民族流动人口的共生力、共生空间及其获得的共生资源对共生融入结构的内在关联，讨论当代中国少数民族流动人口的社会经济地位与制度设置对民族宗教格局的结构性影响，无疑有助于进一步促进当代中国城市社会中的民族团结和宗教和睦。总体而言，我国少数民族流动人口的共生融入结构在不同层次呈现出明显的结构性差异，共生融入结构的发展既不是整体推进的，也不是不同层次的逐次递进，其中政治共生结构对整个行动结构并具有一种整合功能，经济共生结构并不能带来必然的社会共生融入。据此，我们对产生少数民族流动人口共生融入的代际结构性问题及其作用机制进行概括性分析。

一、普通话水平与流出地学校教育问题

表5-4是图5-2结构方程模型的数据表格形式，这更为清晰地为我们提供了少数民族流动人口共生融入的具体路径系数。首先，个体层面的数据表明，我国东南沿海城市少数民族流动人口在城市社会中的共生力，对共生融入结构的不同层次都产生了显著的直接影响，而少数民族流动人口的普通话的交流水平又在共生力中占最重要的地位。具体而言，共生力作为个人资本中的一种共生能力，对文化共生融入的影响系数为0.42，P值小于0.001，这种变量之间的影响是显著的；对经济共生融入的影响系数为0.354，P值也小于0.001。

在共生力的三个测量变量中，普通话的交流水平高于社会交往能力，而学校教育水平处于最低影响水平。为什么学校教育水平与普通话的交流水平没有产生一种正向的相关呢？这表明少数民族流动人口所接受的学校教育对普通话交流的忽视，即少数民族流动人口来源地的基础教育在普通话推广的

[①]　马克思、恩格斯：《马克思恩格斯选集》（第一卷），北京：人民出版社，1995年版，第86页。

教学中可能存在着比较严重的滞后问题。① 共生力的重要性还突出地表现在对社会资源的获取，系数为 0.432，$P<0.001$，这进而间接对共生空间和政治融入的程度产生了影响。在调研中我们也发现，大量来自新疆的少数民族流动人口不能在日常生活中使用普通话，这导致他们必须依赖于其他能够使用普通话的新疆少数民族而导致生存发展空间比较狭窄。

表 5－4　共生融入最优模型各路径系数估计

	Est	S.E.	C.R.	P		Est	S.E.	C.R.	P
文化共生←共生空间	0.354	0.072	4.918	***	社区文化←文化共生	0.701	0.070	9.794	***
文化共生←共生力	0.419	0.103	3.881	***	婚丧习俗←文化共生	0.769	0.084	9.664	***
政治共生←共生资源	0.461	0.078	5.750	***	地方政策←政治共生	0.913	0.124	7.341	***
政治共生←文化共生	0.233	0.056	4.294	***	参与管理←政治共生	0.683	0.099	6.874	***
经济共生←共生空间	0.243	0.080	3.049	0.002	政治信任←政治共生	1.000			
经济共生←共生力	0.354	0.079	5.753	***	发展空间←共生空间	0.562	0.090	10.270	***
共生空间←共生资源	0.496	0.106	5.056	***	接纳空间←共生空间	0.875	0.107	10.272	***
社会资源←共生力	0.432	0.083	2.743	0.006	就业空间←共生空间	1.000			
共生力←共生空间	0.433	0.058	6.058	***	语言水平←共生力	1.000			
经济收入←经济共生	1.000				教育水平←共生力	0.494	0.088	5.639	***
经济组织←经济共生	0.371	0.066	5.597	***	社交能力←共生力	0.899	0.102	8.838	***
职业类型←经济共生	0.768	0.079	9.717	***	子女教育←共生资源	1.000			
经济合作←经济共生	0.713	0.076	9.336	***	技能培训←共生资源	0.842	0.102	9.539	***
宗教信仰←文化共生	1.000				社区服务←共生资源	0.911	0.114	12.814	***

二、社会共生资源与子女教育问题

社会共生资源作为我国少数民族流动人口在流入城市中经济社会地位的主要标志，对该群体的社会发展空间及其在政治共生层面的社会融入产生了显著的影响。一般而言，社会资源通常通过学校教育、职业技能培训以及社

────────────

① 2013 年课题组成员在新疆南疆地区调研时发现，"双语教学"被一部分当地人误读为一种"民族同化"政策，很难全面落实下来。同样，在甘宁青地区，农村中小学则面临着师资严重匮乏的问题，普通话教学也存在着突出的问题。需要补充说明的是，这种情况目前发生了较大变化。尤其是党的十九大之后，新疆地区的"双语教学"发生了积极变化，甘宁青地区基础教育的师资力量也明显提高。

区支持向全体社会成员开放，需要实现事实上的公平和平等才能够达到政策意义上的共生发展。表5-4的数据表明，少数民族流动人口的社会资源不仅对该群体在政治层面的共生融入系数为0.461，$P<0.001$，这种直接影响是显著的。不仅如此，社会资源还对少数民族流动人口的共生空间产生显著的影响（系数为0.496，$P<0.001$），从而间接地对少数民族流动人口在文化和经济层面的共生融入产生相关的影响。

在少数民族流动人口共生资源的具体测量变量中，子女的教育资源占据非常突出的地位。在深度访谈的过程中，我们也了解到少数民族流动人口最迫切希望当地政府能够帮忙解决其子女的教育问题。由于没有常住居民的户籍，少数民族流动人口不能进入当地民族学校接受教育，也不能就近进入公立学校，有些城市（如杭州市）把少数民族流动人口的随迁子女都被安排到私立学校就读，然而由于私立学校的清真饮食不能得到保证，大量信仰伊斯兰教的少数民族流动人口的随迁子女被迫辍学。作为共生资源的一个重要指标，子女的教育问题对少数民族流动人口的共生空间产生了直接的制约和束缚，并由此影响该群体在文化及经济层面的共生融入。

三、就业、发展及心理空间的共生问题

共生空间是少数民族流动人口社会融入的重要界面，对于少数民族流动人口的共生力（系数为0.433，$P<0.001$）、经济共生融入（系数为0.243，$P<0.001$）及文化共生融入（系数为0.354，$P<0.001$）产生了直接的显著影响。在具体测量变量中，就业空间的载荷系数为1，影响程度最大，其次是接纳空间（系数为0.875）和发展空间（系数为0.562）。东南沿海城市对新生代少数民族流动人口的接纳空间，其本质为一种心理共生空间，直接指向社会归属感和社会认同感。

在调研过程中，我们发现新生代少数民族流动人口主要依赖于老乡和亲属社会关系网络，从事的职业也具有代际传递特征，即以清真饮食行业为主，极少数才具有一定的现代企业的职业技术。即使是一些受过大学教育的新生代少数民族流动人口，也反映了沿海城市的企业存在着日常饮食的困难。在上海、南京等城市中，一些新生代少数民族流动人口反映了受到歧视的现象，如很难租到店面和住房，入住酒店通常被告知已住满，有时候坐出

租车也会被拒绝，这些被排斥的社会现象无疑直接导致了新生代少数民族流动人口对这个城市的反向排斥和不信任。换言之，就业、发展和心理的共生问题与社会排斥相对而生，共生空间的一体化无疑是促进新生代少数民族流动人口社会融入的关键所在。

四、社会网络的封闭性问题

从表5-4还可以看出，新生代少数民族流动人口的共生力、共生资源及共生空间之间产生了一种彼此关联的内生循环结构。其中共生力对共生资源的影响系数为0.432，$P<0.001$，共生资源对共生空间的影响系数为0.496，$P<0.001$，而共生空间又对共生力也产生了显著的影响（$\beta=0.433$，$P<0.001$），这也意味着新生代流动人口的社会网络——如同老一代一样，形成了一个相对自给自足的城市流动群体。事实上，少数民族流动人口的社会交往主要局限于以地缘和血缘为纽带的少数民族"熟人社会"里，个体的就业问题、子女教育问题、日常纠纷处理等都依赖于这个相对封闭的社会网络。这种社会网络的封闭性造成的后果是：当越来越多的少数民族流动人口集中于清真饮食行业时，内部矛盾纠纷也越来越突出，这是一种典型的"内卷化"问题——简言之，由于共生力和共生资源的条件性制约，少数民族流动人口的共生空间日趋狭小，而这又反过来影响该群体的共生力和共生资源的发展，从而造成了该群体日益边缘化的趋势。

五、共生融入结构的离散性问题

也不难看出，我国东南沿海城市新生代少数民族流动人口的共生融入结构具有离散性特征。其中，经济共生融入作为一个相对独立的变量，与文化共生融入及政治共生融入变量没有直接的逻辑关联，文化共生结构对政治共生结构有显著的正向影响；上述分析结果也解释了新生代少数民族流动人口的"内卷化"问题与共生融入结构的离散性特征存在着因果关联，这也意味着新生代少数民族流动人口的社会融入是一个错综复杂的社会过程，在经济、社会、心理及身份等不同层次存在多种社会融入的走向；与社会融入相关的心理活动贯穿于社会融入的各个层次，而"多层次融入"的政策影响因素实为政治融入的主要体现。中国社会变迁过程中的政策制度既是社会共生融入的媒介，也是政治共生融入的结果，这无疑进一步说明了政策制度对于新生代共生融入的重要影响。

综上所述，本章在梳理社会融入多种理论模型的基础上，构建了共生融入的结构模型，并运用该模型对长三角少数民族流动人口进行了验证性分析。结果发现，少数民族流动人口的共生力对经济共生融入、文化共生融入及共生资源产生直接影响，其中语言水平的影响程度最大；共生资源对少数民族流动人口的社会空间和政治共生融入产生直接影响，子女教育是阻碍少数民族流动人口共生融入的主要问题之一；共生空间对少数民族流动人口的经济共生融入、文化共生融入及共生力产生直接影响，其中就业空间的影响程度最为突出；共生力、共生资源、共生空间的不良循环，导致少数民族流动人口的社会交往局限于少数民族老乡群体内部，"内卷化"问题日益突出。总体而言，东南沿海城市少数民族流动人口的共生融入结构具有离散性特征，具有不稳定发展的趋势。

第六章 少数民族流动人口社会
融入的法治化逻辑

党的十八大以来，习近平总书记对我国的宗教工作提出了具体的指导性意见。在 2015 年中央统战工作会议上，习近平总书记指出："必须提高宗教工作法治化水平，必须辩证看待宗教的社会作用。"[1] 为推进我国共生融入法治化进程，2017 年 8 月国务院第 176 次常务会议国务院第 656 号令颁布了修订通过的《宗教事务条例》。该条例在 2004 年旧条例的原有立法原则、宗旨及主要内容的基础上，对涉及治理宗教事务的法规作了大规模的修订，同时也增补了一些针对宗教工作新问题的相关规定。可以明确，在依法治国的环境中，当代中国城市民族工作正在法治化治理的道路上日益完善——这也正是促进少数民族流动人口社会融入的基本保证。

在宗教社会学的视域中，"人在相互接触的过程中，在纯粹精神层面上的相互作用过程中奠定了某种基调，该基调一步步地提高，直到脱颖而出，发展成为独立客观的存在，这就是宗教"[2]。宗教群体社会融入的法治化治理是为了将宗教事务纳入法治化轨道，积极引导他们的宗教信仰与社会主义社会相适应。一般而言，宗教信仰通常都包括"社会性"和"私人性"两种方式，不同的信仰方式有不同的政策含义。宗教信仰的"社会性"是指进入到社会领域中的信仰方式，具有公开性和透明性；"私人性"是指个人的宗教信仰无法作为"社会产物"，只作为分化的形式停留在"私人范畴"之中。[3] 在人口流动日益频繁的现代社会中，宗教群体的流动性为"私人性"

---

[1] 习近平：《科学把握统一战线面临的新形势任务》，《人民日报》，2015 年 5 月 23 日，第 1 版。

[2] 盖奥尔格·西美尔：《现代人与宗教》，曹卫东等译，北京：中国人民大学出版社，2003 年版，第 4 页。

[3] 李向平：《"私人范畴"与"社会产物"——宗教信仰方式与宗教治理法治化问题》，《中国政法大学学报》，2016 年第 6 期。

信仰方式提供了更加个体化的空间，这也对他们的社会融入带来了不容忽视的考验。

学界有关宗教群体社会融入法治化的总体研究思路主要是从现有宗教治理的改进方向出发，本书亦遵循着这一思路开展研究。但大多从严格执法、公正司法以及监督机制等层面寻找共生融入法治化的动力，而忽略了最大的动力来源——宗教信仰及信仰者本身。虽然有学者证明了宗教组织对于共生融入法治化水平的提高至关重要，但却通常采取迂回法，即"先培养宗教组织自身的法治理念，加强依法管理能力，再引导其提高法治水平"①。迂回法虽在一定程度上说明宗教组织在推进治理法治化中的重要地位，但并不能充分证明宗教组织在此进程中独一无二的重要地位，忽视了不同主体在治理中复杂的关联。围绕着少数民族流动人口的社会融入问题，本章拟解决的主要问题是：少数民族流动人口的宗教信仰与共生融入法治化具有什么样的内在关联？共生融入法治化对少数民族流动人口的社会融入产生什么样的作用？如何提升宗教治理的法治化水平？

第一节　宗教信仰层面的代际变化

针对少数民族流动人口，有的学者指出："都市少数民族流动人口在宗教行为上总体有所减弱；其信仰的理性化程度提高，表现为信仰虔信度与信仰行为之间呈现弱相关，这意味着不能通过信仰行为的总体减弱来简单判定少数民族流动人口的信仰虔信度降低。"② 然而事实上，"伊斯兰教作为两世并重的宗教，宗教层面的融入不仅意味着少数民族坚持宗教信仰，而且还意味着少数民族能够运用教规教义来规范自己在社会中的行为，从而获得必要的精神空间、文化空间以及社会空间"。③ 因此，对少数民族流动人口宗教信仰的考察，还是需要立足于其宗教信仰行为是否具有社会性。

---

① 闵丽：《我国宗教事务管理制度优化刍议》，《宗教学研究》，2015年第1期。
② 吴碧君：《城市流动穆斯林宗教信仰行为研究——对北京、上海、广州、成都4城市的调查》，《新疆社会科学》（汉文版），2014年第1期。
③ 袁年兴、许宪隆：《长三角地区穆斯林流动人口社会融入研究——基于结构方程模型的分析》，《中国人口科学》，2016年第2期。

一、宗教信仰的代际比较

需要认识到，在当今世界背景下，伊斯兰文明存在着被西方国家系统性"污名化"的严峻局面，少数民族流动人口的宗教信仰一旦得不到法治层面的保障，就非常容易被挤进社会的缝隙之中，成为私密的东西。因此，少数民族流动人口是否能够作为一个宗教群体而得到足够的重视，他们的宗教信仰状况及其对现实社会的指导功效如何，这些成为我们评价他们宗教层面融入的重要评价层面。伊斯兰教规定少数民族必须履行"五功"的功修，"五功"是基本信仰付诸实践的基石，"旨在维系、坚定少数民族的宗教信仰和宗教感情，表达对安拉的虔信和敬畏"①，故中国少数民族谓之为"修持之道"，"教道根本"②。在少数民族彼此交往中，"五功"的功修也是考察其宗教信仰是否具有社会性的根本依据。事实上，每个虔诚的少数民族不仅要在精神世界信奉真主安拉，而且还要承担起世俗世界中的社会责任。

为了便于代际比较分析，我们同样也对问卷中的回答进行了处理，即把5种回答转换成"是"（赋值1）和"否"（赋值0）这两种类型。从表6-1的基本情况可知，少数民族流动人口在流入地的宗教生活大多数感到不适应，仅37%的老一代和41%的新生代感到适应。一个比较突出的问题是，少数民族内部的利益冲突呈现不断增加趋势。在东南沿海城市，少数民族流动人口内部有一条不成文的规定，新开的拉面馆不能在附近已开拉面馆的500米范围（有的城市是300米或400米）之内。但是由于门面获得偶然性因素使然，加之少数民族流动人口的日益增加，少数民族流动人口内部的矛盾冲突也越来越突出，因店面距离问题而发生的冲突斗殴时有发生。虽然少数民族流动人口并没有完全遵从《古兰经》所言的"少数民族彼此都是兄弟"以及"信道的男女互为保护人，他们劝善戒恶"（第9章第71节）的教规，但是数据表明，86%的老一代少数民族和65%的新生代少数民族能够按照教规封斋，95%的老一代少数民族和65%的新生代少数民族能够完成念、拜、斋、课、朝等宗教基本功课，有84%的老一代少数民族流动人口

---

① 梁向明：《论回族学者刘智的伊斯兰教观》，《黑龙江民族丛刊》，2003年第5期。
② 李兴华：《中国伊斯兰教中的经学》，《世界宗教研究》，1997年第4期。

和76%的新生代少数民族流动人口认为自己的宗教生活和工作有一定程度上的冲突。

表6-1　少数民族流动人口宗教信仰基本情况及代际比较

宗教信仰基本情况	老一代少数民族		新生代少数民族	
	比例	样本量	比例	样本量
您在当地宗教生活习惯适应吗	0.37	1 512	0.41	1 360
您每年都按照教规封斋吗	0.86	1 512	0.65	1 360
您是否完成念、拜、斋、课、朝等功课	0.95	1 512	0.67	1 360
您每周参加主麻日的聚礼吗	0.65	1 512	0.51	1 360
您的宗教生活和您的工作是否有冲突	0.84	1 512	0.76	1 360

二、宗教生活的代际变化

在调研过程中发现，少数民族流动人口变化比较大的地方是在饮食和宗教生活上。"在老家是想吃什么就买什么"，这里没有丰富的食品可供他们选择，少数民族的斋期都是很虔诚地遵守，每天五礼却不是像在老家那么方便了，因为做生意的缘故，所以没有固定的时间可以预留下来，而大多数除了在清真寺附近的少数民族商铺可以经常去清真寺，其余的由于东南沿海城市规模较大，但是清真寺的数量有限，分布不是十分合理，一些少数民族距离较远就很少去，有些人甚至不知道哪里有清真寺。

因为城市生活节奏快，收入虽然高但是开销也很大，很少有小孩是在身边当地学校读书的，大多是在老家上学，这些具有劳动能力的少数民族都是背井离乡，以家人模式居住生活和工作，所以一家店铺里的所有工作人员都是一家人，要么住在店铺，要么重新租住附近小区的房子，但是碍于民族身份和一些新闻，使他们在租房子的时候也遇到一些障碍。当被问道在城市挣够足够的钱后是否选择在本地定居时，大多数老一代少数民族都是说要回老家，因为语言和工作性质，在部分少数民族流动人口内心或多或少有自卑心理，其实想要回到老家这点是可以理解的，老家相较于城市有更大的吸引力，而这吸引力可以排除城市生活的表面优势，更多的是囿于少数民族流动人口的内心世界。

相关数据也表明，学界的相关研究存在一定的误区。如米寿江认为少数民族流动人口的宗教信仰发生了变化，在一定程度上降低了宗教功修；[①] 李晓雨等人也认为少数民族流动人口参与宗教活动所花的时间比在老家时有所减少，宗教信仰对他们依然有很大的影响。[②] 不可否认，城市化的现代生活对少数民族流动人口的宗教信仰产生了一定程度的影响，但是需要进一步明确的是，少数民族流动人口的宗教信仰和宗教生活的变化存在着明显的代际差异，即新生代少数民族流动人口在宗教功课和宗教活动等方面的参与比例比老一代有明显的下降。大体而言，老一代和新生代少数民族流动人口基本上都能完成履行宗教功修，恪守清真饮食教规；在宗教生活习惯方面，新生代少数民族流动人口与老一代一样，都存在着明显的困难。换言之，即使少数民族流动人口的宗教生活存在着诸多困难，但是以社会性为主的宗教信仰方式有助于个体获得承认的社会支持条件以及"共性"的社会规范基础，个体在理论层面能够较好地融入当地社会。

第二节　模型设置与变量设计

一、模型设置

与学界倾向于运用质性研究来探索少数民族流动人口社会融入的路径不同，本书沿着实证分析的一般逻辑，重点分析宗教信仰方式与共生融入法治化的关联及其主要动力机制。为此，我们设置了两个模型。

（一）存在性假设检验

为了检验少数民族流动人口的宗教信仰对法治化的影响，设置了一个基本的计量模型（1），并对其进行回归。

$$S_i = \alpha + \beta G_i + \lambda X_i + \mu_i \tag{1}$$

式中，S_i 表示个体 i 的法治化水平，G_i 表示个体基本特征，参考以往研究，具体包括性别、政治面貌、婚姻状况、文化程度、经济状况。X_i 表示宗教信仰情况，问卷中该指标是一个二值变量。需要注意的是，法治化水

[①]　米寿江：《中国伊斯兰教都市化的过程及其发展趋势》，《世界宗教文化》，2010 年第 1 期。

[②]　李晓雨、白友涛：《我国城市流动穆斯林社会适应问题研究——以南京和西安为例》，《青海民族学院学报》，2009 年第 1 期。

平也存在着地区固定效应，这是由地方固有的文化、风俗、经济水平、教育水平等等所决定的，但由于本研究所用数据主要是基于东南沿海城市的抽样调查，所以地区固定效应造成的差异被极大削弱，故而模型没有体现地区的固定效应问题。

（二）作用机制假设检验

从实证的角度完全区分宗教的社会性和个体性并不容易。由于伊斯兰教作为一种制度化宗教信仰，同时具有社会性和个体性，因此对比二者对法治化水平的影响程度，就能判断出宗教信仰的社会性和个体性的影响重要与否。故而为检验宗教信仰影响共生融入法治化水平的渠道，在模型（1）中加入了私人化信仰这一因素，得到模型（2）。

$$S_i = \alpha + \beta G_i + \lambda X_i + \gamma R_i + \mu_i \qquad (2)$$

式中，R_i 表示私人化信仰状况，其他符号含义同模型（1）。本研究通过私人化信仰来体现宗教信仰的个体性产生的影响，而制度化宗教信仰包含了个体性和社会性特征，通过对私人化信仰的控制，可对宗教信仰的个体性影响和社会性影响进行比较，从而可识别宗教信仰影响共生融入法治化水平的主要作用机制。

二、变量设计

在此次调查问卷的设计中，我们基于学界共识，从"法治意识"和"法治行为"两个方面来测量法治化水平。其中，"法治意识"是指个体对法治的态度，是测量法治化水平的重要方面；"法治行为"是指个体在日常生活中的法治行为。对法治化水平的衡量选取了多个指标，衡量"法治意识"的指标有"国家认同"、"执行者（警察、城管、工商）认同"以及"法律认同"；衡量"法治行为"的指标有"求助地方政府"、"依法解决纠纷"及"参与宗教事务治理"。此相关变量均为二值变量。为解决模型（1）与（2）可能面临的内生性问题，本书还引入了工具变量——人际宗教性和环境宗教性。为明确宗教信仰影响法治化的作用机制，本书引入了私人化信仰来识别宗教的个体性，因此将衡量法治化水平的指标作为因变量，将宗教信仰以及宗教信仰方式作为自变量，并加入了性别、政治面貌、婚姻状况、文化程度、家庭经济情况、流出地等控制变量（表6-2）。

表 6-2　变量含义、赋值及分布

变量名称	样本容量	具体衡量指标	变量赋值
因变量			
国家认同	2 872	国家全心全意保障全体中国人的合法权益	0＝不同意，1＝同意 (81.37%)
执行者认同	2 872	警察、城管、工商等部门的工作人员严格依法办事	0＝不同意，1＝同意 (55.05%)
法律认同	2 872	现行法律是公平、公正的	0＝不同意，1＝同意 (56.11%)
求助地方政府	2 872	在遇到困难时，向地方政府求助	0＝没有，1＝有 (66.87%)
依法解决纠纷	2 872	借助法律的力量解决纠纷	0＝没有，1＝有 (35.83%)
参与宗教治理	2 872	参与伊斯兰教宗教事务治理	0＝没有，1＝有 (65.42%)
自变量			
宗教信仰方式	2 872	公开参与宗教信仰	0＝不是，1＝是 (79.19%)
控制变量			
性别	2 872	男性	0＝女性，1＝男性 (70.63%)
政治面貌	2 872	中国共产党党员	0＝中共党员，1＝非党员 (87.22%)
婚姻状况	2 872	已婚	0＝未婚，1＝已婚 (86.14%)
文化程度	2 872	接受学校教育年限	1＝未读书 (50.52%)，2＝小学 (15.31%)，3＝初中 (23.31%)，4＝高中 (8.23%)，5＝大专及以上 (2.63%)
家庭经济情况	2 872	月经济收入	1＝2 500 元以下 (6.31%)；2＝2 500~3 500 元 (24.63%)；3＝3 501~4 500 元 (31.11%)；4＝4 501~5 500 元 (29.12%)；5＝5 500 元以上 (8.83%)

表 6-2 数据显示，在法治意识方面，少数民族流动人口中有 81.37%是具有国家认同的，而对于执行者认同的比例为 55.05%，法律认同的比例为 56.11%；法治行为方面，66.87%的被访者表示遇到困难会求助地方政府，而解决纠纷时 35.83%的人会选择法律途径，参与过宗教事务治理的少数民族流动人口占 65.42%，这里由于设置的是二值变量，所以忽略了参与频率的考量，实际上参与宗教事务治理的情况并不容乐观。自变

量方面，大多数少数民族流动人口还是选择公开参与宗教信仰的，占比为79.19%；少数民族流动人口中大多为男性，占到70.63%；关于政治面貌，非党员占了大多数，比例为87.22%；少数民族流动人口多数是已婚的，占86.14%，推测可能是婚后迫于生活的压力而选择外出打工；文化程度方面，多数文化程度较低，有50.52%未读书，而大专及以上学历仅占2.63%；收入方面，多数处于中低端收入水平，月收入5 500元以上仅占8.83%。

第三节　宗教信仰方式与共生融入法治化的逻辑关联

一、模型估算

鉴于模型（1）涉及的均为二值变量，故使用 probit 模型估计。结果由表6-3可见，模型（1）表明少数民族流动人口的宗教信仰方式与"国家认同"两者在5%的水平上呈现出显著的正相关关系。在"国家认同"方面，宗教信仰方式揭示的法治化水平为27%。文化程度、家庭经济收入和来源地分别在5%、10%、10%的水平上对"国家认同"有显著正向影响；而关于政治面貌，两者在5%的水平上存在显著负相关关系。

模型（2）表明宗教信仰方式对"执行者认同"有显著正向影响，显著性水平达1%。产生的边际影响为16%，在这一方面，宗教信仰揭示的法治化水平为31%；婚姻状况和文化程度在10%的水平上与"执行者认同"存在显著正相关关系；性别则在5%的水平上与其存在显著负相关关系。

模型（3）显示出宗教信仰方式对"法律认同"有显著正向影响，显著水平为1%；宗教信仰方式产生的边际影响为16%，"法律认同"的法治化水平达41%；而性别和非党员的政治面貌均在10%的显著性水平上与"法律认同"存在负相关关系；文化程度则与"法律认同"在10%的水平上存在显著正相关关系。由此可见，伊斯兰教的社会性宗教信仰明显可以促进少数民族流动人口的"国家认同"、"执行者认同"和"法律认同"，即对法治意识有显著正向影响。

表 6-3　社会性宗教信仰促进法治化的 probit 模型估计

	法治意识			法治行为		
	(1)	(2)	(3)	(4)	(5)	(6)
	国家认同	执行者认同	法律认同	求助政府	纠纷解决	参与治理
宗教信仰方式	0.28**	0.42***	0.42***	0.26**	0.47***	0.11
	(0.14)	(0.12)	(0.12)	(0.12)	(0.12)	(0.12)
男性	0.24	−0.36**	−0.19*	0.13	0.24**	0.14*
	(0.12)	(0.11)	(0.11)	(0.11)	(0.11)	(0.11)
非党员	−0.54**	−0.12	−0.28*	0.20	−0.02	0.20
已婚	0.01	0.02*	0.05	0.01*	0.02♯	0.02
	(0.02)	(0.02)	(0.02)	(0.02)	(0.02)	(0.02)
文化程度	0.60**	0.24*	0.11*	0.11	0.55**	0.15*
	(0.16)	(0.15)	(0.17)	(0.15)	(0.15)	(0.15)
家庭经济收入	0.11*	0.06	0.11	0.08	0.24*	0.15
	(0.16)	(0.15)	(0.17)	(0.15)	(0.15)	(0.15)
来源地	0.18*	0.14	0.13	0.12	0.09	0.06
	(0.16)	(0.15)	(0.17)	(0.15)	(0.15)	(0.15)
常数项	−1.44***	1.19*	−4.92***	−0.98	−1.07	−1.08
	(0.87)	(0.73)	(0.81)	(0.72)	(0.72)	(0.72)
边际影响	0.22	0.16	0.16	0.10	0.18	0.06
总体社会法治化水平	0.83	0.52	0.39	0.55	0.52	0.36
揭示的法治化水平	0.27	0.31	0.41	0.18	0.35	0.10
Log pseudo likelihood	−304.21	−451.76	−423.95	−463.09	−448.80	−446.67
Obs	2 324	2 316	2 317	2 312	2 314	2 303
Prob>chi²	0.00	0.00	0.00	0.00	0.00	0.00
Pscudo R²	0.12	0.08	0.13	0.04	0.08	0.04

注：括号中的值为 robust 标准误。♯、*、**、*** 依次代表 15%，10%，5%，1%的显著水平。社会性宗教信仰所揭示的社会法治化水平计算方法为宗教所引起的社会法治化水平增加幅度与总体社会法治化水平之比。以"国家认同"为例，社会性宗教信仰所揭示的社会法治化水平为 22%/83%＝27%。

　　模型（4）结果显示宗教信仰方式对"求助地方政府"有显著的正向影响，显著水平为 5%，边际影响为 10%，揭示的法治化水平达 18%。婚姻状况也在 10％的水平上对其有正向影响。模型（5）同样显示宗教信仰方式对"纠纷解决"有显著影响，显著水平达到了 1％，边际影响为 18％，揭示的法治化水平达 35％。同时，性别和文化程度也在 5％的水平上对"纠纷解决"有显著正向影响，婚姻状况在 15％的显著性水平上，家庭经济收入在 10％的显著性水平上与其有正相关关系。模型（6）表明社会性宗教信仰对参与治理有正向影响，却不具有显著性。而性别和文化程度则与参与治理在 10％的显著性水平上有正相关关系。

从总体情况看来，宗教信仰方式对"法治化意识"与"法治化行为"均有正向影响。性别、政治面貌、婚姻状况、文化程度、经济情况和流出地在某些方面也是重要的影响因素，尤其是文化程度，对"法治意识"和"法治行为"具有较为显著的正向影响。因此，本书对于控制变量的选择还是非常有意义的。

二、稳健性检验

由于模型可能面临总体内生性问题，也就是说不仅宗教信仰方式会影响法治化，同时法治化也可能影响宗教信仰方式，比如随着法治化程度的提高，宗教信仰的权利得到了更好的保障，宗教信仰者可能会增多。因此考虑可借助工具变量来消除这一问题带来的影响。这里选择的工具变量是个体所处环境的宗教性。个体所处环境的宗教性会对个体宗教性产生较大影响，但是法治化水平却对所处环境宗教性影响不大，因为环境宗教性早已形成。因此个体所处环境的宗教性具有较强外生性，运用这一工具便可解决内生性问题。个体所处环境的宗教性可由两个指标来衡量：一是人际宗教性——亲友中少数民族比重，即使在流动的社会结构中，少数民族流动人口融入流入地过程中也会重新构建社会关系网络；二是环境宗教性——居所附近是否有清真寺。

表 6-4 中的 A、B 两个部分分别显示了宗教信仰方式对法治意识及法治行为的 2SLS 估计结果。表中 3A 部分显示，在"国家认同"方面，单独使用人际宗教性指标或环境宗教性指标，抑或同时使用二者作为工具变量均显示，宗教信仰对其具有显著正向影响，显著性水平为 5％。在"执行者认同"方面，单独使用人际宗教性指标或环境宗教性指标时，宗教信仰对其均

在5％的水平上具有显著性，同时使用"人际宗教性"和"环境宗教性"作为工具变量时，宗教信仰方式与"执行者认同"在10％的水平上具有正相关关系。"法律认同"方面，单独使用人际宗教性指标时，宗教信仰方式与"法律认同"有显著相关关系，显著性为1％；单独使用"环境宗教性"指

表6-4　宗教法治化功能的 2SLS 估计

A. 法治意识

	国家认同			执行者认同			法律认同		
	(1)	(2)	(3)	(1)	(2)	(3)	(1)	(2)	(3)
宗教信仰方式	0.68**	2.12**	0.79**	0.45**	0.83**	0.41*	0.87***	1.33*	0.77***
	(0.26)	(0.12)	(0.26)	(0.21)	(0.87)	(0.22)	(0.22)	(0.83)	(0.22)
人际宗教性	Y	N	Y	Y	N	Y	Y	N	Y
环境宗教性	N	Y	Y	N	Y	Y	N	Y	Y
其他控制变量	Y	Y	Y	Y	Y	Y	Y	Y	Y
Log pseudo likelihood	−373.87	−637.23	−361.01	−497.33	−801.11	−479.11	−480.06	−481.26	−487.99
obs	2 037	2 089	2 032	2 047	2 177	2 024	2 038	2 193	2 018
Prob>chi^2	0.01	0.00	0.00	0.00	0.00	0.00	0.00	0.00	0.00

B. 法治行为

	求助地方政府			纠纷解决			参与治理		
	(1)	(2)	(3)	(1)	(2)	(3)	(1)	(2)	(3)
宗教信仰方式	0.57***	2.31***	0.65***	0.97**	1.84**	0.87***	0.61**	1.07*	0.49**
	(0.22)	(0.12)	(0.22)	(0.22)	(0.47)	(0.22)	(0.21)	(0.74)	(0.21)
人际宗教性	Y	N	Y	Y	N	Y	Y	N	Y
环境宗教性	N	Y	Y	N	Y	Y	N	Y	Y
其他控制变量	Y	Y	Y	Y	Y	Y	Y	Y	Y
Log pseudo likelihood	−519.95	−787.34	−501.11	−512.19	−787.70	−478.36	−493.32	−788.22	−468.89
obs	2 041	2 175	2 017	2 048	2 193	2 022	2 027	2 183	2 024
Prob>chi^2	0.00	0.00	0.00	0.01	0.00	0.00	0.00	0.00	0.01

　　注：括号中数值为 robust 标准误。♯、*、**、*** 依次代表15％、10％、5％、1％的显著水平。Y 和 N 分别表示社会网络宗教性和生活环境宗教性等变量被应用与否。表中所有估计结果均包含了表1中所包括的控制变量。

标时，两者在 10％的水平上具有正相关关系；同时使用二者作为工具变量时，两者的正相关关系的显著性为 1％。这也说明即使排除了关联性问题后，少数民族流动人口宗教信仰方式对法治意识仍有显著正向影响。

表 6-4 中的 B 部分表明，在"求助地方政府"方面，单独使用人际宗教性指标或环境宗教性指标，抑或同时使用二者作为工具变量均显示，宗教信仰对其均在 1％的显著性水平上具有正向影响。在"依法解决纠纷"方面，单独使用"人际宗教性"或"环境宗教性"指标时，宗教信仰对其均在 5％的水平上具有显著性，同时使用"人际宗教性"和"环境宗教性"作为工具变量时，宗教信仰方式与"依法解决纠纷"在 1％的显著性水平上具有正相关关系。在"参与宗教治理"方面，单独使用"人际宗教性"指标时，宗教信仰与参与宗教治理有显著相关关系，显著性为 5％；单独使用"环境宗教性"指标时，两者在 10％的水平上具有正相关关系；同时使用二者作为工具变量时，两者的正相关关系的显著性为 5％。这也说明即使排除了关联性问题后，宗教信仰方式对法治行为仍具有显著影响。

三、作用机制分析

排除内生性问题后，宗教信仰方式对法治化水平仍有正向影响，这表明宗教信仰方式对法治化水平的正向影响具有较强稳健性。表 6-5 中关于宗教信仰影响法治化水平的渠道显示，私人化信仰也就是宗教信仰的个体性对于"国家认同"、"法律认同"、"求助地方政府"、"依法解决纠纷"、"参与宗教治理"均不具有显著性，甚至在一些方面（"执行者认同"、"法律认同"、"求助地方政府"、"参与宗教治理"）呈现出一定的负相关关系，而在"执行者认同"方面，更是在 10％的显著性水平上呈现出负相关关系。而在控制了个体性影响后，宗教信仰方式仍然对法治意识和法治行为具有显著正向影响。

具体而言，在"国家认同"、"求助地方政府"这两个方面，伊斯兰教宗教信仰方式对其都具有显著正向影响，显著性水平为 5％；在"执行者认同"、"法律认同"、"依法解决纠纷"方面皆在 1％的水平上具有显著正向影响。通过这样一种比较，便能看出社会性宗教信仰对于共生融入法治化建设的贡献。以上数据揭示了影响少数民族流动人口法治化水平的主要是伊斯兰教信仰的社会性而非私人性。这一结论预示着如果想要充分发挥宗教信仰在共生融入法治化道路上的作用，就要重视宗教信仰的社会性培养，即要构筑一种普遍认同的价值规范，让众信仰者可以有一定共性的约束，但又不会将私人化信仰方式完全排挤在外，"共性"中允许"个性"的存在。唯有如此，才能提高少数民族流动人口共生融入的法治化水平。

表6-5　宗教信仰促进法治化水平的影响渠道

	法治意识			法治行为		
	国家认同	执行者认同	法律认同	求助地方政府	纠纷解决	参与治理
宗教信仰方式	0.34**	0.48***	0.51***	0.27**	0.67***	0.21
	(0.14)	(0.14)	(0.16)	(0.14)	(0.14)	(0.12)
私人化信仰	0.07	−0.10*	−0.02	−0.02	0.01	−0.03
	(0.06)	(0.06)	(0.07)	(0.06)	(0.07)	(0.06)
Log pseudo likelihood	−259.21	−497.22	−368.32	−426.35	−388.24	−389.15
obs	2 139	2 143	2 138	2 144	2 143	2 137
Prob>chi²	0.00	0.00	0.00	0.00	0.00	0.00
Pscudo R²	0.12	0.08	0.13	0.06	0.08	0.05

注：括号中数值为 robust 标准误。♯、*、**、*** 依次代表 15%，10%，5%，1%的显著水平。表中所有估计结果均包含了表1中所包括的控制变量。

第四节　少数民族流动人口共生融入的法治化逻辑

建设具有中国特色社会主义法治国家，是我国实现富强、民主、文明、和谐的社会主义现代化国家的重要目标，而共生融入法治化则是社会主义法治中国建设的主要内容之一。本章基于实证数据分析少数民族流动人口宗教信仰方式与共生融入法治化水平间的关系，旨在厘清促进少数民族流动人口社会融入的法治化建设的重点所在。分析结果表明，伊斯兰教信仰对共生融入法治化水平有显著正向影响。私人化信仰对法治化水平的影响较小，而制度化信仰对法治化水平有显著正向影响，这也就说明少数民族流动人口共生融入法治化水平取决于宗教信仰方式的社会性影响。本书还使用工具变量法对宗教促进法治化的功能进行稳健性检验，结果显示宗教信仰方式对于共生融入法治化水平的正向影响有很强的稳健性。

在当今流动日益频繁的环境中，个人思想和精神活动拥有更多的不可预测性，以管控为主的管理制度产生的约束力和规范功能很难达到预期效果。共生融入法治化的直接目标是使宗教信仰呈现本应体现的社会性，宗教治理责权体系的法治化，主要是指在现行法律体系中，明确政府各部门、事业单位、社会组织及个体在宗教事务中的权利和责任。虽然上海、浙江、江苏等地都建立起了"网格化治理体系"，但是实际上，一旦涉及少数民族流动人口的现实情况时，这种治理网格又往往处于责任主体缺席的状态。比如，一些少数民族流动人口反映在少数城市中受到歧视，很难租到店面和住房，入住酒店通常被告知已住满，有时候坐出租车也会被拒绝。因此，应依据《宗教事务条例》进一步明确责权配置体系，明确治理主体、范围、程序、责任以及相关对象的权利、义务和救济机制等基本问题。

与此同时，为了确保宗教信仰社会性的运作机制，避免宗教信仰因治理混乱划入私人领域和神秘主义，将治理能力的法治化建设与伊斯兰教信仰的社会性结合起来，而对于私人化信仰方式产生的负向影响，则要在依法治理的过程中注意引导和控制。与依法管理有所区别，共生融入法治化需要在各方面和各个环节建立起具体的运行机制，解决治理体系形式化的问题。如在少数民族流动人口群体事件的治理中，相关环节包括事前协调机制、日常规范机制以及事后干预机制。再如，为了预防少数民族流动人口私下传经的事情发生，辖区民警需要和辖区内的少数民族流动人口建立常态化的沟通机制；街道、社区要落实宗教流动人口的暂住登记制度，把预防私下传经纳入具体的日常行政工作之中，等等。

宗教治理运行体系的法治化主要是为了确保宗教工作的连贯性和系统性，在公安、工商、城管、民政、街道等部门之间建立起一个责任明确、程序具体的制度规范，依法对宗教治理运行体系的各个方面和环节进行严格规定。在东南沿海城市宗教治理的运行体系中，各级民族宗教事务部门牵头建立了联合执行的运作机制，并明确了具体的组织领导、工作原则、适用范围、职责分工、应急程序和保障机制。一些地区还设立了专项资金，用于少数民族流动人员服务管理工作。但是我们同时还看到，相关运行体系的各个方面和环节缺乏具体的规定，以至于一些关键环节出现了形式化的问题。比如，东南沿海城市的少数民族流动人口内部经常因拉面店的具体问题发生群体斗殴事件，但是类似情况没有具体部门事先干预和协调，只能在依法管理的框架中由公安部门进行事后处置，致使类似情况屡见不鲜。

正如党的十九大报告指出，以人民为中心的治理理念，就是要把党的群众路线贯彻到治国理政的全部活动之中。也只有贯彻落实党的人民群众路线，流动人口的宗教信仰才不至于陷入一种神秘的私人空间，宗教信仰才可以成为共生融入法治化的重要动力来源。基于人民群众路线的共生融入法治化建设，中国社会也许就会形成这样一个共识——在宗教信仰领域，接受法律制约的永远不是信仰本身，而是借宗教信仰的名义进行违法活动的行为。在这一共识下，也就不难理解宗教信仰方式与法治化水平的相关关系。在人民群众的统一战线中，宗教信仰方式既是宗教内部事务，亦是社会治理事务，它们的法治化形式是宗教信仰中国化的重要途径，也是确保宗教信仰与中国特色社会主义社会相适应的核心内容。

第七章　少数民族流动人口共生
融入理论与政策模型

回顾学界已有研究，不难发现，西方学界对社会融入的认识存在着"同化论"、"多元论"和"整合论"不同理论类型。其中，"同化论"是建立在以"盎格鲁—撒克逊文化"为中心的基础上，其实践原则经历了一个从"心理同化"到"社会结构同化"的演变过程。尽管多元论者强调多元文化存在的必要性，但是把文化隔阂固定化和合法化的实践原则，必然也会造成社会分离的危险。而对于"整合论"而言，公平正义的政策理念虽然具有值得肯定的积极意义，但是这种系统控制论的实践原则，必然会导致个体在其中充当了"占位符"（placeholder）的角色，社会因此也必然会失去活力和发展动力。总体而言，无论是哪种理论类型，都建立在社会本体论的预设基础上，即把被融合的对象视为主流社会的"外来者"，维护的正是原有社会的固有结构和文化优势地位。

显而易见，当代西方社会融入理论在社会本体论主导下，其中一个最重要的内在特征是"事实"（to be）与"意义"（ought to be）的二元分立。这种二分法拒绝把外来移民的事实归结为一种意义的存在，而是把他们视为纯粹的文化群体，或想象的共同体，或工具性的利益主体，各种不同理论流派之间拘泥于各自的"事实"领域，忽视了"外来者"作为社会成员的"事实"及其对自身意义的诉求。事实上，在存在主义的视域中，想象、意义和事实使主体具有与"他者"的世界发生联系的功能，其中任何一个层次内秩序的改变都将影响其他两个层次，而且主体的和行为的一般结构存在于"意义"与之相联系的共生实践之中——这也意味着社会本体论从根本上无法解释"社会融入如何形成"的根本性问题。换言之，社会融入理论需要立足历史唯物主义的立场，借助客观的"事实"找到"外来者"对存在意义的多层次的诉求，并确立正确的政策模型。

第一节　共生融入理论要点：
回到马克思主义

实际上，社会融入理论首先需要回答一个至关重要的问题："谁是这个社会的主人？"社会本体论把移民或流动人口视为社会的"外来者"，其实就预设了流入地居民的"主人"地位。尽管中国的学者把"社会融入"研究还原到不同个体之间的互动关系层面，强调个体间的互动关系对于社会结构的影响，但还是延续了西方社会融合理论中的社会本体论的缺陷，忽视了其中的范式困境及其政治伦理的局限性。在人民当家作主的社会主义中国，每个公民都属于社会的主人，这也就意味着任何一个地方社会不仅仅是当地居民的社会，还是全体中国公民的社会。然而在现实生活中，社会空间和资源的有限性不可能让所有人都涌入某个城市，因此中国的社会融合问题还是属于资源配置和人口流动的政策问题。

一、经济共生是社会融入的前提条件

在马克思主义理论中，真正的社会融合建立在个人全面而自由发展的基础上，最终的目的是实现自由人的联合体。为此，马克思非常重视生产力和物质基础对于社会及个体发展的重要性。马克思认为，生产力和生产关系的辩证统一是促进社会进步的主要动力，"只有随着生产力的这种普遍发展，人们之间的普遍交往才能建立起来"[①]——这也正是实现人民当家做主的现实条件。也只有解决了"人民当家做主"的物质基础问题，"才能为一个更高级的、以每一个个人的全面而自由的发展为基本原则的社会形式建立现实基础"[②]。即使在资本主义社会，"通过社会化生产，不仅可能保证一切社会成员有富足的和一天比一天充裕的物质生活，而且还可能保证他们的体力和智力获得充分的自由的发展和运用"[③]。

本书的数据分析表明，对于少数民族流动人口而言，经济收入的提高虽

---

① 马克思、恩格斯：《马克思恩格斯选集》（第一卷），北京：人民出版社，1995年，第86页。
② 马克思、恩格斯：《马克思恩格斯文集》（第5卷），北京：人民出版社，2009年，第683页。
③ 马克思、恩格斯：《马克思恩格斯文集》（第9卷），北京：人民出版社，2009年，第299页。

然并不会带来必然的社会融入，但是经济因素对于社会融入的影响也是显而易见的。从经济共生结构的内部因素来看，经济共生结构也可以视为社会共生结构是否稳定的晴雨表，我们可以把经济内部要素的两极化指向它们的集合性结果——行动结构。正如在吉登斯那里，与支配和权力相关的"规则"和"资源"体现着社会互动中的"方法性程序"，牵涉到对各种类型社会行为的约束。本书的分析揭示了社会资源在行动者的结构中占有非常特殊的位置，它不仅对经济和文化共生结构产生直接影响，而且还通过文化共生结构对政治共生结构产生间接影响。可以明确，社会资源的支配手段对共生结构的稳定性能够产生重要的影响，社会资源的不合理分配是造成社会结构分化的最直接的条件性因素，共生结构的形成需要"资源"和"规则"具有开放性和共享性的特征。换言之，建立在对称性互惠模式上的经济共生，是确保社会融入的前提条件。

二、经济水平的提升对共生融入结构提出了更高层次的要求

本书的分析结果表明，市场竞争机制以及相关的经济因素在少数民族流动人口"内卷化"问题上起着主导作用，也对少数民族流动人口的社会关系融入和心理融入产生了消极影响。换言之，在市场经济条件下，经济因素虽然对于社会融入具有重要作用，但是同时需要通过相应的政策制度把市场竞争机制限定在经济共生系统之中，而不能、也不应该让市场竞争机制渗透到文化共生系统和政治共生系统。正如哈贝马斯在继承马克思政治经济学思想的基础上指出："资本主义的最大问题就在于把市场原则和经济合理性的原则扩展到生活世界，包括文化、家庭和人与人的一切交往领域，导致生活世界的再生产，包括文化的再生产、社会整合和社会化都无法正常进行。"[①]

在马克思看来，生产关系或财产制度（马克思话语中的"生产关系"的法律术语）与生产力之间的结构性矛盾是导致社会变迁或变革的主要因素。针对少数民族流动人口而言，随着经济共生水平的提升，文化共生系统和政治共生系统需要随着与之保持一定程度的平衡，这实际上对整体的共生融入

---

① 肖小芳、曾特清：《马克思社会整合理论的新诠释——从帕森斯、洛克伍德到哈贝马斯》，《伦理学研究》，2015 年第 2 期。

结构提出了新的要求——对政策制度作出相应的调整。对此，中国的优势在于"人民当家作主"的体制优势——"在控制了自己的生存条件和社会全体成员的生存条件的革命无产者的共同体中，情况就完全不同了。在这个共同体中各个人都是作为个人参加的。它是各个人的这样一种联合（自然是以当时发达的生产力为前提的），这种联合把个人的自由发展和运动的条件置于他们的控制之下。"[①]在中国共产党的领导下，文化共生系统和政治共生系统的优化具有足够的制度调适空间，使之相应地与经济共生系统相匹配。

三、心理融入在共生融入结构中发挥着"均衡器"的作用

在少数民族流动人口共生融入的不同层次结构中，心理融入对其他层次的融入存在着显著的影响，在总体结构中发挥着"均衡器"的作用。个体的心理融入涉及客观的外在环境以及由此所产生的心理反应，属于所有社会条件的综合产物，这主要是由于孤独的个体需要在"联合的关系"中找到自己的归属之地，并以此作为自己社会属性的依据。在一般情况下，心理融入遵循"自我归类"和"区别他者"的路线，这种复杂的、多层次的心理过程"存在着三种互相交叉的认同来源：①物质性认同，这通常来源于人们在日常生活中的物质占有情况；②理想化认同，这来源于共享的主张、态度、感觉和价值观；③形式上的认同，这主要来源于传播双方共同参与的事件的组织、安排和形式。"[②]换言之，心理融入反过来需要经济、文化及政治（价值）层面的共生建立必要的社会支持体系。

社会融入的因子分析结果揭示了心理融入包括"心理认同"和"心理归属"两个层次，而且新生代少数民族流动人口的心理认同明显高于老一代，不过两者都处于一个比较好的状况，但是在心理归属层面，两者都处于一个比较差的状态之中，而且新生代更差于老一代。劳动条件对新老少数民族的心理融入都存在着消极影响，而相对经济收入对于他们心理认同都存在正向的显著影响。在马克思主义视域中，理想社会中的每一个成员"不仅有可能参加社会财富的生产，而且有可能参加社会财富的分配和管理，并通过有计

---

① 马克思、恩格斯：《马克思恩格斯文集》（第1卷），北京：人民出版社，2009年，第573页。

② ［美］肯尼斯·伯克：《当代西方修辞学：演讲与话语批评》，常昌富等译，北京：中国社会科学出版社，1998年版，第15页。

划地经营全部生产，使社会生产力及其成果不断增长，足以保证每个人的一切合理的需要在越来越大的程度上得到满足"①。对于新生代少数民族流动人口而言，男性的心理融入要强于女性，来自西北和西南地区的新生代少数民族流动人口的心理融入程度要低于来自其他地区的。代际之间的差异主要表现在：教育年限对老一代少数民族的心理融入呈现反向的显著影响，而对于新生代呈现正向的显著影响，这反映了价值观的教育对于少数民族流动人口的共生融入具有重要影响。

四、文化共生是建设中华民族共有精神家园的重要保障

以回族为典型案例，中国信仰伊斯兰教的少数民族的形成，本身就是伊斯兰教中国化的结果。高占福先生曾经指出，伊斯兰教自唐朝早期传入中国，在 1 300 多年的传播和发展进程中就表现出了"与中国本土传统文化相适应的途径"②，即具有包容性、共享性和整合性等特征。在这种文化共生的历史积淀中，对于中国少数民族而言，"爱国是信教一部分"的圣训激励着一代又一代虔诚的少数民族热爱着自己的祖国。尤其是在近代中华民族处于存亡危机的关键时刻，中国少数民族民众表现出了极其强烈的民族主义情感和爱国热情，为维护国家主权和中华民族独立作出了杰出的贡献。如在抗日战争时期，新疆各族人民掀起了"有钱出钱，有物出物，有粮出粮"的支援抗日热潮。据文献记载，1937 年 9 月至 1940 年 5 月，新疆各族人民总共捐款达 322 万余元大洋；1939 年乌鲁木齐的哈萨克族群众捐献黄金 300 两；1943 年全疆募捐近 10 亿元送往前线用于购买飞机。③

在马克思主义理论中，"民族精神是被压迫民族国家争取解放、获得独立的精神基础"④。中华民族精神既产生于各族人民在长期的物质生产过程

---

① 马克思、恩格斯：《马克思恩格斯文集》（第 3 卷），北京：人民出版社，2009 年，第 460 页。

② 高占福：《伊斯兰教与中国穆斯林社会的宗教文化》，《西北第二民族学院学报（哲学社会科学版）》，2008 年第 6 期。

③ 阿不都热依木·亚库甫：《忆抗日战争时期新疆各族人民的捐献活动》，《新疆地方志》，2004 年第 3 期。

④ 刘诚：《马克思恩格斯视野中的民族精神及其当代价值》，《马克思主义与现实》，2006 年第 5 期。

中所形成的精神生活，又得益于各族文化的共生融合形态，同时民族精神还是一个动态的发展过程。具体对于伊斯兰教而言，"以儒诠经"是中国伊斯兰教的一个主要特征，[①] 而新时期少数民族流动人口的文化共生融入又属于中华民族精神再生产的重要组成部分。不过，在陌生的现代城市中，少数民族流动人口以共同的宗教文化为交流基础，容易建构相对独立的精神世界。少数民族流动人口的文化共生融入，无疑要求通过建立稳定的文化共生界面促进不同文化之间保持着持续性的交流，确保伊斯兰教文化与流入地的社会文化之间具有共享的部分。正如党的十九大报告指出："中国特色社会主义文化，源自于中华民族五千多年文明历史所孕育的中华优秀传统文化，熔铸于党领导人民在革命、建设、改革中创造的革命文化和社会主义先进文化，植根于中国特色社会主义伟大实践。"[②] 新时期中国特色社会主义文化无疑是实现少数民族流动人口与其他群体文化共生的重要来源，是建设中华民族共有精神家园的核心内容。

五、政治共生融入建立在"承认"原则基础上

在调研的过程中，许多少数民族流动人口要求当地政府能够实施民族优惠政策。少数民族优惠政策是我国基于各民族发展不平衡的现实，通过优待和扶持少数民族来实现各民族实质性平等和共同繁荣的一项特殊政策，属于中国各民族政治共生的重要组成部分。在中国共产党的领导下，少数民族优惠政策加强了包括少数民族在内的少数民族与国家之间的意义关联。由于我国各级政府落实民族优惠政策主要还是停留在民族地区（民族自治区、自治州、自治县及民族乡），具体的政策照顾和特殊优惠由民族地区的各级政府来实施，因此少数民族流动人口在流入地社会并不能享受到。不难发现，民族优惠政策其实是少数民族流动人口（作为少数民族的身份）获得国家"承认"的一个非常重要的纽带。

正如霍耐特指出："社会理论应当是从人类主体的主体间关系出发，而

---

① 高占福：《伊斯兰教与中国穆斯林社会的宗教文化》，《西北第二民族学院学报（哲学社会科学版）》，2008 年第 6 期。

② 习近平：《决胜全面建成小康社会夺取新时代中国特色社会主义伟大胜利——在中国共产党第十九次全国代表大会上的报告》，《人民日报》，2017 年 10 月 28 日，第 1 版。

不是从原子式的个人出发，应当用承认的需要来代替主流思想中人的利益驱动的动机。"① 主体间的承认形式实际上包含了共享的情感和想象意识，在公共领域把孤独的"自我"进一步释放出来，从而形成"我就是我们，而我们就是我"② 的意识流。这种带有建构性和关联性的意识流无疑具有一种统合性的社会作用机制。对于少数民族流动人口而言，无论是子女教育，还是社会福利，自己作为一个"外来者"得到了不平等的待遇，国家的民族优惠政策并没有落实下来——"承认"的原则要求"各种形式的个体和共同体在要求平等对待这一基础上的自我认可和肯定。"③

六、共生融入的最终目的是建设社会共同体

正如马克思指出："在政治国家真正形成的地方，人不仅在思想中，在意识中，而且在现实中，在生活中，都过着双重的生活。"④ 然而，在资本高度发达的当代社会中，从家庭到社会组织，再到国家本身，太多组织遵奉彼此矛盾的价值观和行为模式，社会生活充满了基本价值和规范的紧张对立，这加剧了人的存在意义的不确定性，社会共同体由此也呈现出了鲍曼所言的"钉子共同体"⑤ 特征。对于少数民族流动人口而言，在外经商或务工仅仅是生存之计，市场竞争法则容易产生一种身份认同的迷茫和错觉。对于国家而言，各族人民共生融入的最终目的是通过具体的制度安排实现个体在意义延绵中追求与"他者"的关联，"与其他人一道，再可以说不是我个人综合构成的，而是对我来说陌生的、交互主体经验的意义上来经验这个世界的"⑥，从而最终形成一种社会共同体。

马克思曾经尖锐地批判资本主义社会中人与人之间的虚化认同关联，指

---

① ［德］阿克塞尔·霍耐特：《为承认而斗争》，胡继华译，广州：广州世纪出版集团，2005 年版，第 175 页。

② ［德］黑格尔：《精神现象学（上）》，贺麟译，北京：商务印书馆，1997 年版，第 117 页。

③ ［美］南茜·弗雷泽、［德］阿克塞尔·霍耐特：《再分配，还是承认——一个政治哲学对话》，周穗明译，上海：上海人民出版社，2009 年版，前言第 3 页。

④ 马克思、恩格斯：《马克思恩格斯全集》（第 3 卷），北京：人民出版社，2002 年，第 172－173 页。

⑤ 鲍曼指出："个体身份认同的脆弱性和独自建构身份认同的不稳定性，促使身份认同的建构者们去寻找能拴住个体体验的担心与焦虑的钉子标。"参见齐格蒙特·鲍曼著：《共同体》，南京：江苏人民出版社，2003 年，第 14 页。

⑥ ［德］埃德蒙德·胡塞尔：《胡塞尔选集（下卷）》，上海：三联书店，1997 年，第 878 页。

出"从前各个人联合而成的虚假的共同体，总是相对于各个人而独立的；由于这种共同体是一个阶级反对另一个阶级的联合，因此对于被统治的阶级来说，它不仅是完全虚幻的共同体，而且是新的桎梏。"① 在马克思主义理论视角下，社会融入遵循"以人为本"的理性实践原则，既要解决公平正义问题，又要克服个体主义的"自由放任"和人的虚化问题，从而在个体与社会之间建立一种意义纽带，"最后表现在以当时的生产力为基础的个人多种多样的活动方式中"②。简言之，从马克思主义理论出发，共生融入的本质在于建设一种"以人为本"的社会共同体。

第二节　共生融入的政策模型与实践原则

分析结果表明，少数民族流动人口的社会融入问题不能简单地归因于主观因素，应更加关注该群体内部的组织结构与外部环境的关系。"社会流动"，从根本上讲，不是一种简单的地理流动，而是指"一个人或一群体而言，从一种社会地位或社会阶级向另一种社会地位或社会阶级的变化"③，甚至包括群体之间的情感交流和交融。在 2014 年 5 月的第二次中央新疆工作座谈会上，习近平总书记明确指出，要有序扩大少数民族群众到内地接受教育、就业、居住的规模，促进各族群众在共同生产生活和工作学习中加深了解、增进感情。在 2014 年 9 月的中央民族工作会议上，习近平总书记进一步指出，少数民族同胞进入城市，是历史发展的趋势，既可以带动了民族地区发展，也有利于民族团结。同时也存在"三个不适应"的问题。他强调，要重视做好城市民族工作，对少数民族流动人口不能采取"关门主义"的态度，也不能采取放任自流的态度，而是要持欢迎的心态。党的十九大报告中也明确提出打造共建共治共享的社会治理格局成为了我国新时期重要的任务，这也为新的历史条件下加强和创新少数民族流动人口服务管理指明了方向。

作为一种理想类型和分析框架，"共生融入"理论模型并非是要刻意忽

---

① 马克思、恩格斯：《马克思恩格斯文集》（第 1 卷），北京：人民出版社，2009 年，第 571 页。
② 马克思、恩格斯：《德意志意识形态》，北京：人民出版社，2003 年，第 100 页。
③ ［美］戴维·波普诺：《社会学》，北京：中国人民大学出版社，2007 年，第 280 页。

视现实社会中存在的问题和矛盾，恰恰相反，"共生融入"模型不仅有助于我们为探析我国少数民族流动人口社会融入问题提供了可能，而且还有助于我们以此作为一个政策目标，探索个体流动日益频繁且充满了差异性的现代社会的政策成效。个体的异质差异性不仅仅体现在民族或宗教之间的差异性，而是更多地体现在这种差异性可能带来的社会结构分层或分化的问题，如区域之间、代际之间、城乡之间、性别之间，等等。尤其是在我国社会转型的背景中，"民族关系的社会化、民间化也越来越多地与各种社会问题相互交织和相互作用"[①]，这就要求社会科学政策的制定者立足于"共生融入"模型对个体差异性的尊重，克服社会本体论的缺陷，从而构建和完善共生融入的服务管理体系。

一、共生融入的政策模型

在社会学的理论发展中，个人与社会的关系一直是一个经典议题。对于吉登斯而言，通过对行动与结构的因果逻辑研究，无疑能够克服个人与社会的二元对立。然而在吉登斯的行动结构化理论中，行动者并不具有主体性的地位，只是一个"占位符（placeholder)"。这种分析框架显然没有偏离社会本体论中事先预设好的行动者的附庸地位，也由此不可避免地忽略了行动者的差异性。"共生融入"作为一种探索个体与社会关系的理论分析框架，立足于不同主体因共生而存在的哲学预设，试图超越社会本体论对行动者差异性的忽视。在这种分析框架中，与行动主体相关的行动结构不同于"资源"和"规则"，而是行动主体互动的关系形态，一种具有结构化特征的行为模式和组织模式。通过对少数民族流动人口的实证分析，我们初步获得促进少数民族流动人口共生融入的政策模型（图7-1）。

从流动人口的主体视角来看，行动结构不仅处于流动的过程中，而且还具有明显的离散性特征，即经济共生结构与文化共生结构以及政治结构没有直接的逻辑关联，社会空间和个体的共生能力对它也没有直接的影响，属于一个相对独立的子系统。行动结构的离散性特征揭示了少数民族流动人口的共生融入结构并非是一个有机的整体，这一发现显然有别于上述提及到的作

---

① 郝时远：《构建社会主义和谐社会与民族关系》，《民族研究》，2005年第3期。

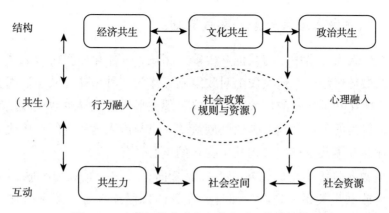

图 7-1 少数民族流动人口共生融入的政策模型

者之前有关相对稳定的族群杂居社区[①]的研究结果，这说明在人口流动日益频繁的背景下，中国流动人口的社会结构正在逐渐发生一种非系统性的效应。显然，少数民族流动人口共生融入结构的离散性特征偏离了东南沿海城市现行政策的预设，这种离散性特征也说明了社会结构的复杂性已经远远超越了现行政策的想象力，因此少数民族流动人口共生融入的政策理论模型必须解决这种结构性问题。

显然，从上述研究中可知，少数民族流动人口的社会融入是一个动态的过程，是多维度的、多层面的，其中心理认同占据非常重要的位置，与社会及文化层面的融入存在着明显的交叉影响。在社会心理学的视域中，任何一种心理认同都有一个相对稳定的中心结构与之对应，后者通常通过象征符号和现实关联与个体取得意义的关联，进而成为共同体秩序的发源地[②]。在民族国家成为当今世界政治格局基本单位的背景中，"国家"通常是社会共同体最高层次的心理认同中心，对于少数民族流动人口而言，作为"国家在场"的保障制度和服务政策更多的是在其心理融入层面发挥作用。

---

① 袁年兴：《族群杂居区族际互动的结构性特征——一种超越二元对立的研究视域》，《浙江大学学报（人文社会科学版）》，2012 年第 5 期。

② 参见袁年兴的前期研究成果《国家的身份设计与社会秩序——近代以来中国个体的元身份史》（载《人文杂志》2013 年第 5 期）。

二、共生融入政策模型的实践原则

在共生融入模型中，与其他共生模式相比，一体化共生模式无疑具有界面运作的最佳优势——这实质上对政策制度作为一种一体化共生界面提出了要求。一体化共生模式的最大特点主要表现在形成了主导少数民族流动人口共生融入行为的平台，建立少数民族流动人口与流入地社会的一体化共生界面和对称性互惠共生模式实现共生融入的核心任务。

共生融入政策模型的构建，不仅要全面、科学、客观地反映某一特定时空的民族共生关系的现状，而且要充分体现民族平等、互惠合作、成果共享及共同优化的民族共生范式，把基于共生哲学的民族关系的理想状态作为准则落实到可以评价的现实层面。因此，评价指标体系确立时必须以"民族平等"模块为中轴，以"互惠合作"模块为纽带，以"成功共享"模块为节点，以共生单元和共生系统的"共同优化"为目标范式，其理想的动态趋势是各大模块的无限、有序扩大。具体而言，需要遵循如下原则。

（一）事实平等的原则

事实平等的原则是不同主体彼此承认的前提条件，这在共生融入模型中处于核心地位和主导作用，在系统中具有共生动力机制的决定功能、共生序的形成准则功能以及系统协调功能。处于不平等地位的主体通常游离于社会共生系统的边缘地带，其存在状态具有明显的不稳定性，最终结果要么是离开这种相对封闭的社会系统，要么形成与封闭社会系统平行的"小社会"。在共生系统论的视角中，"若整个共生系统失去平等的准则，该系统则是无序的，系统能量和共生民族的关系无法有效凝聚一起，整体协调、自行趋优等自组织功能不能有效发挥，而且该系统在反向环境的作用下容易也变形，进而导致共生系统的分散状态甚至系统的崩溃。"少数民族流动人口作为"外来者"进入东南沿海城市，首先就面临着一系列当地居民以及其他流动人口所没有的困难，如清真饮食问题、语言交流问题、子女上学问题，等等。事实平等原则就是要求在解决这些特殊困难之后，少数民族流动人口与当地居民以及其他流动人口一样，享有平等的就业机会、随迁儿童的入学入托机会以及同等发展机会。

（二）互惠合作的原则

互惠合作的原则在标准模型中起着连接共生能量和共生民族的中介作用，是共生能量在共生民族之间均衡分配的必经途径，具有优化共生界面、扩大民族共生度、加强民族共生效应等功能。互惠合作的多边交流机制极大地提高共生能量而降低共生成本，是具有最快最有效增长的共生行为模式，它以共生界面的正常作用和共生体系的稳定和发展为前提。相反，非互惠合作的民族关系存在能量（成果）分配不均衡性及共生界面不可通约性，系统整体协调作用和共生效果受到明显限制。随之而来的肯定是民族之间平等地位以及共生关系的消失。

（三）内生性的原则

成果共享模块作为连接互惠合作模块的模块，具有内生性，是由共生单元的性质决定的。它在互惠合作的条件下起着加强共生民族之间的共生关系、激励共生民族不断地提高自身的复杂度和精细度的功能和作用，是民族共生关系持续发展的动力来源。很明显，没有成果共享模块的民族关系模型虽然保持着较强的凝聚关系，但是该系统的民族共生关系仅仅停留在相互交往关系的形而上的层面，没有内在机制产生。没有成果共享模块的民族共生模型具有明显的紧密联系的假象。

（四）共同优化的原则

共同优化在该模型中的表现是一种抽象状态，体现在具体形态上是各大模块的无限扩大。共同优化的发展趋势受各大模块及外部环境的影响和决定，依托由共生界面而形成的共生单元的物质、信息和能量的数量积累和结构优化。其相反状态是共生单元的同步萎缩或相对萎缩，其特征是大量的系统熵①的存在是获得大量负熵的单元的有限扩大和其他单元的无限萎缩，主要原因是共生单元、共生模式以及共生界面联合作用的结果，共生环境也会起着影响作用。

---

① "熵"是根据热力学第二定律引出的一个反映自发过程不可逆性的物质状态参量。这里指共生系统的无序度量度。

第八章 完善促进少数民族流动人口社会融入的体制机制

任何一种社会政策都离不开特定的理论假设，西方学界有关社会融入的认识论正是建立在社会本体论的基础之上。正如亨廷顿看到欧美国家针对少数民族移民的"熔炉政策"（同化论）失败后，忧心忡忡地指出："少数民族社区，不论是德国的土耳其人还是法国的阿尔及利亚人，都没有融入所在国的文化，而且几乎没有迹象表明将来会如此。"① 显而易见，同化论是建立在"欧洲中心主义"基础上，其主体属于一种二元对立的存在模式。同样，多元论者尽管强调多元文化存在的合法性，但是其中社会融入的主体及其行动结构都是相对独立的，社会也可能面临着分离的危机。现实情况表明，基于社会本体论预设的社会结构都有封闭性的特征，而多样性（或异质性）的行动者与结构之间存在着不可调和的矛盾。本章的内容主要是在上述评估和总结现行政策的现实问题的基础上，进而阐释"共生融入"的政策模型、具体的制度安排以及民族宗教工作的微观切入点。

第一节 东南沿海城市服务管理体系的基本状况

作为我国流动人口中的一个特殊的群体，少数民族流动人口的社会融入事关我国民族团结和宗教和睦的大局。在中国共产党的十九大报告中，党中央也指明实现各族人民融合式发展是实现"中国梦"的重要内容之一，强调"加强各民族交往交流交融，促进各民族像石榴籽一样紧紧抱在一起，共同

---

① 塞缪尔·亨廷顿：《文明的冲突与世界秩序的重建》，北京：新华出版社，2002年版，第100页。

团结奋斗、共同繁荣发展"①。促进我国少数民族流动人口的社会融入，无疑是贯彻和落实党中央民族宗教政策的重要举措。

新时期党中央民族工作的大政方针，无疑为解决中国民族问题提供了重要的理论基石和政策指导。长期以来，东南沿海城市为贯彻落实党和国家的民族政策，对少数民族流动人口的服务管理作出了形式多样的积极探索与实践，不同省份、不同城市围绕着党和国家的政策目标也形成了具有各自特色的实践体系。大体看来，东南沿海城市的服务管理体系包括实践目标体系、实践内容体系、运作机制体系和组织机构体系四个方面，既涉及少数民族流动人口日常生产生活的方方面面，又与当地政府的社会治理机制紧密相连，不同实践体系对我国少数民族流动人口的社会融入也产生了不同程度的影响。

一、上海市：以社区为支点的网格化治理

根据上海市政协提出的《关于进一步做好来沪少数民族流动人口服务与管理工作的若干建议》，截至 2014 年 6 月底，来沪少数民族流动人口总数为 27.81 万人，是本市户籍少数民族人口（15.25 万人）的 1.82 倍。② 其中，信仰伊斯兰教的 10 个少数民族户籍人口达 15 万多人。为了加强少数民族流动人口的服务管理，上海市先后出台了《上海市社区民族工作简则》、《关于开展创建民族团结进步优秀社区活动的意见》、《关于进一步加强社区民族工作的意见》等政策文件。

在组织结构上，上海市初步形成了"市级综合协调、区级综合管理、社区具体实施"③ 的实践体系，重点突出了网格化治理的特征。在纵向维度，上海市不仅强调了市、区（县）两级统战和民族宗教工作部门的领导作用，而且在街道（乡镇）、社区、居委（村委）成立了民族工作小组；在横向维

---

① 习近平：《各民族要像石榴籽那样紧紧抱在一起》，来源：中国共产党新闻网，http://theory. people.com.cn/n1/2017/0608/c40531 - 29327149.html，2017 - 06 - 08.

② 上海市政协：《关于进一步做好来沪少数民族流动人口服务与管理工作的若干建议》，上海市政协网：http://www.shszx.gov.cn/node2/node5368/node5376/node5388/u1ai94991.html，2015 - 07 - 03.

③ 《上海市实有人口服务和管理若干规定》（上海市人民政府令第 86 号公布），上海市政府网站，http://www.shanghai.gov.cn/nw2/nw2314/nw2319/nw12344/u26aw33322.html，2012 - 09 - 20.

度，以民族宗教事务部门为核心，形成财政、科技、文教卫生、组织、劳动人事、政法、工商、民政等部门积极参与的服务管理体系。为了推行"政府推动、群众参与、团体自治、社会协调"的工作机制，上海市还积极发展少数民族社会组织，突出"全覆盖、社会化、网格化"的政策目标。

不难看出，上海市的网格化治理体系在全国范围内具有一定的普遍性。但是与其他城市不同的是，上海市的民族宗教工作充分体现了社区治理的精细化特征及其基础性作用，从而使这种网格化治理体系更接地气。具体而言，上海市精细化社区治理主要通过"三个一"工程来实现：①在"社区事务受理中心"或"社区工作站（党建工作站）"中设立专门的民族工作服务窗口，综合受理与少数民族流动人口相关的事务，并且通过后台网络联通相关部门单位协办；②为了切实维护少数民族的合法权益，上海市的社区服务中心均设立了24小时的少数民族服务和维权热线电话，及时协调处理少数民族的维权事宜；③在少数民族流动人员比较集中的社区建立联络站，积极引导少数民族流动人口参与管理相关事务。

不仅如此，为了积极响应国家民委推动的"团结进步优秀社区"创建活动（民委发〔2010〕13号），上海市的创建和表彰活动不仅实现了"六进"（进机关、进企业、进社区、进乡镇、进学校、进寺庙），而且在创建活动的过程中充分利用广播、电视、报刊、网络等媒体的作用，加强民族团结和民族融合的社会环境建设，涉及的内容不仅仅是"团结进步优秀社区"的宣传和表彰，还有党和国家的民族政策、民族理论、少数民族历史文化以及少数民族代表的先进事迹；重点面向的人群不仅是各级干部、在校学生、少数民族流动人口，还包括广大市民，其主要目标是：干部要发挥以身作则和率先垂范的作用，在校学生主要是要树立民族团结的理念，少数民族流动人口要合法经营和依法维权，广大市民则要了解国家的民族政策以及不同民族的历史文化和生活习俗，共同营造民族团结和民族共同发展的社会氛围。

为了实现专业化和科学化的服务管理模式，上海市还充分发挥了社会工作专业在民族宗教工作中的重要作用，其中的两条路径是：一是在街道、社区的民族工作岗位招聘受过社会工作专业训练的大学生，提高服务管理工作的专业化水平；二是通过政府购买服务项目的方式，积极引进社会工作专业机构参与社区的服务管理工作，并实行管办分离和第三方专业评估相结合的管理方式，"积极探索延伸和拓展社区民族工作的手臂与空间，进一步提升了为少数民族群众服务的水平"①，从而使这种以社区为支点的网络化治理更具有科学性、可操作性和政策时效性。

二、广东省：维稳与便民服务双重并重

广东省作为改革开放的前沿阵线，成为了全国少数民族流动人口人数最多、增长速度最快的省份之一，截至 2014 年 9 月，全省共有 260 万少数民族流动人口，②涵盖我国 10 个信仰伊斯兰教的少数民族人口。为了让少数民族流动人口较好融入当地城市，更好地将宗教发展与社会主义相适应，广东省积极推进少数民族流动人口服务管理体系建设。如广东省人民代表大会常务委员会第十六次会议通过了《广东省宗教事务条例》，广东省委、省政府先后印发了《关于进一步做好我省城市民族工作的意见》（粤发〔2011〕6号），各相关部门先后制定实行了《关于进一步加强和改进城市民族工作的意见》、《民族事业发展"十三五"规划纲要》、《珠江三角洲地区联动处置涉及民族因素矛盾纠纷案（事）件工作方案》等政策文件，有力促进了当地少数民族流动人口服务管理工作的创新发展。

在工作重心和组织机构方面，广东省的各大中城市以"民族宗教领域的维稳工作"为核心，初步建立健全了市、县、街道、社区四级城市民族工作网络，成立系统化的组织机构。其中，广州市针对少数民族流动人口还成立了专门的"来穗人员服务管理局"（办公地点与市民族宗教局在同一层楼），并设置 30 个政府序列的行政编制，"负责全国各地来穗人员包括少数民族人员的服务管理的统筹协调、政策制定、网络平台建设、服务管理工作"③。此外，针对新疆籍少数民族流动人口，广东省于 2014 年还成立了专门工作机构——新疆籍人员服务管理工作队，并与新疆维吾尔自治区协商，选派了新疆 25 名干部（其中有 19 名维吾尔族干部）到广东省相关部门挂职，协助

---

① 上海民族和宗教事务委员会：《社区民族工作》，上海市民族和宗教网：http：//www. shmzw. gov. cn/mzw/mz－shequ/，2003－09－24、2017－01－15。

② 中国新闻网：《广东少数民族流动人口突破 260 万，或将享受同城待遇》，http：//www. chinanews. com/sh/2014/09－04/6564470. shtml，2014－09－04.

③ 骆骁骅：《政策"及时雨"助粤民族事业驶入快车道》，《南方日报》，2016－02－22。

"新疆籍人员服务管理工作队"做好民族宗教工作。

广东省作为我国少数民族较早流入的区域，民族宗教关系相对其他地区更为复杂。为此，广东省服务管理体系的主要内容集中在民族矛盾纠纷处置机制、突发事件处置预案以及应急指挥系统等维稳层面，重点排查、处理影响民族关系健康发展的不稳定因素。为了有效防范教派思想和极端思想的影响，广东省伊斯兰教协会 2017 年还组织编写了《广东少数民族宗教生活习俗范本》。此外，珠三角各市以及省公安、民族宗教、人社、国安等有关部门，加强与新疆、青海、四川等在粤少数民族重点流出地政府的联系，坚持"双向管理"，提高劳务输出水平，协助调处涉及民族因素的矛盾纠纷。[1] 正如熊威等人通过实地调研发现，"马阿訇"作为化隆县人民政府驻穗办事处调解主任，不仅协调解决广州少数民族流动人口的内部矛盾纠纷，而且还承担了清真食品认证者以及"化隆人"与广州市各区市"下达上传"的角色。[2]

在便民服务方面，广东省也同样发挥了社区工作的重要作用，即在少数民族流动人口比较集中的社区均建立了社区信息平台与基础档案，掌握社区内少数民族常住人口、暂住人口及其家庭经济状况、工作情况、子女入学、老人赡养等情况动态。在此基础上，在尊重少数民族风俗习惯的前提下，为少数民族流动人口提供各种方便，采取优惠政策提供就业信息、培训指导、公共政策咨询等服务；在少数民族流动人口比较集中的社区设立专门办事窗口、开通服务热线、设立服务中心，提供方便快捷的办事渠道，并禁止拒载、拒住、拒租、拒卖、就业歧视等歧视现象。此外，充分利用展示橱窗、社区网站、市民学校、文化馆站、文化广场等活动阵地，为各族群众提供交流、联谊和参与社区建设的渠道，促进各民族在社区内交往交流交融。深圳市还成立"深圳少数民族社区服务工作站"，东莞、中山市也分别建立了少数民族流动人口代表人士队伍，引导发挥示范带动等作用。

---

[1] 中华人民共和国国家民族事务委员会政策法规司：《广东省积极做好城市少数民族服务管理工作》，国家民委官网，http://zcfgs.seac.gov.cn/art/2016/6/17/art_9352_257527.html，2016-06-17.

[2] 熊威、白关峰：《城市少数民族流动人口群体的纠纷解决——以一个生活于广州的青海化隆籍"阿訇"为中心的考察》，《甘肃社会科学》，2011 年第 4 期。

针对少数民族流动人口的宗教生活需求，广东省为了做好服务保障工作，将"入口、入寺、入土"难问题摆在公共服务的首要位置，具体措施包括：①为了解决宗教场所不足的问题，加大对于清真寺的投资建立；②依法规范了34处伊斯兰教临时礼拜点的管理，把临时宗教活动正式纳入管理范围；③切实解决少数民族归真的墓地问题；④对清真食品进行严格的认定和严密的监督，依据《广州市清真食品管理方法》和《广东省散居少数民族权益保障条例》加强对清真食品的生产管理，将其纳入行政许可的范围内，尤其是对于清真食品的经营者进行预防、事前管理和事后监督的管理，对全省各高校清真窗口也进入规范化管理，按照规定设立清真食堂，对于原料、风俗习俗等问题严格控制；⑤动员义工的力量，参与建设文明的活动空间，及时疏通礼拜拥挤问题。

三、江苏省：依法保障与合作治理机制

作为东南沿海比较发达的地区，江苏省各大城市也是较早接纳少数民族流动人口的区域。第六次人口普查资料显示，江苏省的少数民族常住人口有38.49万，少数民族流动人口达45万，其中信仰伊斯兰教的少数民族流动人口约18万，主要来自新疆、甘肃、青海等地。为了贯彻落实党和国家的民族宗教政策，提高针对少数民族流动人口的服务管理质量，江苏省人大常委会制定实施《江苏省少数民族权益保障条例》和《江苏省清真食品监督保护条例》，省政府办公厅也颁发了《省政府办公厅转发省民委关于加强少数民族流动人员服务管理工作意见的通知》（苏政办发〔2006〕17号），江苏省民委也制定出台了《江苏省民族工作示范企业建设指导意见》，等等。

在工作机制方面，由市级政府牵头，组织有关部门联合制定和完善少数民族流动人口应急维稳处置机制，明确处置的组织领导、工作原则、适用范围、职责分工、应急程序和保障机制，市财政设立专项资金，用于少数民族流动人员服务管理工作。在工作的重心上，"坚持民族平等、保护合法、引导守法、制止违法，不开展针对少数民族流动人员的专项整治活动，不简单采取罚款和没收货物等方式处理问题；对极少数蓄意挑拨民族关系、破坏民族团结、制造恶性事件和怂恿组织少数民族流动人员犯罪的，要坚决依法打击；对被迫从事犯罪活动且不具备刑事责任能力的少数民族流动人员，要加

强教育、从宽处理。"① 以南京市为代表，以社区为单位，依托社区管理资源，建立少数民族人员基础信息登记和少数民族流动人口信息采集制度，并依托全市"横向到边、纵向到底"的民族工作网络，建立起了"以法制建设为突破，以保障权益为中心，以加大宣传为重点，努力实现市民化待遇，寓服务于管理之中"② 的少数民族流动人口服务管理机制，形成了更加紧密的"上下渠道畅通，左右沟通经常，内外联络默契"③ 的民族工作格局。

为了充分发挥少数民族流动人口民间社会组织的社会治理功能，江苏省几个主要城市都设立了专门的服务热线，以加大对"西北少数民族联络组"和"新疆少数民族联络组"的工作指导，主要是协调处理少数民族流动人口的内部矛盾纠纷。苏州市还充分发挥市少数民族联谊会参与治理的作用，并在市区和乡镇分设 3 个少数民族同胞服务站、10 个外来流动少数民族同胞联系点，初步形成多层次、全覆盖的社会化管理服务网络。在此基础上，苏州市对少数民族流动人口免收办理清真拉面店的税务、治安、城管和教育等证照相关费用，工商部门收费由原来的 2 400 元/户降至 240 元/户，环保部门审查时也酌情放宽准入条件。

从 2013 年起，各级财政每年安排近 2 000 万元发放清真食品补贴。其中《江苏省少数民族权益保障条例》第二十五到二十九条都涉及清真食品的保障，如各级政府要将清真饭店、清真食品网点建设纳入城市商业网点建设规划，凡经营清真食品的厂（车间）店（摊）一律悬挂清真标志牌，定点的清真食品单位不得随意改变其生产经营方向，对有清真饮食习惯的少数民族人员较多的机关、学校、企业事业单位，应当设清真灶，没有条件设立的单位，应当按照规定发给清真伙食补助费，等等。南京市还制定了《南京市回族等少数民族殡葬管理规定》，切实保障少数民族的丧葬习俗。扬州市邗江区民宗局积极为外来少数民族子女就学搭建"绿色通道"，把解决外来少数民族子女就学从人情操作转变为程序运作；无锡市崇安区整合社会资源，建

---

① 《省政府办公厅转发省民委关于加强少数民族流动人员服务管理工作意见的通知》（苏政办发〔2006〕17 号），《江苏省人民政府公报》，2006 年第 7 期。

②③ 江苏省南京市民宗局：《江苏省南京市推进少数民族流动人口服务管理体系建设试点工作》，国家民委网站：http://www.seac.gov.cn/art/2013/6/24/art_36_185941.html，2013 - 06 - 24.

立完善"生活救助、就业创业、法律援助"三位一体的少数民族困难群众帮扶体系。

四、浙江省：依法治理与联动机制

截至 2014 年 12 月底，浙江省共有 209 万少数民族流动人口。浙江省各级政府响应党中央号召，坚持以"四位一体"的综合服务管理模式来强化少数民族的管理服务，分别做到"教育、引导、管理、服务"，增进宗教和睦，维护社会稳定，先后出台《浙江省宗教事务条例》和《浙江省少数民族权益保障条例》。2018 年 1 月份，浙江省政府办公厅还发布了《关于进一步加强和改进城市民族工作的意见》（浙政办发〔2018〕5 号），这是浙江省首次就城市民族工作出台指导性文件，浙江省民宗委还下发了《浙江省实施"石榴籽工程"推进民族团结进步事业的指导意见》，旨在建立健全城市民族工作管理体制，形成了"党委统一领导、党政齐抓管理、民族宗教部门综合协调、各成员单位通力协作、社会各方共同参与"的服务管理工作格局。

具体而言，浙江省各级政府从财政投入、社会宣传以及社会支持等方面加强对少数民族流动人口的服务管理，相关内容大体可以概括为五个方面：①通过开展丰富多彩的民族文化交流活动以及民族团结的宣传教育活动，促进少数民族流动人口与当地常住市民在文化认知和身份认同等层面的交流和交融；②调动和整合开展城市民族工作的社会资源，探索参与式管理；③通过提供社区服务、创造就业创业机会以及保障合法权益等措施，为少数民族流动人口的社会融入提供基本的物质条件支持；④立足于依法治理民族宗教事务的基本原则，为我国少数民族流动人口提供法律援助和法律意识教育；⑤强调依法治理，"在充分尊重少数民族风俗习惯的前提下，要依法处置涉及民族群众的各类矛盾纠纷"[①]。

具体针对少数民族流动人口，不同城市形成各具特色的服务管理体系。以杭州市为例，相关服务内容有：①建立一支伊斯兰志愿者队伍，开展公益志愿活动，明确职责，落实责任，带动多方主体，联动进行活动；②占领一

[①]　中国新闻网："浙江省外来少数民族流动人口达 209 万增幅明显"，http：//news.china.com.cn/txt/2013－02/19/content_28000255.htm，2013－02－19.

个宣传阵地，特别是以清真寺为主体的宣传教育基地，普及民族、宗教工作相关政策法规，通过网络媒介做好宣传工作；③创建一个宣讲平台，特别是针对少数民族礼拜的《古兰经》的讲解技巧，要将讲经的内容与民族团结相结合；④健全一个机制，特别是民族宗教案件沟通协作机制，正确处理纠纷问题；⑤完成一次调研，尤其关注清真食品经营状况、"三证"办理手续方面，切实保障少数民族等群体的基本权益；⑥打造一个平台，采取政企结合的方式，将清真食品入驻企业商铺，同时政府部门加以监督管理。

在服务机制上，浙江省积极探索以"微组织、微窗口、微热线、微平台"为载体的社区民族工作"四微"建设，着力推动建立各民族相互嵌入式的社会结构和社区环境，促进各民族在浙交往交流交融。浙江省坚持基层导向，编织起上接"天线"、下接"地气"的城市民族工作网络体系，不断提高民族工作社会治理的组织化程度。一方面，健全组织领导体系，做到组织、机构、人员"三落实"，少数民族流动人口重点社区建立民族工作协调议事会，确定协管员、联络员；另一方面，发展少数民族社团组织。在少数民族流动人口中建立民族工作促进会、少数民族联谊会等社团微组织，把少数民族流动人口中的骨干人员组织起来，通过他们的自我参与管理，不断增强少数民族流动人口自我教育、自我管理、自我服务的能力。如宁波市北仑区建立了"1＋9＋N"民族团结进步促进会，即 1 个区民族团结促进会＋9个街道（乡镇）分会＋N 个社区、学校、企业促进小组，把少数民族流动人口的自我管理服务延伸到城市"毛细血管"，成为了城市民族工作的重要主体和依靠力量。同时，浙江省还探索个性"微窗口"建设，针对少数民族群众的特殊需求，从实际出发开展精准化、个性化服务。如绍兴市民宗局会同司法部门开设少数民族法律援助窗口，会同财税部门开设清真餐馆免税服务窗口；下城区东新街道为社区少数民族老年人提供公共食堂就餐服务，在寒暑假为少数民族流动人口的随迁儿童举办社区假期课堂。①

在管理运作机制上，以绍兴市的"三大管理机制"为例（与浙江省其他城市相比，绍兴市的"三大管理机制"更为具体）：①社会化管理机制，以政府为主导、部门间协作、民间组织和少数民族代表人士配合为思路，加强

---

① 浙民：《浙江：以"四微"建设为抓手，创新城市民族工作》，《中国民族报》，2016－01－19.

民族部门与公安、城管、工商、卫生、教育、安全等部门间的协作配合，充分发挥民间组织的桥梁和纽带作用，旨在形成多层次、全覆盖的社会化管理服务网络；②纵横联动机制，也就是加强不同部门之间的沟通和联系，在横向上建立健全民族工作联席会议制度和突发性事件的预警处理机制；在纵向上建立健全民族工作部门上下沟通机制；③双重化运作机制，加强少数民族代表人士与外来流动少数民族间的沟通和联系，在外来少数民族中建立联络员队伍；加强与少数民族流出地政府和有关部门的协作，建立流入流出地协作共管的双重化运作机制。① 这属于一种相对系统的管理机制。

五、福建省：民族优惠服务与沟通协调机制

福建省也是我国少数民族流动人口比较集中的区域，其中仅泉州市在 2015 年就达到了 13.4 万人。为了促进少数民族流动人口较好融入当地社会，福建省委、省政府先后出台了《关于加强和改进新形势下民族工作的实施意见》（闽委发〔2015〕8 号）和《福建省人民政府关于贯彻国务院"十三五"促进民族地区和人口较少民族发展规划的实施意见》（闽政〔2017〕18 号）等指导性政策文件，要求完善城市少数民族流动人口服务管理协调合作、社会服务、法律援助等机制。2018 年 4 月，福建省政府常务会议还研究通过《福建省少数民族权益保障条例（修订草案）》，并提交省人大常委会审议；制定印发《福建省民族宗教系统法治宣传第七个五年规划》。

在组织结构，福建省推行"一人入户，多信息采集"制度，建立少数民族人口数据库，在社区设置流动人口综合服务中心，提供"一站式"服务，探索出"多证合一、多举并重、多位一体"的管理模式。如泉州市丰泽区成立"丰泽区少数民族流动人口服务管理体系试点城市工作领导小组"，区长任组长，负责抓总；区委、区政府分管领导任副组长，21 个部门负责人为成员，在各自职责范围内抓落实；成立"丰泽区少数民族事业服务中心"，在全区范围内调配 2 名事业编制工作人员；区财政每年安排专项工作经费

---

① 资料来源于中国民族宗教网："浙江绍兴三大机制加强少数民族流动人口管理"，http://www.mzb.com.cn/html/report/28462-1.htm，2008-03-12.

10 万元，用于试点工作的推进。

在政策内容方面，以"三不承诺"和"十五项优惠政策"为核心，突出全方位的高质量服务。"三不承诺"是指"决不让一名来闽务工人员的子女上不了学，决不让一名来闽务工人员因恶意欠薪领不到工资，决不让一名来闽务工人员维不了权"。服务内容包括清真饮食保障、及时办理暂住证、落实税费照顾政策、解决子女入学及入托问题以及务工、经商、就医、宗教生活等方面。如全省已建立清真饮食店 400 多家，基本解决了来闽少数民族群众的吃饭问题。如厦门市相关部门主动联合上门服务，帮助少数民族流动人口解决开办清真拉面馆的工商、税务、卫生等手续；宁德市要求在星级宾馆中提供清真餐饮服务；莆田市要求少数民族流动人口比较集中的企业聘请少数民族厨师，设置清真饮食服务；福州、厦门在畜禽副食品加工场内设立了清真肉类屠宰车间；福州市鼓楼区、晋安区，厦门市湖里区、漳州市芗城区还在人口流量比较大的商业区域划定特定摊位让少数民族流动人口经营。

在工作机制方面，福建省建立沟通协调机制，依法处理涉及城市少数民族流动人口的矛盾纠纷。在处理此类问题时，遵循"是什么问题就按什么问题处理，不把一般的治安问题当作民族宗教问题处理，也不把民族宗教问题当成一般问题来看待"① 的原则，根据实际剥离民族、宗教话题，具体问题具体分析，力争非民族化、非宗教化处理，在依法办事的同时，妥善做好少数民族流动人口权益保障和服务管理工作。为切实做好外来少数民族流动人口工作，一方面加强与其他部门之间的沟通协调；另一方面组织有关设区市民族工作部门专程赴新疆，与民族地区政府签订了协调沟通机制。针对政府部门工作人员与新疆籍少数民族群众存在语言沟通难题，福州、厦门、泉州等地还专门招收新疆籍工作人员协助处理有关涉疆问题。② 总体看来，与其他地区不同的是，福建省的实践体系更加注重微观服务的精细化及其心理效应，更加注重沟通协调机制在依法治理过程中的辅助功能。

---

①② 国家民委法规司：《福建省进一步加强新形势下城市民族工作》，中华人民共和国民族事务委员会官方网站，http://zcfgs.seac.gov.cn/art/2016/6/8/art_9352_256843.html，2016 - 06 - 08.

第二节　东南沿海城市服务管理
体系的实践问题

分析结果表明，影响少数民族流动人口社会融入的相关因素，在不同代际和不同层次产生了不同的影响程度甚至不同方向的作用，这也揭示了新时期我国少数民族流动人口的社会融入日益复杂化，而且处于动态变化的过程中。实现少数民族流动人口的社会融入，显然要经历一个长期、复杂的社会过程。由于本书提出的看似合理的预设都不能完全成立，这说明城市民族宗教工作不能简单地从看似正确的常事性判断和评价出发，而应该建立在科学研究的基础上。需要指出的是，东南沿海城市的服务管理由于缺乏可操作性，在具体实践中，要么是缺乏责任主体，要么是缺少连续性。即使在理论层面，基于本项研究的数据分析结果，现行政策的理想成效也有待商榷。

一、服务内容的形式化

在东南沿海城市的服务管理体系中，绝大多数城市都出台了明确的政策文件来保障少数民族流动人口的合法权益且提供多样化的服务内容，但是表4-3的数据分析结果显示，东南沿海城市的服务政策除了对新生代的社会关系融入产生影响之外，大体上对少数民族流动人口的社会融入没有产生显著影响。课题组成员在调研的过程中也发现，少数民族流动人口目前普遍遇到的主要问题是子女教育权益得不到保障。即使部分人员通过私人关系或到市政府上访的形式使子女获得了在当地上学的权利，但是大多局限于在私立学校，而且学费普遍较高。相比较而言，当地居民的子女在公办学校接受国家规定的九年制义务教育，学杂费全部免费——这对少数民族流动人口对当地社会的心理隔阂产生了显著影响。由于少数民族流动人口的日益增加，各级政府纷纷推出的服务管理举措在现实生活中却没有产生明显的效果。

尽管一些城市针对少数民族流动人口提出了"微服务"（如杭州市）、"绿色通道"（如扬州市）、"三位一体"（无锡市）等服务政策，但是基本上都停留在理念层面。在就医、就业、创业以及社区服务等方面，东南沿海少数民族流动人口普遍存在着较多的怨言，更多的少数民族流动人口倾向于找老乡帮忙。于是，少数民族的法定优惠政策和对他们"帮扶关爱"的政策规定并没有对少数民族流动人口的社会融入产生积极的影响。正如 BL（男，35 岁，新疆维吾尔族）最初到南京的时候在亲戚开的清真超市里工作，后来自己开了一家清真餐厅。他告诉我们课题组成员：

南京市政府对于民族工作还是比较重视的。像类似的访谈或者问卷也做了很多，但我觉得这些东西都比较浮于表面，实际上生活并没有得到很大程度的改善，比如说我们开店面的，各种费用还是非常的多，政府或者说我们所在的社区也没有给我们提供创业或者就业的服务。像我们开店面的，有时候生意比较冷淡，或生意难以维持时我们想着要去银行贷款，但是银行看我们是外地少数民族，它就不会贷款给我们。所以我觉得在生活中，我们还是受到了实质性的不平等。希望政府在这方面能够有所改善。另外一个地方就是子女的教育问题，像我们的孩子根本进不了公立中学，私立中学质量参差不齐，而且私立学校往往收取昂贵的学费、借读费、赞助费。所以我们有时候也是出于现实的考虑，不得不跟孩子无奈分隔两地。像南京市是有专门的回族中学，首先这些回民中学不会收我们维吾，收的回族也是南京当地的。希望南京市政府在这方面能够有所改进。[1]

BL 反映的情况其实是东南沿海城市少数民族流动人口普遍存在以及迫切希望当地政府能够帮助解决的现实问题。在调研的过程中，许多少数民族流动人口要求当地政府能够实施民族优惠政策——不难发现，民族优惠政策其实是维系国家与他们（作为少数民族的身份）之间密切关系的一个非常重要的纽带，是他们对自我身份以及社会成员身份的认同依据之一。需要认识到，民族优惠政策是我国基于各民族发展不平衡的现实，通过优待和扶持少数民族同胞来实现各民族实质性平等和共同繁荣的一项特殊政策。由于我国少数民族大多地处"老、少、边、山、穷"地区，一般认为，照顾和优惠政

---

① 访谈对象：BL，男，1981 年出生，新疆于田县人。访谈地点：南京市栖霞区阿凡提清真饭店。访谈时间：2016 年 8 月 7 日。课题组成员：AL（维吾尔族）。

策能够减少乃至消除各个民族心理的隔阂。[①] 由于大多数东南沿海城市的服务机制建立在"汉族和少数民族同等对待"的政策基础上，少数民族流动人口认为自己的少数民族身份并没有得到政策优惠，因此这种促进心理融入的关爱机制并没有产生实际效果。值得特别注意的是，表4－3的分析结果解释了少数民族优惠政策对于老一代少数民族流动人口的心理融入产生显著影响，但是对于新生代没有显著影响。

东南沿海城市针对少数民族流动人口的服务措施主要体现在为该群体的经济发展提供了政策支持，尤其是对清真饮食行业的保护和支持。只是，经济因素虽然是少数民族流动人口进入东南沿海城市的主要动力，也是地方政府服务管理政策的主要评估依据，但是根据本项研究的多元回归分析结果发现，经济收入的提高并没有带来必然的社会融入，相反，经济收入的提高吸引越来越多的少数民族流动人口进入东南沿海城市，而且大多数从事清真饮食行业的工作，彼此之间的利益竞争和矛盾冲突越来越突出。显然，这是一种"内卷化"问题的表现。与老一代少数民族流动人口比较，新生代的社会融入面临着更为复杂的影响结构。从结构方程模型的分析结果来看，少数民族流动人口在东南沿海城市的经济共生结构是相对独立的，与政治共生结构和文化共生结构都处于一种并行的关系状态，经济共生并没有形成政治共生和文化共生的前提条件或驱动力，而是出于一个相对独立的结构特征。如何实现从经济融入到社会融入的共生发展？单从经济融入这一层面来讲，地方政府的服务机制具有很大的局限性，无法正视少数民族流动人口由于人口规模不断增长且行业过于集中而导致的"内卷化"问题。

二、依法治理的困境

在共生融入法治化道路上，人口的流动性带来的考验不容忽视，如何提高流动人口的共生融入法治化水平已是当务之急。全面贯彻党的宗教工作基本方针，依法治理民族宗教事务是我国民族宗教政策的一项基本规定，强调治理的群众参与路线及其法治化路径，最终目标是为了将宗教事务纳入法治

① 熊文钊：《民族区域自治是民族团结的保障》，原文载于新华网，http://news.xinhuanet.com/politics/2009－07/27/content_11780733_2.htm，2007－07－27。

化轨道，积极引导宗教与社会主义社会相适应。"依法治理"的优势在于能够有效地规避治理过程中的不公平以及人情化的问题，在法律面前达到各个民族一律平等的成效。如浙江省的民族宗教工作强调"在充分尊重少数民族风俗习惯的前提下，要依法处置涉及民族群众的各类矛盾纠纷"①，江苏省强调"坚持民族平等、保护合法、引导守法、制止违法"的工作思路。

然而，课题组成员在调研的过程中发现，少数民族流动人口内部许多矛盾纠纷往往处于依法管理的范围之外。如前述，少数民族流动人口内部有一条不成文的规定，新开的拉面馆不能在附近已开拉面馆的500米范围之内（有的城市是300米或400米）。在东南沿海城市，一个拉面店的转让成本往往在50万元以上，有的甚至超过了100万元，大多数拉面店的老板都是通过借贷资金获得经营权的，一旦由于新增加的拉面店影响自己的生意，这便成为了生死攸关的事情了——在这种生存压力背景下，政府部门如何依法处置类似的矛盾纠纷？从法律角度来说，每个人都有依法经营拉面店的权利，不应受这种约定俗成的规定的制约，但是假如依法治理，势必会在更广范围内激化少数民族流动人口的内部矛盾。如果不闻不问，则达不到治理的目的。简言之，对此类问题的"依法治理"往往具有滞后性的特征，这也就要求地方政府在依法治理的过程中，不能仅仅充当"惩罚者"或"灭火员"的角色，而是在充分了解少数民族流动人口内部矛盾的基础上，突出治理的灵活性。

其次，社会关系涉及社会网络的构建和社会资源的获得问题。由于门面获得的偶然性，加上开拉面店的少数民族日益增加，少数民族流动人口内部的矛盾冲突也越来越突出。这种"内卷化"问题削弱了宗教关系网络的凝聚力。在这种背景下，少数民族流动人口的社会关系网络和社会资源主要来自于亲戚和老乡，这种嵌入的信任机制来自于"熟人社会"——不仅与流入地的居民，而且来自其他地方的少数民族，都不存在着"强关系"的社会网络——这是一个相对封闭的社会网络，他们对法律的诉求远远低于对"熟人社会"的依赖。因此，东南沿海城市"依法治理"的法制机制并不能解决少

① 中国新闻网："浙江省外来少数民族流动人口达209万增幅明显"，http：//news. china. com. cn/txt/2013－02/19/content_28000255. htm，2013－02－19.

数民族流动人口面临的这种"内卷化"问题，并不总是具备建设积极的社会关系融入的功能，也往往停留在矛盾纠纷处理的"公平"层面——一种法律形式的"公平"。比如，WM 是杭州市一家拉面店的老板，他告诉课题组成员：

原本房东说好的是再租一年的，而且我们已经把接下来一年的房租交了，但是现在他突然说要把房子收回去，要我们尽快搬出去，他答应说把已经交了的钱退给我们，但是这个店面是我刚刚装修的，他又不答应赔我装修费，再说马上搬出去我们也找不到合适的店面啊，你说这个该怎么办？这种事情只能通过打官司来解决，我们哪里有那么多的闲钱去请律师来打官司啊，所以现在就和他这样耗着，他不给我一个好的解决办法我就占着这个店面，虽然我也知道这不是一个长久的方法，但我是真的没有办法了。①

WM 还表达了自己因为工作的原因而无法经常去清真寺的苦恼，同时也表明了自己很难融入这个地方，将来还是要回到老家去的。在最后谈到政府和社区对他生活的影响时，他表现出非常失望和不信任的态度。即使一些城市为少数民族流动人口提供了法律援助服务，但是提供法律援助的工作人员并没有足够的时间（也没有相应规定的义务）深入了解少数民族流动人口的具体情况，少数民族流动人口也不知晓有类似的政策支持。因此，东南沿海的大多数城市都采取了一系列措施加强对少数民族流动人口的法律宣传和法律教育，其实质还是试图从客观层面解决依法治理的困境，而并没有从一种综合性的视角触及造成这种依法治理困境的社会结构性问题。

三、沟通协调机制的不足

少数民族流动人口作为一种信仰伊斯兰教的特殊群体，在东南沿海城市具有比较鲜明的文化特质。分析数据显示，社会融入程度及宗教入世程度较高的少数民族，其对当地社会的心理归属较高，彼此呈现显著的正向影响；亲情型社会资本和宗教社会资本对老一代少数民族流动人口的文化融入产生

---

① 访谈对象：WM，男，回族，青海省循化县人。访谈地点：杭州市下沙工业园区高沙商业街西北拉面馆。访谈时间：2016 年 7 月 18 日。课题组成员：YJ（维吾尔族）。

了显著影响，但是宗教资本对新生代的社会融入却产生了反向的显著影响；① 社会资源通过学校教育、职业技能培训以及社区服务等路径向少数民族流动人口开放，有助于促进该群体在文化层面的共生融入关系。换言之，文化融入是一个复杂、多层次的互动过程，仅仅停留在文化交流层面的社会融入政策更多的时候流于形式。也正因如此，少数民族流动人口对各式各样的文化交流活动并不太积极，他们关心最多还是与自身相关的社会资源。一旦这种社会资源来源于既非当地社会或政府提供的渠道（如宗教社会资本），它对文化融入的影响则是一种反向的显著影响。

四、网格化治理的失灵

不难发现，东南沿海城市对少数民族流动人口的服务管理，倾向于构建一种网格化的治理体系。在公共管理学的视角中，网格化治理主要是为了克服新公共管理的权力分化和市场失效带来的一系列社会问题，即"为了获得水平和垂直的协调性的思维模式与行动范式"② 而建立一种"整体性政府"，"使公共管理主体（政府包括政府内部各层级与各部门等、公益组织、私人组织）在管理活动、社会服务中最大化地达到协调一致，从而实现功能、目标之间的整合，为公众提供他们期望得到的服务"③。然而，上述的分析结果表明，少数民族流动人口的行动结构与当地社会的共生组织模式不仅不具备一体化的特征，共生系统的能量产生非常有限，而且依据上述的结构方程模型分析，新生代共生融入结构的离散化趋势比较明显。

在共生融入的视角下，东南沿海城市的现行政策显然忽视了共生系统中共生动力机制产生的条件和基础，因此重视外部管控环境对内在共生模式的导向作用，倾向于构建一种网格化的治理模式，但是涉及少数民族流动人口的现实生活问题时，这种管理网格又往往处于责任主体缺席的状态，因此这

---

① 袁年兴：《长三角地区穆斯林流动人口社会融入研究——基于结构方程模型的分析》，《中国人口科学》，2016年第2期。

② [美]约翰·基恩：《公共生活与晚期资本主义》，北京：社会科学文献出版社，1999年版，第51页。

③ 袁年兴：《当代西方公共管理前沿理论述评——基于马克思主义人学的视阈》，《理论与改革》，2013年第1期。

种管理网格大多停留在形式和口头层面，很难发挥实际效用。同时，现行政策的被动性、盲目性和碎片化等特点非常明显，很难解决少数民族流动人口共生融入的结构性离散问题。不可否认，网格化治理在加强少数民族流动人口管理、预防突发性事件的扩散以及拓展信息渠道等方面都具有比较明显的优势，但是还属于一种管制路径，这也势必造成行政成本的增加以及多部门合作在现实操作上的难度。回归分析的结果也表明，少数民族流动人口的心理认同与心理归属存在反向的显著影响，这也反映了他们的个人发展及其对政策制度的诉求（相关指标包含有对当地政府的态度）存在着明显的心理落差。

　　基于上述数据分析结果，政策制度对少数民族流动人口的心理融入能够产生显著的影响。东南沿海城市也把促进少数民族流动人口与当地居民的相互认同提升到政策创新的高度，这对于该群体的社会融入无疑具有值得肯定的意义。毕竟，社会成员的心理认同因其具有的强大向心力和凝聚力，是维护社会稳定和促进民族团结不可缺少的重要因素。现实的问题是，依靠宣传教育和政府主导的文化交流活动，能否实现心理融入？换言之，心理认同既需要一定的物质基础，又需要共享的价值伦理，同时还需要有相互交流的组织结构和形式，这显然需要一个长期的社会过程。也就是说，当地政府在促进少数民族流动人口"心理认同"层面的政策实施还停留在相对简单的活动交流层面，没有找到促进少数民族流动人口心理融入的切入点，因此还任重道远，不可能一蹴而就。

五、多元参与治理的困境

　　东南沿海城市大多认识到了应充分利用各种社会资源来实现少数民族流动人口服务管理的多元化，这无疑具有科学性和积极意义，且已取得一定的进展。"少数民族代表人士"何以具有代表性？是经济收入较高的？还是教育水平较高的？抑或积极性较高的？这里存在比较明显的个体差异性和社会分层，不同的标准必然会产生不同的效果。再者，东南沿海城市与少数民族流动人口流出地政府的合作，最主要的内容是什么？采取合作方式？我们在调研中发现双方的合作还仅停留在管制领域，并没有发现有比较具体的针对少数民族流动人口现实困难的合作内容。换言之，形式化的多元治理并不一定能够达到预期的政策目标。

实现政府行政管理与基层群众自治有效衔接和良性互动是发展社会主义民主政治的基础性工程，是加强基层政权建设，形成新型城乡基层治理模式的重要标志。目前，此项工程仍存在两权失衡、难以衔接；权责不清、效能低下；参与不足、缺少活力；保障乏力、权力变异等突出问题。

第三节　促进少数民族流动人口共生融入的具体措施

基于多元回归分析和结构方程模型分析的结果，我们发现，我国东南沿海城市的政策制度对于少数民族社会融入的影响比较显著，但是不同政策的影响，存在着不同的影响程度以及不同的影响方向（积极的或消极的）。一个稳定的社会秩序需要一种开放性的社会结构，而这又具体体现在行动的组织模式和行为模式的联结上，而我国东南沿海城市的服务管理政策存在着明显的不足，这主要体现在现行的服务管理政策主要还停留在组织模式上，而忽视了"共生融入"的行为模式，因此促进少数民族流动人口共生融入的关键在于通过具体的制度安排找准民族宗教工作的微观切入点，从而实现"共生融入"的最佳优化路径。

研究表明，当今中国城乡二元结构的障碍、社会保障体制的不健全以及针对少数民族流动人口的民族优惠政策的不足，无疑都影响到了我国少数民族流动人口的共生融入。也正因如此，学界大多数学者都从这些宏观层面提出了许多有益的对策和建议。然而，在我国现有社会条件下，当今中国城乡二元结构的障碍不可能马上消失，社会保障体制也不可能立刻完善，针对少数民族流动人口的民族优惠政策还有待研究。我们也认识到，东南沿海城市各级政府的政策措施虽然在提高少数民族流动人口的经济收入及预防矛盾纠纷等方面取得了一定的成效，但是许多影响社会融入的现实问题（如语言问题、子女教育问题及就业问题等）也一直没有得到较好的解决，从而导致少数民族流动人口的共生融入问题不断积累成了一种结构性的困境。因此，促进少数民族流动人口的对策建议不仅要求具体、微观和可操作性，而且能够彼此关联，从而构成一种可行的政策支持系统，以克服共生融入结构的离散性问题。正是在此层考量下，依据上述政策理论模型以及相关量化分析结果，我们致力于构建一套可操作的、系统性的对策建议。

一、以社区工作为平台，构建"国家在场"的精神支持体系

研究表明，国家的政策制度对于少数民族流动人口的心理融入产生显著的正向影响，而且心理融入也是共生融入结构的一种最重要的动力来源。新时期服务管理工作的重点应该立足于少数民族流动人口的这种微观心理特征，尤其是在我国社会福利体制还有待进一步完善的社会条件下，我们需要发挥"国家在场"的心理作用机制，落实"国家"与他们的日常生活紧密关联，结合这种微观心理特征与经济、文化等层面的关联，构建一套相对系统的服务管理体系。事实上，政府机构的每个工作人员都是"国家在场"的代言人，承担着落实民族优惠政策的象征意义，落实民族优惠政策最为重要的一个环节是让少数民族流动人口能够找得到具体的服务窗口和工作人员。因此，地方政府首先需要在社区和街道设立具体的组织机构和工作人员，并对相关工作人员进行民族宗教知识以及服务语言和姿态培训，使每一位少数民族人遇到困难的时候都有一个具体的"国家"工作人员可以依赖，进而在少数民族流动人口中形成一种"有困难，找政府"的心理反应。

充分发挥"国家在场"的共生界面效用，无疑有助于加强促进少数民族流动人口心理认同的运作机制。当少数民族流动人口个体面对城市社会的复杂结构与空间时，需要加强社区支持的主动性，具体落实社区民族宗教工作的人员编制、职责、内容和绩效评价。一般而言，社区支持是少数民族流动人口借以获得各种资源支持（如资助、情感、友谊等）的主要途径，既包括物质层面的支持，也包括精神层面的支持。在有关少数民族流动人口的社会支持的具体制度安排中，社区可以在住房、民事纠纷调解、邻里关系构建、居家养老、就业服务等方面发挥"国家在场"的作用和功效。这一看似简单的组织结构建设，其意义在于发挥"国家在场"的象征功效，更主要是对少数民族流动人口形成一种强有力的精神支持。不言而喻，具体工作人员的态度、语言及办事效率都与这种精神支持力度紧密相关。

二、以微观服务为切入点，促进政治认同和心理融入

在西方理论话语中，社会支持一般是指运用社会的物质和精神手段对弱势群体进行帮助的行为，如 Kahn（1980）认为社会支持是人与人之间的帮助、关心和肯定，Cohen（1984）指出社会支持是指保护人们免受压力事件的不良影响。对于中国学者而言，从政治层面为少数民族流动人口提供支持更具有现实可行性，如陈晓毅（2010）从物质（经济）、制度（社会）和精神（宗教）等维度对公共管理部门提出了具体要求，马强（2011）从社区、人口、宗教、教育等方面探讨了少数民族流动人口社会支持的优势与不足。此外，阿布都外力·依米提、段学芬、高翔、鲁临琴、马金龙、王玉霞等人也进行类似的研究，强调了政策制度对少数民族流动人口社会融入的积极意义。

国内学界的最新研究也表明，中国在社会转型过程中，社会结构分化的速度快于制度规范的整合，形成了结构要素之间的紧张与脱节，即为"结构紧张"，而"资源"和"规则"对于造成社会结构分化和"结构紧张"显然具有直接的条件性作用。① 特别是中国由于城乡二元结构的长期存在，"资源"和"规则"存在着明显的区域差异，当少数民族流动人口进入发达地区城市，不可避免地面临着这种导致"结构紧张"的社会条件的影响。本项研究的分析结果也揭示了促进和维持共生结构的稳定性主要依赖于社会资源的支配手段，而这主要体现在后者对于经济结构、文化结构以及社会空间的影响作用。在共生型社会融入模型中，共生结构的形成需要"资源"和"规则"是一种开放性的，共生结构中的共享域（资源与规则）是不同群体从分

---

① 如孙立平指出："结构分化是指在发展过程中结构要素产生新的差异的过程，它有两种基本形式：一是社会异质性的增加，即结构要素类别的增多，另一种是社会不平等程度的变化，即结构要素之间差距的拉大"，参见孙立平的《转型与断裂：改革以来中国社会结构的变迁》（清华大学出版社，2004年版，第4-6页）；李强在《"丁字型"社会结构与"结构紧张"》一文中也指出："采用国际社会经济地位指数的方法分析'五普'数据，发现中国社会是倒丁字型的社会结构。造成该结构的主要原因是城乡的分隔。丁字型结构造成了持续的'社会结构紧张'，社会群体之间需求差异太大，社会交换难以进行"，参见《社会学研究》，2005年第2期；再如李汉林、魏钦恭等人在《社会变迁过程中的结构紧张》一文中指出："伴随着制度变迁进行的结构性调整与创新，带来了不同利益群体之间的矛盾与冲突，这种矛盾与冲突引发的许多问题可归结为'结构紧张'产生的张力所致，'失范'状态就是一种典型的结构性问题"，参见《中国社会科学》，2010年第2期。

层走向合作、从隔阂走向交融的中间地带，这种非实体性空间有助于改善二元对立的"结构紧张"状态，促进共生模式有序进行。

新时代我国制度整合的重点在于加速完善社会发展成果的共享平台以及共享机制，增强少数民族流动人口在城市社会中的社会发展空间。在这一层面，"资源"和"规则"是相互关联的。长期以来，针对我国的少数民族，民族优惠政策就是一种非常重要的"资源"和"规则"的综合体。然而，我国民族优惠政策主要是针对民族地区（民族自治区、自治州、自治县及民族乡），具体的政策照顾和特殊优惠由民族地区的各级政府来实施。目前，东南沿海城市民族优惠政策的对象主要还是世居的少数民族人口，而没有涉及大规模的少数民族流动人口——这自然会产生一种基于身份认同的心理不平衡。在我国现代化建设和城市化步伐日益加快的背景中，民族优惠政策的实施方式如何随着大规模的流动人口而落实到具体个体身上成为了新时期一个重要的课题。

现实比较之中的不平等是产生心理隔阂的主要根源，一般流动人口中容易产生的一种"城乡"心理隔阂，在少数民族流动人口中很容易演变成了一种民族不平等的心理反应。毕竟，民族身份是他们所在社会区别于他人及认同自我的最基本的身份。对于当地城市少数民族流动人口而言，这种不平等的感受主要体现在子女教育问题和老人社会福利问题上。近几年来，随着经济收入的不断好转，大多数少数民族都是举家流动，子女教育问题事关重要。在我国少数民族优惠政策还没有涉及流动人口的社会条件下，少数民族流动人口的流入地无疑要承担起相应的责任，毕竟他们在为流入地的经济社会做贡献。针对流动人口的少数民族优惠政策，首先就要实现少数民族流动人口的子女享受同城居民子女的相同待遇，免费接受九年义务教育。老一代少数民族长期在当地生活工作，生活习惯大多有所变化，退休之后主要选择在当地养老。作为为当地社会经济发展做出过贡献的其中一员，退休后的一代少数民族流动人口几乎没有任何社会福利，心理落差可想而知。上述数据分析也表明，地方政府的服务政策对新生代的社会关系融入和心理融入都能够产生显著的正向影响。在当下医疗保障制度和社会福利体制不可能马上改变的前提下，定期免费体检以及发动社会力量来帮助特殊困难的少数民族流动人口是一种必要的政府行为。另外，加强对在东南沿海城市养老的少数民族流动人口进行在册登记，在节日以短信或礼物的方式送去问候，既是对他们为当地经济社会发展所作贡献的一种认可，也体现了民族共生发展的政治理念，有助于促进少数民族流动人口的政治认同、社会认同以及心理融入。

三、以职业技能及语言培训为突破口，拓展个体共生融入的能力

在社会融入的代际比较中，新生代少数民族流动人口的教育水平优势不仅没有体现出来，反而与他们的经济融入呈现反向的显著影响。也就说，政府需要采取措施来解决新生代少数民族的教育与职业的脱钩问题，而对其中接受过较好学校教育的新生代少数民族进行现代技术培训计划也自然是一种必要的选择。一方面，当前整个东南沿海城市的产业结构在快速升级，急需大量的现代技术工人；另一方面，包括少数民族人口在内的大量接受过良好教育的新生代流动人口不能充分发挥其教育资本优势。因此，东南沿海城市的地方政府需要通过专项资金来实施流动人口的技术培训计划，提高他们的职业技术水平。在这种政策的框架下，少数民族流动人口应该成为这个计划中一个重要受惠群体。同时，我们还可以看到，新生代少数民族的职业技能与他们的经济融入及心理融入成正向的显著影响，因此实施现代技术培训计划不仅仅是经济领域的受益，更多是社会整体层面的惠及。

研究发现，少数民族流动人口共生能力的相对弱化不仅是该群体"内卷化"问题的主要原因，同时也容易导致他们更加趋向封闭化状态。在东南沿海城市新生代少数民族流动人口中，有一半以上的不能够用普通话交流，语言水平问题不仅直接影响到了少数民族流动人口对共生资源的获得以及他们的经济共生路径和文化共生融入路径，进而对他们在当地生存和发展的共生空间以及政治融入路径产生间接影响。换言之，语言水平作为个体共生力的一个重要因素，应纳入社会服务管理政策的体系之中。事实上，大量少数民族流动人口因语言交流障碍，只能局限于"熟人社会"的小圈子，直接影响到了自己的社会发展空间。因此，东南沿海城市需要建立专门负责少数民族流动人口（尤其是来自新疆地区的少数民族流动人口）语言培训的部门，结合现代技术培训任务，拓展新生代少数民族流动人口在东南沿海城市的共生融入空间及能力。

四、以学校和现代企业为纽带，构建新型的社会关系网络

研究发现，东南沿海城市在经济融入层面的困境与其社会关系融入存在一种反向的显著影响，这表明其经济融入的提升过于依赖相对对立的"熟人社会"的关系网络。相关数据也揭示了东南沿海城市少数民族流动人口平均每天工作时间接近 12 个小时，而且几乎没有休息日。换言之，时间问题在一定程度上会限制社区支持能力的充分发挥，上文的相关数据也揭示了少数民族流动人口的工作时间对于他们社会融入的制约性。对于大多数少数民族流动人口而言，他们对于社会的认同和归属情感，除开日常的商业来往（主要是拉面馆的生意），主要来自他们子女从学校带回来的各种"待遇"信息。然而，调查结果表明，当地城市少数民族流动人口子女的学校状况不容乐观，存在着高龄就读现象严重、学校生活不适应以及学业成绩不理想等问题。充分发挥学校在少数民族流动人口社会关系中的纽带作用，要求加强指导、落实和评估学校（基础教育）及教师在民族宗教工作层面的社会责任和服务意识，对于构建新型社会网络无疑具有不容忽视的作用。具体而言，政府提供免费九年制义务教育、学校提供清真饮食、教师关心少数民族学生，这都有助于学校在新型社会网络构建中的积极作用。

研究还表明，流入地政府的服务政策以及非同质性社会资本有助于改善新生代的社会关系融入，这也是民族宗教工作的微观切入点。针对少数民族流动人口的经济融入困境，因此规范和指导东南沿海城市企业用人制度中的民族宗教责任显得非常重要，这就要求促使企业参与民族宗教的服务工作，从微观层次来完善少数民族流动人口在现代经济社会中的经济关系网络。调研数据还显示，城市少数民族流动人口形成了一个相对封闭的社会网络，个体的生存主要依赖于其中的社会资本。然后，这个相对封闭的社会网络在经济融入及社会融入层面发生了比较显著的群体分化，这使得新生代少数民族流动人口的生存发展空间受到明显的束缚。多元回归的分析结果也表明，新生代少数民族流动人口因为经济因素越来越强调其民族身份和民族认同意识，从而加强其民族资本。这样一来，经济层面的因素强化了少数民族流动人口的少数民族身份与汉族身份之间的边界。在调研过程中，部分少数民族青年反映一些企业在用人制度上对少数民族存在着偏见，加上清真饮食的不

便，大多数新生代少数民族徘徊在现代企业的大门之外。针对这种情况，地方政府需要加强对现代企业的规范和指导，使企业认识到中国是一个多民族、多宗教和谐共生的国家，民族宗教服务工作也是他们需要承担的社会责任的一个重要组成部分，而不应把民族宗教工作的职责全部让民族事务部门来承担。企业参与民族宗教的服务工作，不仅是企业健康发展的自身需求，也能够加强少数民族流动人口的社会交往空间，使他们融入现代经济社会。另外，通过扶持少数民族民间经济组织与本地经济组织的广泛合作，扩展少数民族流动人口社会资本的来源渠道，都能够改变他们相对封闭的经济社会网络，从而在整体层面完善少数民族流动人口与现代社会相适应的新型社会关系网络。

五、以"多元参与"为基本方式，建立民族事务一体化治理模式

数据分析表明，新生代少数民族流动人口的宗教入世程度比老一代明显下降，其社会交往的范围越来越局限于老乡、亲戚群体，与其他少数民族的利益纠纷也比老一代要明显，这对伊斯兰教协会和清真寺的管理工作提出了明显的要求。如何切实维护宗教和睦，发挥桥梁纽带作用，对于伊斯兰教协会也是一大挑战。通过调研发现，围绕着清真寺的宗教管理事务，老一代少数民族流动人口与本地少数民族存在着一些矛盾和冲突。由于少数民族流动人口来自于少数民族聚居地，宗教意识强烈，往往对流入地少数民族教门的好坏、清真寺阿訇宗教学识的高低持比较严格的态度，"但是作为外来人，他们一般只有到清真寺参加宗教活动的权利，却没有参与清真寺事务管理的权利，这往往致使清真寺的作用与实际上参与宗教生活的少数民族流动人口的需求之间存在较大差距"①，少数民族流动人口对宗教生活的服务管理有普遍的失落感。显而易见，东南沿海城市清真寺原有的按照属地管理的方法很难奏效，因此需要充分发挥伊斯兰教协会的主导和调解功能，引导和鼓励少数民族流动人口参与清真寺的服务管理工作。

由于宗教信仰及区域文化的差异性，近几年来少数民族流动人口的群体

---

① 王宇洁：《2008年中国伊斯兰教概况及对穆斯林流动问题的分析》，参见金泽、邱永辉（主编）：《中国宗教报告2009》，北京：社会科学文献出版社，2009年版，第86-101页。

事件时有发生。同时，少数民族群体内部的矛盾冲突也逐渐显现了出来。如何化解这一社会问题，基于上述的数据分析，我们已了解这个群体内在的运作机制。由于老一代少数民族的社会资本主要局限于"熟人社会"这一相对封闭的群体之中，因此，充分发挥"老乡少数民族"对个体的影响力，有助于提升处理少数民族内部矛盾以及突发事件的协调能力。在此层面，一些地方的经验也值得参考和借鉴，如在天津市从事清真餐饮行业的少数民族流动人口构建了"清真饮食合作社"，这不仅保证清真饮食的可靠来源，而且还形成了一种互帮互助的社会关系网络；在苏州市政府和新疆和田市政府的指导下，在苏州市的维吾尔族流动人口成立了玉石商业协会；南京市伊斯兰教协会也引导少数民族流动人口组建了"西北联络组"，主要是协调处理少数民族流动人口的矛盾纠纷。① 简言之，充分发挥宗教社会组织力量，能够弥补目前我国民族宗教工作所存在的不足。根据东南沿海城市的具体情况，我们建议同一（市）区每 20 家为一个小组，每一小组推荐出一位代表，负责与伊斯兰教协会的区域负责人直接联系，妥善解决少数民族内部矛盾。伊斯兰教协会的区域负责人还需要与社区工作人员密切合作，帮助解决少数民族流动人口的现实困难。

　　虽然由于职业技术水平、公共政策、生产生活条件等因素的交叉作用，教育水平对少数民族流动人口的影响呈现相对复杂的关联，但是在控制其他变量的情况下，可以发现，老一代少数民族的教育水平与他们的相对经济收入及宗教融入没有直接的显著影响，但与他们的社会融入呈现正向的显著影响。与此相对应，新生代少数民族流动人口的教育水平与他们的社会关系融入及心理融入也呈现正向的显著影响。相比较而言，在同样控制其他变量的情况下，少数民族流动人口的经济收入与他们的社会融入呈正向的显著影响，但是还与他们的心理融入及宗教信仰都没有显著的影响。因此，引导少数民族知识分子来参与自己管理工作，通过他们来搭建少数民族流动人口与当地民众以及政府部门之间的互动平台，无疑比"经济精英"更具有影响力和号召力。

----

　　① 尤佳：《论流动穆斯林的宗教生活与城市社会适应：以东部沿海城市为例》，《世界宗教文化》，2012 年第 4 期。

六、以帮扶关爱为原则，解构新疆少数民族的"金字塔"结构[①]

东南沿海城市的新疆少数民族流动人口主要以新疆特色的清真饮食或玉石行业为主，约占总人口的 36%。其次，在新疆地方政府和东南沿海城市的联合帮扶下，约有 10%进入现代工厂从事流水线生产。通过深度访谈，我们还发现大多数新疆少数民族流动人口依赖于一个金字塔式的组织结构，即每个城市会有一个"大老板"，"大老板"下面有几个"二老板"，"二老板"再按照区域安排新疆少数民族流动人口摆摊位或从事非法的活动。在这类流动人口中，一般只有新疆籍的"老板"能够熟练使用普通话，当底层人员在从事违法犯罪获得被抓获后，"老板"成为唯一的翻译。在此过程中，"老板"通常要求他们隐瞒自己的真实身份。为了躲避法律责任，"老板"要求他们在看守所吞铁钉或刀片自虐。对此，公安机关只能抓了就放，放了又抓，反复如此。

毋庸置疑，这种社会组织结构的问题无疑对少数民族流动人口的共生融入产生了消极影响。不仅如此，由于少数新疆籍流动人口的违法犯罪问题，在一定程度上引起了当地一些居民的刻板印象，生存艰辛、违法犯罪和心理排斥等问题相互交织一起，大部分新疆籍流动人口被排斥在当地居民以及其他流动人口的社会关系之外，而遭受"社会排斥"的部分新疆流动人口倾向于采用非法的手段变迁获取自己的生存空间，这导致了该群体陷入了一种恶性循环的社会环境之中。由于涉及新疆少数民族流动人口的民族宗教事务比较敏感，东南沿海城市的民族宗教工作普遍存在着各个部门相互推诿的现象，有的城市干脆暗地里实施了"关门"政策。这种极其不负责任的"关门"政策，不仅反映了部分城市在民族宗教工作层面的无知，也折射出了新疆少数民族流动人口的特殊性。

需要认识到，新疆籍流动人口不仅面临着其他少数民族流动人口面临着的共性问题，如劳动就业率低、就业路径狭窄、行业结构单一等，还存在着一个有别于其他少数民族流动人口的问题，即语言交流障碍问题。首先，有

---

① 本节内容主要依据于课题组成员的深度访谈资料。其中，附件 3 "调研笔记（1）"提供了具有代表性的新疆少数民族流动人口的个案。

关新疆少数民族流动人口的服务管理，不仅应以经济组织为纽带（如新疆籍清真饮食协会、新疆玉石协会、新疆干果协会等），加强新型社会网格的建设，同时还要加强职业和语言培训，以弥补新疆地区基础教育所带来的不足。其次，应积极宣传新疆籍少数民族流动人口具有代表性的人物，不仅要在新疆籍少数民族流动人口中形成一种示范效应，而且要改变当地社会对新疆籍少数民族流动人口的偏见。再次，针对少数人的违法犯罪现象，东南沿海城市需要促进"老板"向合法企业转型，并通过加强普通话和职业技能培训，解构该群体的"金字塔"组织结构。对于吸毒人员，需要落实公安机关和戒毒所的责任制。最后，东南沿海城市需要加强与新疆地区（主要是南疆地区）地方政府的沟通和交流，在公安、民委、工商等部门设置维吾尔族公务员岗位，特别要密切关注青年流动人口的宗教活动，预防私下传经现象的发生。近几年来，东南沿海的极少数城市从新疆地区借调了一些维吾尔族公务员，但数量明显不足，而更多的城市则根本没有会讲维吾尔语的公务员。

七、以治理法治化为目标，完善宗教治理责权配置和运行体系

在依法治国的语境中，当代中国的宗教治理已经从原来的依法管理向共生融入法治化的方向转型。分析结果表明，在共生融入法治化的道路上，伊斯兰教信仰可以促进少数民族流动人口的社会融入。事实上，伊斯兰教作为一种"两世并重"的宗教信仰，其宗教性和社会性可以促进宗教治理的法治化水平的提高。少数民族流动人口宗教治理的直接目标是使该群体的宗教信仰呈现本应体现的社会性，这首先就要求有宗教治理体系法治化的保障。宗教治理责权配置体系的法治化，主要是指在现行法律体系中，明确政府各部门、事业单位、社会组织及个体公民在宗教事务中的权利和责任。比如说，一些企业拒绝招聘少数民族员工，这就必须要接受法律的惩罚，但是其前提是有"法"可依。由于《宗教事务条例》在法律体系中属于行政法规，无论从效力上还是应用范围上都无法达到上述目标，所以这就要求制定宗教基本法来明确宗教治理的责权配置体系，明确宗教事务的治理主体、范围、程序、责任以及相关对象的权利、义务和救济机制等基本问题。

正如2017年国务院第176次常务会议修订通过的《宗教事务条例》强调，为了提高宗教工作的法治化水平，"各级人民政府应当听取宗教团体、

宗教院校、宗教活动场所和信教公民的意见，协调宗教事务管理工作，为宗教团体、宗教院校和宗教活动场所提供公共服务"①。共生融入法治化强调宗教治理的群众参与路线及其法治化路径，最终目标是为了将宗教事务纳入法治化轨道，积极引导宗教与社会主义社会相适应。宗教治理运行体系的法治化主要是为了纠正宗教工作的运动式色彩，在公安、工商、城管、民政、街道等部门之间建立起一个责任明确、程序具体的法律规范，把宗教事务纳入相关部门的日常行政工作之中，而不是等问题发生之后当"消防员"。比如说，街道要预防有人租用民房私下传经的事情发生，就必须落实流动人口的暂住登记制度；公安部门，尤其是社区民警，为了保证少数民族流动人口的合法权益，就需要和辖区内的少数民族流动人口建立沟通机制，等等。相关运行规范都需要建立起必要的法律保障，保证少数民族流动人口宗教信仰的社会性。

八、以共同体身份为导向，加强历史文化认同与社会凝聚力

在理想的社会秩序中，通常都会存在一个在个体其他身份起主导作用的共同体身份。共同体身份通常"包含了文化的多样性以及政治的平等性，是个体在特定时空中获得社会存在的一种符号性空间，承载着国家对个体社会属性的界定及其存在意义的象征性表达"②。特别是在多民族国家中，"只有同时培育一种各民族群体的成员都拥护并且认同的超民族认同时，它才可能是稳定的"③。中华民族是一个多民族、多宗教信仰和谐共生的大家庭，多样性的文化形成了中华文明的璀璨光芒，中华民族多元一体的格局也是56个民族共同发展、共同进步、和谐共生的格局。在中国现代化建设和城市化步伐加快的背景下，不同文化背景的社会成员在不同地域之间的流动与社会融入，不仅属于一种不同区域资源流动的过程，还属于不同民族文化交汇的

---

① 《宗教事务条例》（中华人民共和国国务院令第686号），中华人民共和国中央人民政府网站（信息公开栏）2017年09月07日，http://www.gov.cn/zhengce/content/2017-09/07/content_5223282.htm.

② 袁年兴：《多民族国家的元身份问题：中国民族身份治理逻辑的历史线索》，《社会科学战线》，2016年第2期。

③ ［加拿大］威尔·金利卡：《多民族国家的认同政治》，《马克思主义与现实》，2010年第2期。

过程，也就需要我们以社会共同体的身份认同为导向，进一步完善社会包容性发展的文化模式与运作机制。

在中国近代历史中，广大少数民族为了抵制外来侵略和捍卫祖国的统一，谱写了无数可歌可泣的历史故事。新中国成立以来，广大少数民族也为巩固中华民族共同体作出了不朽的、卓越的贡献——这正是促进少数民族流动人口与东南沿海城市常住居民之间共同获得共同体身份认同的历史资源。在本项研究的代际比较分析中，我们发现，在控制其他变量的情况下，政策制度成为了影响新生代少数民族流动人口社会融入的主要因素，而这在现实中则体现为一种社会交往的"身份"沟壑。因此，地方政府在不断加强各族人民共享社会发展成果的同时，更需要通过培育共同体的文化、历史及情感的共享渠道来增进各族人民的身份认同，需要大力宣传近代以来中国少数民族在保卫中华民族共同体中的历史贡献，这既可以激发少数民族个体的历史自豪感和社会责任感，也能够促进当地民众形成对少数民族的文化心理认同。相关细节性的措施还可以包括组织少数民族文艺活动、举行民族历史知识比赛、开办民族文化宣传窗口，等等。

第九章　结　　语

对于少数民族流动人口而言，共生关系是获得社会资源的必要条件，而社会资源则是推动共生行为结构化的主要因素，同时社会空间对政治共生结构的影响是直接的。在政治社会学的视域中，社会空间是"国家在场"的一种表征，维系着国家与个体行动的意义关联。① 社会空间的影响作用和具体路径表明，地方政府拓展少数民族流动人口的生存和发展空间，解决少数民族流动人口眼前的现实困难，最重要的作用是有助于促进个体的政治认同以及巩固中华民族共同体的凝聚力。共生力、社会资源及社会空间三者之间具有显著的逻辑关联，并形成了一个自我循环的次级结构。鉴于三者整体上对共生结构都具有不同方向的影响，促进共生力、社会资源及社会空间之间良性循环并保持开放性特征，能够在一定程度上克服行动结构的离散性问题。

研究表明，少数民族流动人口的社会融入是一个动态的、多维度的、多层次的社会过程，相关核心影响因素不仅在不同层次相互交织，而且在代际之间的影响程度和影响方向都存在着明显的差异。尤其是对于新生代少数民族流动人口而言，其社会融入的影响结构更为复杂。我们认为，新时代民族宗教工作的重点应该是如何通过微观的社会支持和具体的服务体系来促进少数民族流动人口融入当地社会，培育现代社会的包容性和文化共享路径，不仅要确保每个个体能够获得公平的机会、空间和社会资源保障，而且还包括建立基于共同体认同和心理融入的共生发展模式和社会支持系统。

总体看来，当代中国少数民族人口的大规模迁徙流动，既是一个社会资源的市场流动过程，也是一个多元文化的交汇过程，同时还是一个社会关系秩序的重新调整过程。与学界以往的社会融入模型不同，本书的"共生融

---

① 参见本书的阶段性研究成果（主持人为第一作者）《多民族国家的元身份问题——中国民族身份治理的历史线索》（载《社会科学战线》2016 年第 2 期）。

入"模型立足于中华民族多元一体格局的本质特征以及社会共同体建设的现实诉求，具有相对宽广的社会视野和价值取向，不仅有助于检验西方理论与我国本土经验之间的偏差及其理论局限性，而且还有助于拓展和深化我国本土经验的理论提炼和总结。可以明确，在我国社会保障体制还不够完善的社会条件下，本书提出的政策建议虽然也有待随之进一步完善，但是在彼此之间具有清晰的逻辑关联，能够初步形成一种政策支持系统。在实践层面，本次研究成果对政府相关部门完善服务管理体系以及贯彻落实党和国家的民族宗教政策，具有一定的借鉴作用和启示意义。

需要特别提出的是，本项研究还存在着一些尚未解决的问题，这主要有：①通过分析我们已获悉少数民族流动人口的社会融入问题与该群体内部的组织结构存在着紧密关联，那么少数民族流动人口的内部紧张结构会不会被转化为他们与社会融入环境之间的紧张关系？这还有待验证；②在新生代少数民族流动人口中，为什么来源地为新疆地区的教育程度对文化融入会产生反向的显著影响（以西北地区为参照），而这种情况为什么在老一代又不存在？这是不是说明当前新疆地区的学校教育存在着一种错误的文化导向问题？这也需要课题组深入新疆调研后才可以确定；③本项研究作为一项纵向比较的实证研究，重点关注少数民族流动人口代际比较，但是对少数民族流动人口内部的民族差异重视不够。那么，影响少数民族流动人口共生融入的民族差异的主要因素有哪些？这些因素在我们的政策考量中又会产生什么样的影响？相关问题我们将在后续研究中予以解决。

参 考 文 献

阿布都热西提·基力力.2011.维吾尔族农民工在京、津两地生活适应的调查 [J].北方民族大学学报（哲学社会科学版）（2）.

阿布都外力·依米提.2011.新疆少数民族流动人口在内地城市务工经商及其权益保护问题研究 [J].西北民族研究（2）.

埃德蒙德·胡塞尔.1997.胡塞尔选集（下卷）[M].倪梁康，译.北京：三联书店.

埃斯波西托、莫格海德2010.谁代表伊斯兰讲话？十几亿少数民族的真实想法 [M].晏琼英、王宇洁，等，译.北京：中国社会科学出版社.

爱德华·威尔逊2005.大自然的猎人 [M].杨玉龄，译.上海：上海世纪出版社.

白友涛，陈赟畅.2007.穆斯林流动人口与大城市回族社区——以南京、上海等城市为例 [J].回族研究（4）.

白友涛，尤佳，等.2011.熟悉的陌生人：大城市流动穆斯林社会适应研究 [M].宁夏人民出版社.

布鲁诺·拉图尔.2005.科学在行动：怎样在社会中跟随科学家和工程师 [M].刘文旋，郑开，译，北京：东方出版社.

陈育宁.1994.中华民族凝聚力的历史探索 [M].昆明：云南人民出版社.

崔明德.2013.对中国民族关系的十点认识 [J].烟台大学学报（哲学社会科学版）（3）.

段超.2018.湘鄂渝民族旅游区文化变迁研究（1980—2010）[M].北京：科学出版社.

恩格斯.1999.家庭、私有制和国家的起源 [M].北京：人民出版社.

恩林·马古利斯.2009.生物共生的行星——进化的新景观 [M].易凡，译.上海科学技术出版社.

费孝通.1999.中华民族多元一体格局 [M].北京：中央民族大学出版社.

高翔，等.2011.穆斯林流动人口城市社会适应性实证研究——以兰州市回族、东乡族为例 [J].人口与经济（2）.

高向东.2014.城市清真拉面馆从业少数民族流动人口分析——以上海市为例 [J].中南民族大学学报（人文社会科学版）（1）.

高宣扬.2010.鲁曼社会系统理论与现代性 [M].北京：中国人民大学出版社.

高永久.2013.民族关系中公共事务管理的内涵解析 [J].青海民族研究（4）.

高占福.2013. 从外来侨民到本土国民——回族伊斯兰教在中国本土化的历程［J］. 世界宗教研究（1）.

高占福.2008. 伊斯兰教与中国穆斯林社会的宗教文化［J］. 西北第二民族学院学报（哲学社会科学版）（6）.

葛壮.2015. 长三角都市流动穆斯林与伊斯兰教研究［M］. 上海：上海社会科学院出版社.

郭志刚.1999. 社会统计分析方法——SPSS 软件应用［M］. 北京：中国人民大学出版社.

哈尼克孜·吐拉克.2014. 维吾尔族流动人口内地城市融入研究——基于武汉市的调查［J］. 中南民族大学学报（人文社会科学版）（4）.

韩锋.2011. 城市外来少数民族务工经商人员生存状况调查——以成都市外来新疆维吾尔族人员为例［J］. 贵州民族研究（4）.

韩效文，杨建新.2011. 论各民族共创中华. 兰州：甘肃文化出版社.

郝时远.2005. 构建社会主义和谐社会与民族关系［J］. 民族研究（3）.

何星亮.2007. 文化多样性与文明互补［J］. 中山大学学报（社会科学版）（3）.

黑川纪章.2009. 新共生思想［M］. 覃力，等，译. 北京：中国建筑工业出版社.

侯海坤.2013. 西北大城市穆斯林流动人口的城市适应问题研究——以兰州市为例［J］. 黑龙江民族丛刊（5）.

侯杰泰，等.2004. 结构方程模型及其应用［M］. 北京：教育科学出版社.

黄匡时，嘎日达.2008. 西方社会融入概念探析及其启发［J］. 理论视野（1）.

黄宗智.2003. 中国研究的范式问题讨论［M］. 北京：社会科学文献出版社.

季芳桐.2008. 城市化进程中的和谐社会建设——和谐社会视野下的流动穆斯林城市管理研究［J］. 南京理工大学学报（社会科学版）（2）.

江应樑.1992. 江应樑民族研究文集［M］. 北京：民族出版社.

蒋丽蕴.1998. 新疆维吾尔族农民的人口流动［J］. 西北民族研究（1）.

克洛德·列维—施特劳斯.2006. 结构人类学［M］. 张祖建，译. 北京：中国人民大学出版社.

李汉林，渠敬东.2005. 中国单位组织变迁过程中的失范效应［M］. 上海：上海人民出版社.

李汉林，魏钦恭，等.2010. 社会变迁过程中的结构紧张［J］. 中国社会科学（2）.

李吉和，范才成.2012. 论少数民族流动人口与民族交融——基于中、东部地区穆斯林群体的研究［J］. 中南民族大学学报（人文社会科学版）（3）.

李吉和，马冬梅，等.2016. 流动、调适与融入：城市少数民族流动人口调查［M］. 武汉：华中科技大学出版社.

李林凤.2011. 从"候鸟"到"留鸟"——论城市少数民族流动人口的社会融合［J］. 贵州民族研究（1）.

李路路.2002.制度转型与分层结构的变迁——阶层相对关系模式的"双重再生产"[J].中国社会科学（6）.

李培林，田丰.2012.中国农民工社会融入的代际比较[J].社会（5）.

李培林.1996.流动民工的社会网络和社会地位[J].社会学研究（4）.

李向平.2016."私人范畴"与"社会产物"——宗教信仰方式与宗教治理法治化问题[J].中国政法大学学报（6）.

李晓雨，白友涛.2009.我国城市流动穆斯林社会适应问题研究[J].青海民族学院学报（社会科学版）（1）.

李兴华.1997.中国伊斯兰教中的经学[J].世界宗教研究（4）.

梁波，王海英.2010.国外移民社会融入研究综述[J].甘肃行政学院学报（2）.

林南.2005.社会资本：关于社会结构与行动的理论[M].上海：上海人民出版社.

刘建娥.2011.中国乡—城移民的城市社会融入[M].北京：社会科学文献出版社.

刘军，富萍萍.2007.结构方程模型应用陷阱分析[J].数理统计与管理（3）.

龙立荣.2001.结构方程模型：心理学方法变革的逻辑[J].自然辩证法通讯（5）.

罗杰尔·芬克，罗德尼·斯达.2004.信仰的法则：解释宗教之人的方面[M].北京：中国人民大学出版社.

麻国庆.2000.比较社会学：社会学与人类学的互动[J].民族研究（4）.

马晨晨.2011.浅析流动穆斯林的社会融入问题[J].新西部（27）.

马冬梅.2006.都市外来回族穆斯林社会网络的建构——以桂林市为例[J].青海民族研究（4）.

马建春.2013.内地穆斯林人口与珠三角伊斯兰教的新发展[J].青海民族研究（4）.

马克·格兰诺维特.2015.镶嵌：社会网与经济行动[M].北京：社会科学文献出版社.

马明良.2006.民族关系与和谐社会——以穆斯林民族与非穆斯林民族关系为例[M]//当代中国民族宗教问题研究（第一集）.兰州：甘肃人民出版社.

马平，赖存理.1995.中国少数民族民居文化[M].银川：宁夏人民出版社.

马强.2006.流动的精神社区：人类学视野下的广州穆斯林哲玛提研究.北京：中国社会科学出版社.

马戎.2013.我国部分少数民族就业人口的职业结构变迁与跨地域流动——2010年人口普查数据的初步分析[J].中南民族大学学报（4）.

马胜春.2012.中国城市少数民族流动人口的生活适应性研究[M].北京：中国财政经济出版社.

马伟华.2016.都市回族流动人口节日文化的价值：开斋节、古尔邦节观察[J].北方民族大学学报（4）.

马西恒.2008.敦睦他者：城市新移民的社会融合之路——对上海市Y社区的个案考察[J].

学海（2）.

马旭.2007.少数民族流动人口城市适应研究——以武汉市为例［D］.北京：中央民族大学.

马宗保.2002.多元一体格局中的回汉民族关系［M］.银川：宁夏人民出版社.

米寿江.2010.中国伊斯兰教都市化的过程及其发展趋势［J］.世界宗教文化（1）.

纳日碧力戈.2013.差异与共生的五个维度［J］.甘肃理论学刊（1）.

纳日碧力戈.2015.万象共生中的族群与民族［M］.北京：中国社会科学出版社.

皮特·布劳.1991.不平等和异质性［M］.北京：中国社会科学出版社.

皮亚杰.1984.结构主义［M］.倪连生，译.北京：商务印书馆.

宋国恺.2014.农民工体制改革——以自雇佣的个体农民工城市社会融合为视角［M］.北京：社会科学文献出版社.

塔尔科特·帕森斯.2003.社会行动的结构［M］.南京：译林出版社.

汤夺先.2008.西北城市少数民族流动人口现状的调查分析——以甘肃省兰州市的调查为视点［J］.西北第二民族学院学报（哲学社会科学版）（2）.

万明钢，高承海.2012.宗教认同和民族认同对民族交往态度的影响［J］.西北师范大学学报（社会科学版）（5）.

王平.2012.乌鲁木齐维吾尔族流动人口生存和发展调查研究［J］.北方民族大学学报（哲学社会科学版）（2）.

王希恩.2009.全球化中的民族过程［M］.北京：社会科学文献出版社.

吴碧君.2014.城市流动穆斯林宗教信仰行为研究——对北京、上海、广州、成都4城市的调查［J］.新疆社会科学（汉文版）（1）.

伍贻业.2007.儒家文明影响下的中国伊斯兰教与基督教［J］.中国宗教（3）

熊威.2010.民族宗教流动人口社会学调查——广州市化隆拉面从业群体的基本特征调查报告［J］.贵州大学学报（社会科学版）（6）.

徐丽敏.2014."社会融入"概念辨析［J］.学术界（7）.

徐平.2011.乌鲁木齐市维吾尔族流动人口的社会排斥和融入［J］.中南民族大学学报（人文社会科学版）（6）.

许宪隆，等.2008.构建共生互补型多民族和谐社会的思考［J］.学习月刊（20）.

许宪隆，等.2011.文化生态学语境下的共生互补观——关于散杂居民族关系研究的新视野［J］.中南民族大学学报（人文社会科学版）（5）.

杨菊华.2009.从隔离、选择融入到融合：流动人口社会融入问题的理论思考［J］.人口研究（1）.

杨菊华.2010.流动人口在流入地社会融入的指标体系［J］.人口与经济（2）.

杨磊.2012.赴内地务工维吾尔族流动人口浅析［J］.新疆大学学报（哲学·人文社会科学

汉文版)（3）.

杨黎源 . 2007. 外来人群社会融合进程中的八大问题探讨——基于对宁波市 1 053 位居民社会调查的分析 [J]. 宁波大学学报（人文社科版）（6）.

杨圣敏，王汉生 . 2008. 北京"新疆村"的变迁——北京"新疆村"调查之一 [J]. 西北民族研究（2）.

尤佳 . 2012. 论流动穆斯林的宗教生活与城市社会适应：以东部沿海城市为例 [J]. 世界宗教文化（4）.

袁纯清 . 1998. 共生理论——兼论小型经济 [M]. 北京：经济科学出版社 .

张继焦 . 2004. 城市的适应：迁移者的就业与创业 [M]. 北京：商务印书馆 .

张继焦 . 2004. 城市民族的多样化——以少数民族人口迁移对城市的影响为例 [J]. 思想战线（3）.

张文宏，雷开春 . 2009. 城市新移民社会认同的结构模型 [J]. 社会学研究（4）.

张小蕾，高永久 . 2009. 城市回族社区权力研究：以天津市 S 社区为例 [M]. 北京：民族出版社 .

周传斌 . 2005. 族群理论的流变及其与民族理论的关系 [J]. 黑龙江民族丛刊（5）.

周大鸣 . 2011. 多元与共融：族群研究的理论与实践 [M]. 北京：商务印书馆 .

周大鸣 . 2004. 论城市多元文化的共生态 [J]. 广西民族学院学报（哲学社会科学版）（4）.

周海旺 . 2013. 城市女性流动人口社会融入问题研究 [M]. 上海：上海社会科学院出版社 .

朱力 . 2002. 论农民工阶层的城市适应 [J]. 江海学刊（6）.

Adler，Peter S. 1975. The transitional experiences An alternative view of culture shock [J]. Journal of humanistic Psychology，15（4）.

Amartya Sen. 2000. Development as Freedom [M]. New York：Anchor Books.

Ana Belén Soage. 2014. Political Islam，World Politics and Europe [J]. Arab Studies Quarterly，38（3 - 4）

Anthony Giddens. 1984. The Constitution of Society [M]. Cambridge：Polity Press.

Anthony Giddens. 1979. Central Problems in Social Theory [M]. London：Macmillan Berkeley University of California Press.

Berry. J. W. 1980. Acculturation as varieties of adaptation [M]. Padilla（Ed.）. Acculturation：theory，Models，and Some New Findings. Boulder：West view Press.

Berry. J. W. 1990. Psychology of acculturation：Understanding individuals moving between cultures [M]. Brislin，R. W.（Ed.）Applied Cross - cultural Psychology. New bury Park.

Colleen Ward，Stephen Bochner，Adrian Furnham. 2005. The Psychology of Culture Shock [M]. New York：Routledge.

E Stamnes. 2015. The United Nations Mission in the Republic of South Sudan（UNMISS）：

Protecting Civilians in a Volatile Environment [M]. Cambridge University Press.

E. V. Stonequist. 1937. The Marginal Man: A Study in Personality and Culture Conflict [M]. New York: Charles Scribner's Sms.

ESFP, Further Information: Social Inclusion. 2007—2013 European Structural Funds Program [OL]. http://www.esep.co.uk/03-info-social-inclusion.html.

Fredrick Jackson Turner. 2016. The significance of the frontier in American history [J]. Journal of the Early Republic, 36 (2).

Gordon, M, M. 1976. The Nature of assimilation and the theory of the melting pot [R]. Current perspectives in social psychology Readings with commentary.

Gullahorn, J. T. &. Gullahorn, J. E. 1963. An extension of the U-curve hypothesis [J]. Journal of Social Issues (19).

Herbert J. Gans. 1979. Symbolic Ethnicity: The Future of Ethnic Groups and Cultures in America [J]. Ethnic and Racial Studies, 2 (1).

H M Kallen. 1956. Cultural pluralism and the American idea: an essay in social philosophy [J]. American Journal of Sociology (1).

Horace M. Kallen. 1915. Democracy versus the melting pot-A Study of American Nationality [R]. THE NATION, Feb. 25.

Israel Zangwil. 1994. The Melting Pot: Drama in hour Acts [M]. New York: MacMillan Company.

J Chan, HP To, E Chan. 2006. Reconsidering Social Cohesion: Developing a Definition and Analytical Framework for Empirical Research [J]. Social Indicators Research, 75 (2).

J. Hector St. John de Crevecoeur. 1981. Letters from an American Farmer and Sketches of Eighteenth-Century America [M]. London: Penguin Books.

Jane Jenson, Denis Saint-Martin. 2003. New Routes to Social Cohesion? Citizenship and the Social Investment State [J]. Canadian Journal of Sociology, 28 (1).

John Goldrust, Anthony H Richmond. 1974. A Multivariate Model of Immigrant Adaptation [J]. International Migration Review, 8 (2).

Maxwell, J. 1996. Social Dimensions of Economic Growth [M]. Ottawa: Canadian Policy Research Networks.

Nathan Glazer, Daniel P. Moynihan. Beyond the Melting Pot. 1963. The Negroes, Puerto Ricans, Jews, Italians, and Irish of New York City [M]. Cambridge: The M. I. T. Press.

Noah E. Friedkin. 2004. Social Cohesion [J]. Annual Review of Sociology, 30 (30).

Norton Fausto Garfield. 2012. Social Cohesion [J]. Anim Publishing, 30 (1).

Olivier Roy. 2003. Euroislam: the Jihad with in [J]. National Interest (71).

Oscar Handlin. 1973. The Uprooted: The Epic Story of the Great Migrations that Made the American People [M]. Boston: Little, Brown and Company.

Park R, Burgess E. 1924. Assimilation: Introduction to the science of sociology [M]. Chicago: University of Chicago Press.

Paul Bernard. 1999. Social Cohesion: A Critique [R]. CPRN Discussion Paper No. F/09, Canadian Policy Research Networks, Inc.

Portes, A. and M. Zou. 1993. The New Second Generation: Segmented Assimilation and Its Variants among Post – 1965 Immigrant Youth [J]. The Annals of the American Academy of Political and Social Sciences (530).

Ramsey, Frank Plumpton. 1931. The Foundations of Mathematics and Other Logical Essays [M]. London: Kegan Paul, Trench, Trubner & Co., Ltd.

Schwartz, Stephen, 2010. Political Islam, World Politics, and Europe: Democratic Politics and Euro – Islam versus Global Jihad [J]. Arab Studies Quarterly, 38 (3 – 4).

Seeman TE, 1996. Social ties and health: the benefits of social integration [J]. Annals of Epidemiology, 6 (5).

Warner, W. Lloyd and Leo Srole. 1945. The social systems of American ethnic groups [M]. New Haven: Yale University Press.

附录 1：东南沿海城市少数民族流动人口调查问卷（汉语版）

尊敬的先生/女士：您好！

我们正在做一份关于东南沿海城市少数民族流动人口社会生存状况的问卷调查，以期为政府完善服务管理政策提供参考。此问卷仅为研究所用，为不记名调查，我们会对您的资料以及所填写内容严格保密。非常感谢您的支持与合作！

问卷编号：_____

调查地点：_____

调查时间：_____年___月___日

一、基本情况

A1. 您的性别：_____

（1）男□   （2）女□

A2. 您的出生年月：_____

A3. 您的民族：_____

A4. 您的政治面貌：_____

（1）中共党员□   （2）民主党派□

（3）共青团员□   （4）群众□

A5. 您的籍贯：_____

A6. 您的婚姻状况：_____

（1）已婚□   （2）未婚□

A7. 您的文化程度：_____

（1）没有上学□   （2）小学□

（3）初中□　　　　　　　　（4）高中或中专□

（5）大专□　　　　　　　　（6）本科及以上□

A8. 您的户口是：_____

（1）农业户口□　　　　　　（2）城镇户口□

A9. 您在老家居住在：_____

（1）农村□　　　　　　　　（2）城市□

A10. 您第一次离开老家外出到现在的时间：_____

A11. 您外出的主要原因是（可多选）：_____

（1）挣钱□　　　　　　　　（2）寻找发展机会□

（3）出来见世面□　　　　　（4）为了孩子考虑□

（5）不愿在农村生活□　　　（6）在老家没什么事干□

（7）其他_____

A12. 您是如何找到现在这个工作的：_____

A13. 您在当地的居住时间是：_____

A14. 您的配偶是否和您同在本城市：_____

（1）是□　　　（2）否□　　　（3）未婚□

A15. 您的子女是否和您同在本城市：_____

（1）是□　　　（2）否□　　　（3）未婚或未生育□

二、经济生活状况

B1. 您现在的职业是：_____（请填写）

B2. 您外出前在老家的职业是：_____（请填写）

B3. 您对您当前的经营或工作状况感到：_____

（1）非常满意□　　　　　　（2）比较满意□

（3）满意□　　　　　　　　（4）不太满意□

（5）非常不满意□

B4. 您现在平均月收入大概是：_____

B5. 您外出前平均月收入大概是：_____

B6. 您对您当前的收入是否满意：_____

（1）非常满意□　　　　　　（2）比较满意□

（3）满意□ （4）不太满意□

（5）非常不满意□

B7. 与您老家没有外出的其他人相比，您当前的收入：_____

（1）比他们多□ （2）差不多□

（3）比他们少□ （4）说不清□

B8. 与本城市本地人相比，您认为您的收入：_____

（1）比本地人高□ （2）差不多□

（3）比本地人低□ （4）说不清□

B9. 如果您觉得您的收入不如本地人，主要原因是（可多选）：_____

（1）外来人口身份□ （2）少数民族身份□

（3）农民身份□ （4）缺乏技术文化□

（6）其他_____

B10. 您每个月休息几天：_____

B11. 您每天的工作时间：_____

B12. 您所在的拉面馆是否有营业执照和卫生许可证：_____

（1）都有□

（2）有营业执照，但没有卫生许可证□

（3）有卫生许可证，但没有营业执照□

（4）都没有□

B13. 您和所在拉面馆的老板/员工的关系是：_____

（1）一家人□ （2）亲戚□ （3）老乡□ （4）雇佣关系□

B14. 您觉得您的工作：_____

（1）非常疲惫□ （2）比较疲惫□

（3）一般□ （4）比较轻松□

（5）很轻松□

B15. 您目前的住房性质是：_____

（1）自建或自购房□ （2）单独或家庭租房□

（3）集体宿舍或与他人□ （4）工棚或无固定住所□

（5）借住□ （6）其他_____

B16. 您和什么人居住在一起：_____

（1）独自居住□　　　　　（2）与家人一起□

（3）与亲友□　　　　　（4）老乡或同事□

（5）与其他地方的少数民族□　　（6）与不太熟悉的人□

B17. 您的住房面积大约是：_____

B18. 您的住房状况是：_____

（1）自建或自购房　　　　　（2）单独或家庭租房

（3）集体宿舍或与他人合租　　（4）工棚或无固定住所

（5）其他

B19. 您对您目前的居住状况感到：_____

（1）非常满意□　　　　　（2）比较满意□

（3）满意□　　　　　（4）不太满意□

（5）非常不满意□

B20. 您平均每月的生活消费开支大概是：_____

（1）750 元及以下□　　　　　（2）751～1 100 元□

（3）1 101～2 000 元□　　　　（4）2 001～3 275 元□

（5）3 276～6 000 元□　　　　（6）6 001 元及以上□

B21. 您平均每月消费支出主要用于（可多选）：_____

（1）用于吃的□　　　　　（2）用于穿的□

（3）家庭零碎开支□　　　　（4）生意开支□

（5）看病□　　　　　（6）孩子读书开支□

（7）用于宗教功课□　　　　（8）房租开支□

（9）用于文化休闲娱乐□　　（10）用于亲友聚会、人情送礼□

（11）用于交通通讯□　　　　（12）用于储蓄□

（13）其他_____

B22. 您觉得您的消费水平与本地人相比：_____

（1）比本地人高□　　　　（2）差不多□

（3）比本地人低□　　　　（4）说不清□

B23. 与您老家相比，您目前的消费支出：_____

（1）比老家多□　　　　（2）差不多□

（3）比老家少□　　　　（4）说不清□

B24. 您是否参加了所在城市的社会保险：_____

(1) 是□ (_____保险)　　　　(2) 否□

三、社会生活状况

C1. 您在本城市经常交往的对象是（可多选）：_____

(1) 家人和亲戚□　　　　　　　(2) 老乡□

(3) 宗教教友□　　　　　　　　(4) 本地朋友□

(5) 工作伙伴□　　　　　　　　(6) 本民族的□

(7) 陌生人□

C2. 您平时交往最多的民族是：_____

(1) 本民族的流动人口□　　　　(2)(1) 本民族的当地人口□

(3) 其他少数民族少数民族□　　(4) 外国少数民族□

(5) 汉族□　　　　　　　　　　(6) 非少数民族的其他少数民族□

(7) 没有区分任何民族□

C3. 您愿意和非少数民族朋友交往吗：_____

(1) 非常愿意□　　　　　　　　(2) 比较愿意□

(3) 愿意□　　　　　　　　　　(4) 不愿意□

(5) 非常不愿意□

C4. 如果生活中遇到困难，您愿意寻求谁的帮助（可多选）：_____

(1) 自己想办法解决□　　　　　(2) 请老乡帮忙□

(3) 同民族的□　　　　　　　　(4) 其他少数民族□

(5) 清真寺阿訇□　　　　　　　(6) 本地朋友□

(7) 政府部门□　　　　　　　　(8) 家人和亲戚□

(9) 伊协□

C5. 如果与他人发生了纠纷，您会如何解决（可多选）：_____

(1) 寻求法律途径解决□　　　　(2) 自己想办法解决□

(3) 请老乡帮忙□　　　　　　　(4) 找同民族的帮忙□

(5) 找其他少数民族帮忙□　　　(6) 请清真寺阿訇帮忙□

(7) 找本地朋友□　　　　　　　(8) 找政府部门□

(9) 家人和亲戚□　　　　　　　(10) 伊协□

（11）其他_____

C6. 您工作之余的主要休闲娱乐活动是（可多选）：_____

（1）休息□   （2）亲友老乡聚会□

（3）读书看报学习□   （4）串门或逛街消费□

（5）学习宗教知识□   （6）参加宗教活动□

（7）与本地居民聊天□   （8）参加社区活动□

（9）参加体育运动□   （10）其他_____

C7. 您生病时的就医状况是：_____

（1）能忍就忍，一般不去医院□   （2）去附近药房买药或自行吃药□

（3）到小诊所就诊□   （4）到大型公立医院就诊□

（5）回老家医院就诊□   （6）其他_____

C8. 您对自己在当地发展是否有信心：_____

（1）非常有信心□

（2）比较有信心□

（3）还好，说不上有信心还是没有信心□

（4）不太有信心□

（5）非常没有信心□

C9. 您对本城市的治安状况感到：_____

（1）非常满意□   （2）比较满意□

（3）满意□   （4）不太满意□

（5）非常不满意□

C10. 您对您目前的生活状况感到：_____

（1）非常满意□   （2）比较满意□

（3）满意□   （4）不太满意□

（5）非常不满意□

C11. 与您老家相比，您觉得您目前的生活状况：_____

（1）比老家好□   （2）差不多□

（3）不如老家□   （4）说不清□

C12. 您在当地的生存压力很大吗：_____

（1）是□   （2）否□

C13. 您最迫切希望当地政府帮扶的困难是（可多选）：_____

(1) 经济上困难□   (2) 经营上困难□

(3) 拆迁问题□   (4) 户口问题□

(5) 子女入学问题□   (6) 看病就医问题□

(7) 住房问题□   (8) 宗教生活问题□

(9) 交流沟通问题□   (10) 尊重问题□

(11) 其他_____

（以下问题（C14—C21 题），请有子女者填写，没有子女者，请跳过直接回答 D1 题）

C14. 如果您的子女处于上学年龄，他（她）如何上学：_____

(1) 没有上学□

(2) 就读于东南沿海城公办学校□

(3) 就读于东南沿海城回民学校□

(4) 就读于东南沿海城农民工学校□

(5) 就读于东南沿海城私立学校□

(6) 在老家上学□

C15. 如果您的子女没有上学，主要原因是（可多选）：_____

(1) 学校不接收□   (2) 学费太贵□

(3) 读书没什么用□   (4) 送回老家了□

(5) 店里忙□   (6) 孩子自己不愿上学□

(7) 其他_____

C16. 如果您的子女在本城市上学，是否需要缴纳额外的费用（如借读费等费用）：_____

(1) 是□（_____费，____元/年）   (2) 否□

C17. 如果您的子女在本城市上学，他（她）读书的费用：_____

(1) 太贵，完全不能承担□   (2) 还可以，勉强能够承担□

(3) 不贵，完全能够承担□

C18. 如果您的子女在本城市上学，您对他（她）在本城市享受的教育资源现状感到：_____

（1）非常满意□　　　　　（2）比较满意□

（3）满意□　　　　　　　（4）不太满意□

（5）非常不满意□

C19. 您认为您的孩子是否享受到了和本地孩子同等的教育机会：_____

（1）是□　　　　（2）否□　　　　（3）说不清□

C20. 您的子女在本城市上学是否有困难：_____

（1）是□　　　　（2）否□

C21. 如果您的子女在东本城市上学有困难，困难是（可多选）：_____

（1）学费（借读费）太高□　　（2）附近缺少回民学校□

（3）学校没有清真伙食□　　　（4）入学门槛高□

（5）外来人口，学校不收□　　（6）受本地学生或老师歧视□

（7）语言不通，交流存在障碍□　（8）教学质量不高□

（9）其他_____

C22. 您参加以下的活动吗？（多选）_____

a. 亲戚聚会　　　　　　　b. 老乡聚会

c. 清真寺管委会　　　　　d. 拉面协会

e. 伊斯兰教协会　　　　　f. 民族团结促进会

g. 当地朋友的聚会　　　　h. 东南沿海城的经济组织、商会

i. 当地慈善组织、义工

四、宗教生活状况

D1. 您在流入此地之前（在老家时）的宗教生活情况：

a. 去清真寺频次：_____

（1）每天去□　　　　　　（2）每周去□

（3）每月去□　　　　　　（4）每年去□

（5）特殊情况去□　　　　（6）不去□

b. 礼拜情况：_____

（1）一日五礼□　　　　　（2）主麻日礼拜□

（3）重大节日礼拜□　　　（4）很少礼拜□

（5）从不做礼拜□　　　　（6）看情况□

c. 是否清真饮食：_____

(1) 是的，很严格□　　　　　(2) 是的，比较严格□

(3) 是的，不是严格要求□　　　(4) 看情况，有时候没有办法□

(5) 一直没有□

D2. 您现在的宗教生活情况：

a. 是否完成念、拜、斋、课、朝等宗教基本功课：_____

(1) 是的，严格完成□　　　　　(2) 是的，差不多都完成□

(3) 看情况，大多数完成□　　　(4) 太忙了，偶尔完成□

(5) 太忙了，几乎没有办法完成□

b. 主麻日去清真寺的聚礼：_____

(1) 每周都去□　　　　　　　　(2) 每个月去 1～2 次□

(3) 每年都去几次□　　　　　　(4) 没有时间，很少去□

(5) 没有去□

c. 封斋情况：_____

(1) 每年都封斋□　　　　　　　(2) 每年封几天斋□

(3) 基本不封斋□　　　　　　　(4) 看情况□

D3. 与在老家时相比，您现在的宗教生活：_____

(1) 比在老家时减少了□　　　　(2) 与在老家时没有什么差别□

(3) 比在老家时增加了□

D4. 如果您现在宗教生活比在老家时减少了，原因是（可多选）：_____

(1) 工作太忙，没有时间□　　　(2) 清真寺太远不方便□

(3) 清真寺管理、设施等不好□　(4) 缺少宗教朋友□

(5) 缺乏宗教生活氛围□　　　　(6) 被人歧视□

D5. 您知道本城市有几个清真寺：_____

(1) 1 个□　　(2) 2 个□　　(3) 3 个□

(4) 4 个□　　(5) 不知道□

D6. 您认为本城市清真寺的分布情况是否合理：_____

(1) 非常合理□　　　　　　　　(2) 比较合理□

(3) 合理□　　　　　　　　　　(4) 不太合理□

(5) 非常不合理□　　　　　　　(6) 不知道□

D7. 您对本城市清真寺的设施、管理等的满意程度：_____

（1）非常满意□　　　　　　（2）比较满意□

（3）满意□　　　　　　　　（4）不太满意□

（5）非常不满意□　　　　　（6）不知道□

D8. 您在当地宗教生活习惯适应吗_____

（1）比老家的好□　　　　　（2）差不多□

（3）不如老家的好□　　　　（4）说不清□

D9. 您认为本城市的清真饮食：_____

（1）方便易购，品种丰富□　（2）比较少且品种单一□

（3）太少，生活不便□　　　（4）价格昂贵□

（5）一些清真食品并不清真□（6）其他_____

D10. 您对族际通婚（少数民族与非少数民族结婚）的态度：_____

（1）绝对赞成□　　　　　　（2）绝对反对□

（3）入教的情况下赞成□　　（4）无所谓□

D11. 您现在是否还保持着老家的生活习俗：_____

（1）是□　　（2）否□

D12. 您认为清真饮食禁忌习俗是否给您的生活带来了不便：_____

（1）是□　　（2）否□

D13. 如果您现在没有保持清真饮食禁忌习俗，这种改变是：_____

（1）为适应城市生活自己主动改变□　　（2）生活需要被迫改变□

（3）说不清□

D14. 您现在是否还戴"礼拜帽"（盖头）：_____

（1）一直戴□

（2）只有与本民族朋友老乡见面时才戴□

（3）只有去清真寺或参加宗教活动时才戴□

（4）偶尔戴□

（5）从来不戴□

D15. 您认为您的宗教生活和您的经营（工作）是否有冲突：_____

（1）没有任何影响□　　　　（2）有一点影响□

（3）没有什么影响□　　　　（4）比较有影响□

（5）有非常大的影响□

五、文化生活基本状况

E1. 您是否能流利地使用普通话与他人交流：_____

（1）非常熟练□   （2）比较熟练□

（3）一般□   （4）不怎么熟练□

（5）完全不懂□

E2. 您对本地方言的使用情况：_____

（1）非常熟练□   （2）比较熟练□

（3）一般□   （4）不怎么熟练□

（5）完全不懂□

E3. 您是否愿意学习本地方言：_____

（1）非常愿意□   （2）比较愿意□

（3）愿意□   （4）不怎么愿意□

（5）非常不愿意□

E4. 您与家人及老乡交流时，主要讲：_____

（1）家乡方言□   （2）普通话□

（3）本地方言□   （4）都有□

E5. 您是否了解本地的风俗习惯：_____

（1）不了解，也不想了解□   （2）不了解，但是还是希望能了解□

（3）基本了解一些□   （4）了解比较多□

（5）了解非常多□

E6. 您现在的办事习惯是：_____

（1）遵循老家的办事习惯□   （2）遵循当地习惯□

（3）看具体情况□

E7. 您是否关注您的健康状况：_____

（1）是□   （2）否□

E8. 您到城市后做常规体检的频率：_____

（1）没有体检过□   （2）一年 1～2 次□

（3）2～4 年一次□   （4）不舒服时才去□

E9. 您现在对子女上学读书的期望是：_____

（1）不用上学，读书没什么用☐

（2）上学不上学无所谓☐

（3）上完小学或初中能识字就行☐

（4）上技术学校学点技术☐

（5）上大学☐

（6）上大学以后能上研究生☐

E10. 和外出前在老家时相比，您觉得您现在是否有变化：_____

（1）是☐   （2）否☐

E11. 如果您有变化，这些变化具体体现在：_____

（1）消费观念☐   （2）生活理念☐

（3）经济收入☐   （4）宗教生活☐

（5）社会地位☐   （6）其他_____

六、城市生活基本情况

F1. 您是否参加当地朋友召集的聚会：_____

（1）经常☐   （2）偶尔☐

（3）一般，看情况☐   （4）很少☐

（5）从来不☐

F2. 您是否参加社区组织的活动：_____

（1）经常☐   （2）偶尔☐

（3）一般，看情况☐   （4）很少☐

（5）从来不☐

F3. 您对本城市本地人的评价是：_____

（1）非常喜欢☐   （2）比较喜欢☐

（3）一般☐   （4）不怎么喜欢☐

（5）非常不喜欢☐

F4. 您结交的本城市本地人的朋友数：_____

（1）1～5 人☐

（2）6～10 人☐

（3）11 人及以上□

（4）没有，也不想交东南沿海城朋友□

（5）没有，想交当地朋友但没有机会□

F5. 您是否知道您邻居的姓名：_____

（1）非常清楚□   （2）比较清楚□

（3）清楚□   （4）不太清楚□

（5）从不关注□

F6. 您是否知道邻居的工作、家庭情况：_____

（1）非常清楚□   （2）比较清楚□

（3）清楚□   （4）不太清楚□

（5）从不关注□

F7. 您和您的邻居是否相互帮助过：_____

（1）经常□   （2）偶尔□   （3）一般，看情况□

（4）很少□   （5）从来不□

F8. 您觉得本地人是否愿意和您交往：_____

（1）非常愿意□   （2）比较愿意□

（3）愿意□   （4）不太愿意□

（5）根本不愿意□   （6）说不清□

F9. 您觉得当地人是否对少数民族有偏见：_____

（1）经常有□   （2）偶尔有□   （3）基本没有□   （4）从来没有□

F10. 您觉得在这个城市就业情况怎么样：_____

（1）非常大□   （2）比较大□   （3）一般□   （4）比较小□

（5）非常小□   （6）其他_____

F11. 您是否认为当地是您的第二故乡：_____

（1）完全不是□   （2）基本不是□

（3）差不是□   （4）是的□

（5）完全是的□

F12 您觉得在这个城市就业情况怎么样：_____

（1）非常大□   （2）比较大□   （3）一般□

（4）比较小□   （5）非常小□   （6）其他_____

F13. 您和您的邻居是否经常聊天：_____

(1) 非常频繁□   (2) 比较多□

(3) 偶尔□   (4) 基本没有□

(5) 从来没有□

F14. 您是否愿意在本城市定居：_____

(1) 非常愿意□   (2) 比较愿意□

(3) 愿意□   (4) 不怎么愿意□

(5) 非常不愿意□

F15. 您未来的打算是：_____

(1) 赚到一定的钱，回老家定居□

(2) 争取留在这里定居□

(3) 先在这里干一段时间，然后再去其他城市□

(4) 尽快回老家去□

(5) 走一步看一步，视情况而定□

F16. 您和您的邻居是否互赠过礼物：_____

(1) 非常频繁□   (2) 比较多□

(3) 偶尔□   (3) 基本没有□

(4) 从来没有□

F17. 您是否觉得您是否融入到本城市，成为本城市的一员：_____

(1) 完全融入□   (2) 基本融入□

(3) 初步开始融入□   (4) 不太能融入□

(5) 完全没有融入□   (6) 永远也不会融入□

F18. 请您回答下列问题

a. 当地政府为您清真饮食提供便利了吗_____

(1) 非常频繁□   (2) 比较多□

(3) 偶尔□   (4) 基本没有□

(5) 从来没有□

b. 合法权益受侵犯时，政府提供服务吗_____

(1) 非常频繁□   (2) 比较多□

(3) 很少□   (4) 基本没有□

（5）从来没有□

c. 所在社区为您租房或购房提供服务吗_____

（1）非常频繁□　　　　　　　（2）比较多□

（3）偶尔□　　　　　　　　　（4）基本没有□

（5）从来没有□

d. 所在社区为您就业或创业提供服务吗_____

（1）非常频繁□　　　　　　　（2）比较多□

（3）偶尔□　　　　　　　　　（4）基本没有□

（5）从来没有□

e. 当地政府为您宗教信仰提供保障吗_____

（1）非常频繁□　　　　　　　（2）比较多□

（3）很少□　　　　　　　　　（4）基本没有□

（5）从来没有□

f. 当地政府为您子女教育提供服务吗_____

（1）非常频繁□　　　　　　　（2）比较多□

（3）很少□　　　　　　　　　（4）基本没有□

（5）从来没有□

F19. 您对当地政府有何建议（请填写）

_____

_____

再次感谢您在百忙之中抽出宝贵的时间来完成此次问卷调查，祝您生活愉快！

调查问卷人：_____（签名）

问卷记录人：_____（签名）

附录 2：东南沿海城市少数民族流动人口
调查问卷（维吾尔语简化版）

ناز سانلىق مىللەت توراقسىز نوپۇسىتىلەرنىڭ ياشاش ئەھۋالىنى سونال-جاۋابلىق تەكشۈرۈش

هۆرمەتلىك ئەپەندىلەر، خانىملار:

هۆكۈمەتنىڭ مۆلجەرلەنگەن قىلىشى ۋە باشقۇرۇشىغا مەدەت بېرىش ئۈچۈن، بىز ھازىر ناز سانلىق مىللەت توراقسىز
نوپۇسلىرىنىڭ ياشاش ئەھۋالىنى سونال-جاۋابلىق تەكشۈرمەكچى، بۇ سونال-جاۋاب پەقەت تەتقىقات ئۈچۈنلا نىشلانلدۇ،
نامسىز تەكشۈرۈلىدۇ، ھەمكارلاشقانلىقىڭىز غا سەمىمى رەھمەت ئېيتىمىز!

1. جىنسىڭىز: 1) ئەر □   2) ئايال □

2. يېشىڭىز: _____ ياش

3. مىللىتىڭىز: 1) خۇيزۇ □ 2) ئۇيغۇر □ 3) دۇڭشياڭ □ 4) سالا □ 5) باشقا _____

4. يۇرتىڭىز: 1) چىڭخەي 2) گەنسۇ □ 3) نىڭشيا 4) شىنجاڭ □ 5) باشقا ئۆلكە، ئاپتونوم رايون _____

5. مەدەنىيەت سەۋىيەڭىز: 1) خەت تونۇمايمەن ياكى ناز تونۇيمەن □ 2) باشلانغۇچ □ 3) تولۇقسىز □ 4) تولۇق ئوتتۇرا
ياكى ئوتتۇرا تېخنىكوم □ 5) ئالىي تېخنىكوم □ 6) تولۇق كۇرس ياكى ئۇنىڭدىن يۇقىرى □

6. ھازىر نېمە خىزمەت قىلسىز _____؛

7. ھەر كۈنى قانچىلىك ۋاقىت نىشلەيسىز؟ _____

8. بۇ خىزمەتنى نىشلەۋاتقىنىڭىز غا نەچچە يىل بولدى؟ _____

9. بۇ شەھەرگە كەلگىلى قانچىلىك ۋاقىت بولدى؟ _____

10. ھەر كۈنى قانچىلىك ۋاقىت نىشلەيسىز؟ _____

11. ھەر كۈنى ھارغىنلىق ھېس قىلامسىز؟ _____
1) بەك ھېرىپ كېتىمەن 2) ئازىراق ھارىمەن 3) نادەتتىكىدەك 4) ئانچە ھارمايمەن 5) ھارمايمەن

12. تۇرالغۇ ئەھۋالىڭىز _____
1) ئۆزەم سالغان ياكى سېتىۋالغان؛ 2) ئۆزەم ياكى ئۆيدىكىلەر بىلەن ئىجارە ئالغان؛ 3) كوللېكتىپ ياتاق ياكى باشقىلار بىلەن
بىللە ئىجارە ئالغان؛ 4) ئاممىۋى كەمپىلىك ئۆي ياكى مۇقىم تۇرالغۇ يوق.

13. سىز كىم نارقلىق ھازىرقى خىزمەتنى تاپقان؟
1) ئۇرۇق-تۇققانلار □ 2) يۇرتداشلار 3) مىللىي دوستلار 4) يۇقىرىدىكىدىن باشقا مۇسۇلمانلار دوستلار 5) باشقا دوستلار

14. قىيىنچىلىققا يولۇقسىڭىز، نادەتتە كىملەر ياردەم بېرىدۇ؟
1) ئۇرۇق-تۇققانلار □ 2) يۇرتداشلار 3) مىللىي دوستلار 4) يۇقىرىدىكىدىن باشقا مۇسۇلمانلار دوستلار 5) باشقا دوستلار

RTL

15. ھەرلىك ھۆكۈمەت ئىشىڭىز تەكلىشلىك ياكى نىشقا نورۇنلىشىشىڭىزغا قولايلىق يارتىپ بەردىمۇ؟ مەسىلەن: باج كىمەيتىش، نۆي نجارىگە ئىلىش، كەنىشكا بىجىرىش دېگەندەك

1) زادىلا قولايلىق يارتمىدى □ 2) بەزىدە قولايلىق يارتتى □ 3) دائىم ياردەم بېرىردۇ □

16. ھەرلىك ھۆكۈمەت دىننى ئىتىقادىڭىز ئۈچۈن مۆلازىمەت قىلدىمۇ؟ (مەسىلە: مۇسۇلمانچە يىمەكلىك، دىننى بايرام، مەسچىتلەرنى رەمونت قىلىش قاتارلىقلار)

1) ئەزەلدىن قىلمىدى □ 2) بەزىدە قىلدى □ 3) دائىم ياردەم قىلدۇ □

17. ئاۋؤادا باشقىلار بىلەن ماجرالىشىپ قالسىڭىز، ھۆكۈمەت تارماقلىرىنى نىزدەمسىز نىزدەمسىز ياكى قانۇن يول بىلەن ھەل قىلامسىز؟

1) ھىچقايسىسىسىنى نىزدەمەي، ئۆزەم ياكى دوستلىرىمنى نىزدەپ ھەل قىلىمەن 2) نەھۆزالغا قاراپ ئىش كۆرىمەن 3) ھۆكۈمەت تارماقلىرى ياكى قانۇن يولى بىلەن ھەل قىلىمەن

18. ھەرلىك ھۆكۈمەت سىز ياكى دوستلىرىڭىزنىڭ بالىلىرىنىڭ نوقۇشىغا ياردەم بەردىمۇ؟

1) ئەزەلدىن ياردەم بەرمىدى □ 2) بەزىدە ياردەم بەردى □ 3) دائىم ياردەم بېرىردۇ □

19. نايلىق نوتتۆرىچە كىرسمىڭز قانچە؟

1) 2500 يۇەن ۋە ئۇنىڭدىن تۆۋەن □ 2) 2501 يۇەندىن 3500 يۇەنگىچە □ 3) 3501 يۇەندىن 4500 يۇەنگىچە □ 4) 4501 يۇەندىن 5500 يۇەنگىچە □ 6) 6501 يۇەن ۋە ئۇنىڭدىن يۇقىرى □

20. ھەر نايلىق تۆرمۆش نىستىمال چىقىمىڭىز تەخمىنەن قانچە؟

1) 750 يۇەن ۋە ئۇنىڭدىن تۆۋەن □ 2) 751 يۇەندىن 1100 يۇەنگىچە □ 3) 1101 يۇەندىن 2000 يۇەنگىچە □ 4) 2001 يۇەندىن 3275 يۇەنگىچە □ 5) 5501 يۇەندىن 6500 يۇەنگىچە □ 6) 6501 يۇەن ۋە ئۇنىڭدىن يۇقىرى □

21. يىقىنلىق برنەچچە يىلدا نقتىسادىي كىرسمىڭزنى (سودا ۋە مەبلەغ سىلىشتىن سىرت) ئاساسلىقى نمىگە نشلەتتىڭز؟

1) يىمەكلىك سۈتۈۋ‍ئالدىم □ 2) كىيىم-كىچەك، داۋالىنىش، نۆي نجارىگە ئىلىش، پەرزەنتلەرنى تەربىيلەش □ 4) كۆڭۈل ئىچىش، نادىمگەرچىلىك، ئىجتىمائى ئالاقە □ 5) كومپيوتېر، كىچىك ماشىنا قاتارلىقلار ئۈچۈن □

22. قوشنىڭز (مۇسۇلمان ئەمەس) بىلەن نۆزنارا سودۇغا بېرىشىپ باقتىڭىزمۇ؟

1) ئەزەلدىن بېرىشىپ باقمىدىم □ 2) بەزىدە بېرىشتىم □ 3) دائىم بېرىشىمەن □

23. قوشنىڭز بىلەن (مۇسۇلمان ئەمەس) نۆزنارا ياردەم بېرىشىپ باقانىمۇ؟

1) ئەزەلدىن ياردەم بېرىشىپ باقمىدىم □ 2) بەزىدە ياردەم بېرىشمىز □ 3) دائىم ياردەم بېرىشمەن □

24. سىزنىڭ مۇسۇلمان ئەمەس دوستلىرىڭزدىن قانچىسى بار؟

1) بىرسىمۇ يوق □ 2) 1 دىن 3 كىچە بار □ 3) 4 دىن 6 كىچە بار □ 4) 7 دىن 9 كىچە بار □ 5) 10 دىن ئارتۇق بار □

25. سىز ھەرلىكتىنكى دوستلار يىغىلىشى، سودا پائالىيەتلىرى، مەھەللە پائالىيەتلىرى ھەمدە بەزى خەيرى ساخاۋەت ياكى خالسانە ئەمگەككە قاتنىشىپ باقانىمۇ؟

1) ئەزەلدىن قاتناشمىدىم □ 2) بەزىدە قاتناشتىم □ 3) دائىم قاتنىشىمەن □

26. سىز ھەرلىكنىڭ ئامانلىق ئەھۆزالىدىن مەمنۇنمۇ؟

1) ئىنتايىن مەمنۇن □ 2) بىر قەدەر مەمنۇن □ 3) مەمنۇن □ 4) ئانچە مەمنۇن ئەمەس □ 4) زادىلا مەمنۇن ئەمەس □

27. ھازىرقى تۆرمۆشىڭزدىن مەمنۇنمۇ؟

1) ئىنتايىن مەمنۇن 2) بىر قەدەر مەمنۇن 3) مەمنۇن 4) ئانچە مەمنۇن ئەمەس 5) زادلا مەمنۇن ئەمەس

28. باشقىلار بىلەن جىدەللىشىپ باقامۇ؟

1) بىر قەدەر قاتتىق جىدەللەشكەن 2) نازىراق جىدەللەشكەن 3) زادلا جىدەللىشىپ باقمىغان

جىدەللەشكەن بولسىڭىز، ناساسلىق نېمە سەۋەبتىن بولغان؟ ————

29. سىز تۇرۇۋاتقان شەھەرىڭىزنى نىككىنچى يۇرتۇم دەپ قارامسىز؟

1) ياق 2) بىر نېمە دىيەلمەيمەن 3) شۇنداق

30. ناممۇ ئى ماجرالارغا قاتنىشىپ باقامۇ؟

1) ئەزەلدىن قاتناشمىغان 2) بەزىدە قاتناشقان 3) دائىم قاتنىشىمەن

ناممۇ ئى جىدەللىگە قاتناشقان بولسىڭىز، ناساسلىق نېمە سەۋەبتىن قاتناشقان؟ ————

31. ئىقتىسادىي شارائىتىڭىز يار بەرسە، بۇ شەھەردە نۇلتۇراقلىشىپ قېلىشنى خالامسىز؟

1) خالمايمەن 2) ئەھۋالغا قارايمەن 3) خالايمەن

32. سىز نورماق تىلنى نىشلىتىپ باشقىلار بىلەن راۋان پىكىر نالماشتۇرالامسىز؟

1) زادى سۆزلىيەلمەيمەن 2) نازىراق سۆزلىيەلمەيمەن 3) مەقسەتنى ناساسەن ئۇقتۇرالايمەن 4) بىر قەدەر راۋان

سۆزلىيەلمەيمەن 5) ئىنتايىن راۋان سۆزلەيمەن

33. بۇ يەرنىڭ تۇرمۇش نادەتىگە كۆنەلەمدىكەنسىز؟

1) زادلا كۆنەلمەيدم 2) كۆنەلمەيدم 3) كۆنەلدىم 4) بىر قەدەر كۆنۈپ قالدىم 5) بەك كۆنۈپ قالدىم

34. سىز نۆيدىكىلىرىڭىز بىلەن يەرلىكتىكى كىشىلەرنىڭ كىشلەم بايرام پانالىيتى ياكى توي مۇراسىملىرىغا قاتنىشىپ باقتىڭىزمۇ؟

1) ئەزەلدىن قاتنىشىپ باقمىدىم 2) بەزىدە قاتنىشىمەن 3) دائىم قاتنىشىمەن

35. يەرلىكتىكى كىشلەر دىننى نىتىقادىڭىزغا ھۆرمەت قىلامدۇ؟

1) بىر تەرەپلىمە قاراشتا بولۇپ، زادلا ھۆرمەت قىلمايدۇ 2) تازا دىگۈندەك ھۆرمەت قىلمايدۇ 3) ئىنىق بىر نېمە

دىيەلمەيمەن، ئادەمگە قاراپ بىر نېمە دەيمەن 4) بىر قەدەر ھۆرمەت قىلدۇ 5) بەك ھۆرمەت قىلدۇ

36. نۆز يۇرتىڭىزغا قارىغاندا، مەسچىتكە بارىدىغان قېتىم سانىڭىز نازلدىمۇ؟

1) خېلىلا نازلدى 2) نازىراق نازلدى 3) نازلمىدى 4) كۆپەيدى

37. يۇرتىڭىزدىكىگە قارىغاندا، يىلدا تۇتىدىغان رامزان كۈنىڭىز نازلدىمۇ؟

1) خېلىلا نازلدى 2) نازىراق نازلدى 3) نازلمىدى 4) كۆپەيدى

38. يۇرتىڭىزدىكىگە قارىغاندا ھەر كۈنى نوقۇيدىغان بەش ۋاخ نامىزىڭىز نازلدىمۇ؟

1) خېلىلا نازلدى 2) نازىراق نازلدى 3) نازلمىدى 4) كۆپەيدى

39. تىجارىتىڭىز (خىزمىتىڭىز) نىڭ دىننى تۇرمۇشىڭىزغا تەسىرى بارمۇ؟

1) كۆرۈنەرلىك تەسىرى بار 2) نازىراق تەسىرى بار 3) ئىنىق بىر نېمە دىيەلمەيمەن 4) تەسىرى يوق 5) ھىچقانداق

تەسىرى يوق

قوللىغانلىقىڭىز ۋە ھەمكارلاشقانلىقىڭىزغا يەنە بىر قېتىم رەھمەت!

附录 3：调研记录材料（选编）

（一）调研日记

日记主题：新疆籍少数民族流动人口
调研地点：江苏省南京市中央门
调研时间：2015 年 7 月 25 日（晴）
调研成员：课题组成员 A（维吾尔族）

今天九点半我出门做了调研，从 N 走后昨晚接了一个电话，他说他叫上 P，说有些事情想和我们反映。我问他你做什么职业的，他说他是街上的混混，没有正当的职业，我心想在这里他做混混，首先他没有社会资本，其次他没有人脉，首当其冲，我就想到他是个街头扒手。我一直想把个案研究做到很多方面，包括这种社会底层违法犯罪的，我想他是个很好的例子。其次我在电话里向他询问了简单的情况后，得知他在这里待了有七年有余，是一个很好的点去解释很多现象，我觉得值得做深度访谈。因为 N 他昨天告诉我他会在中央门那里住，他发音不准，而且根本听不懂汉语，我起初把他的音译当成了中亚门，所以试着在百度地图里查中亚门在哪里，果不其然，是音译和一些发音的不准确。当然也有我个人的理解（我对南京不熟），所以我问道是中央门，中央门在鼓楼区的小市街，通过百度地图查到了去中央门的线路，是一号线再转三号线。

到小市门，我和 N 约好在小市门的地铁三号口见，我到了小市门见到了 N，他说他昨天没有开到宾馆，在超市的入口垫了一张纸就睡了一晚上，到了清晨五点左右，他找了一家洗浴中心，恳求老板说他想睡一会儿，一会儿就走。再三恳求之下老板愿意给他一个位置。我到地铁站已经九点半左右，他只休息了四个小时。我问他你吃饭没有，他说没吃，我问他附近有没有拉面馆，他说有一家，我就带他去拉面馆吃了饭。我想起来了 P 这个个案，我就问他昨晚给我打电话的 P 在哪儿？他说也在小市街附近。我问他你认识他吗？他说认识。我让他把 P 喊过来一起吃吧，他说可以。于是，我用昨晚的联系方式给 P 打过去了，P 接的电话。不一会儿，他到了拉面馆，典型的混混长相，脸颊左右两边有两个明显的凹陷。我看出他可能是一个吸毒人员。我做了简单的自我介绍，他也很直爽地说了他的身份。我们坐下来，点了三碗刀削面。

P 就给我说他给我打电话的意图，他说他 2006 年来到南京，因为他和几个新疆籍老板认识，不久就他学会了吸毒，没有脸面回新疆见父母。他说他认识了老板"四哥"（又称"蛋蛋"，以下用"四哥"代替），"四哥"起初对他很好，花钱让他玩儿，花钱给他每天沉浸在花天酒地中，因为长时间和不良的人相处，他学会了吸食冰毒，"四哥"每天都承担他买冰毒的费用。他告诉我后面"四哥"给他说他冰毒不刺激，如果吸白粉更刺激。所以他和"四哥"学会了吸食白粉，起初所有购买白粉的费用都是"四哥"出，但到后面"四哥"突然改头换面，从一个老好人变成了个坏人，每天都殴打他，告诉他现在没钱了，买白粉的钱必须得自己赚，所以他让 P 试着偷东西。

说到这里，N 告诉我他以前在广州也吸食过几年的白粉，我对他说出这句话感到特别的震惊，后冷静思考后我理清了思路，怪不得他脑子不好使。我曾经想过他来自南疆，南疆特别是喀什有一些非常不好的习俗，南疆有很多近亲结婚的事情，起初我不知道这个事情，这次坐火车回武汉我在车上认识了个在天门上学的维吾尔族女孩儿，因为这次我返校比较早，他刚好在我的下铺，我就问她为什么这么早回学校，她告诉我他是被家里人逼婚逃出来的。我问她怎么回事，这都 21 世纪了，这是自由恋爱的年代，你怕什么。她说他们家里人让她嫁给他的表哥，我当时非常惊讶，我从来都没听说过这个概念，逼婚可能和南疆封闭落后有关系，但是近亲通婚就是大问题了，这是非常不好的事情。后面的隔间有同行的两三个伊犁的老乡，他告诉我这个很多人都不知道，但是在南疆，特别是喀什父母逼婚的现象很严重，特别是近亲结婚。当时才知道有这种事情，而后通过电话向我父母咨询了这一方面的事情，我父母说的确是有这种事情。N 告诉我他起初在广州和老板之间的故事。

　　起初我只是和他一起玩，后面他在各种诱骗中也让我吸了毒，然后把我甩给一个很大的团伙，我在最初是不想去偷盗的，后面他就打我，用各种方法威逼我去偷盗。第一就是骑马，所谓骑马就是你把双手摊出来，蹲马步，然后他就在你的手上扎针眼，还不能喊出来，我忍受不了骑马的痛苦，也就出去偷了东西。他就把我交给一个所谓的管家手里让我去学偷盗，老板说如果想出去偷东西就必须练就一个手上的技能，管家就把一元钱的硬币放在开水里，让我用两个指头去捞那个硬币。我的偷盗技术没有练得那么好，老板就经常打我，打的方法叫做"丢砖头"，所谓"丢砖头"就是把干的砖头浸泡在水里，使它变重，然后用毛巾把砖头包起来，把我吊起来，把砖头往我的胸口甩，这种殴打的方法非常的疼，没有外伤，都是体内的伤痕，我几番被打得吐血。我实在受不了这种非人的待遇，所以我走向了街头，成为了他们的一员，起初我是把白粉放在锡箔纸上面去吸它的烟，最后由于毒性的增大，我改为了注射。

　　我为了能有钱从老大那里买到毒品，有很多次我被当场抓住，连着被别人扇了几个耳光，当地的警察因为我们是新疆人，当时也没有现在这么严格的管理，部分的内地警察也是懒得管理新疆人，所以一般没有太大的事情不会被抓到派出所。我被人当街打，然后回去还被大管家修理，这种事情持续了一年。我想戒毒，有一次被打完之后我从那个院子里逃了出来，院子离市区几十公里，专门在他们犯错后关禁闭的地方，因为离市区很远，加之我身上没有钱，我走了三天两夜，加之我没有吃任何东西，路上是村落，我也是躲着逃跑，害怕被别人发现。报道①引起相关部门的注意，我知道吸毒是违法的，吸毒会被抓住，这样我的家里人就会知道我吸毒了。

　　这里有很多大管家认识的眼线，如果发现我，大管家会骑着摩托车来找我，会把我抓回去再次殴打一顿。我就走啊走，饿的天昏地转，实在累得不行了，我找到了一个菜地，地理有甘蔗、山芋等蔬菜，我就一下子扎进地里猛吃，边哭边吃，哭累了我就在菜地睡着了。由于体力的恢复，我继续启程走路，走着走着，看到了相对高的楼，我心想高楼代表着我走到市里面，我就问路人哪里有新疆人的餐馆，路人说某某路上有一家，他就到路人指的方

---

　　① N没有讲清楚是什么报道，估计和吸毒有关。

向找去。在门口看了很久，发现都是没有见过的面孔，相对生疏再加我备感饥饿。我就走到那个店里。由于在菜地我身上都是泥巴，样子狼狈不堪，我用了家乡的礼仪向老板和跑堂的师傅打了招呼，老板出来询问了我的情况，我把我的遭遇给老板说了，老板是一个好人，好心收留了我，然后给我煮了一大碗肉汤和一碗拌面。我那个就是狼吞虎咽啊。①

老板告诉我，我留在这里也不是长久之计，时间长了我一定会被发现。我告诉老板我想换一个地方去生存，我很想戒毒。老板给予了我资助，我拿着几百块钱买了火车票，在派出所办理了临时身份证，就到了南京。到了南京我就租了一间房子，当时南京对新疆人还是会租房子。我就打算关自己两个月戒毒，这两个月我每天就吃一点馕，坚持不和别人接触，24小时不出门，每天窗户都拉着，我就买啤酒捂在被子里让自己出汗。我听说这是一个戒毒的好办法，所以打算试一试。经过两个月的戒毒，我走出了毒品的阴影。我认为这也是我这几年来做得最正确的一件事。

说到这里，N潸然泪下。P这时候也说他也是失足吸毒，也是被逼。

几年以后我发现我不能这么生活下去，我回到了新疆寻求家里人帮助，后来我在新疆戒完毒后回来了，我再次回到了南京，回到了"四哥"的魔掌之中，因为我当时才二十出头，很多东西都不懂，很害怕"四哥"。"四哥"威胁我说你怎么不在我这里买毒品了？难道你在别人那里买吗？如果我知道你在别人那里买毒品，我就把你腿打断。因为我之前被抓过一次，他那次把我打惨了，大概有二十多个人把我抓住吊起来，打了几十次。因为害怕，我不敢再和他们接触，也更不敢再碰毒品。我真的打算远离吸毒的人，远离这个圈子。2012年南京严打，"四哥"被当地的公安局打掉了，也进入派出所待了很长时间。后面听说"四哥"在四个月的期间弄死了很多新疆人，多数都是孩子。因为很多人进入了吸毒的膏肓期，在他看来已经没有用了，所以他逐一弄死了他们，有的抛入了江中，有的扔到了城市的下水道。据我所知就害死了4个人，大的30~40岁之间，最小的只有15岁。我把这些事告诉你，我忍了两年有余，我想借助正义的力量，希望有关部门能

---

① N遇到的应该是甘宁青少数民族开的一家拉面店，不是新疆人开的餐馆。类似的情况，杭州市下沙商业街"西北拉面"的回族老板W先生也遇到过，同样也是来自新疆的维吾尔族流动人口。

给予我帮助。

谈到这里，酒店对面的新疆买买提烧烤的打馕师傅 R 拿着箱子到了拉面馆，他说也受不了买买提烧烤老板的对待，老板的哥哥（我们未曾谋面）吸了六年的毒，成天躺在家里，不出门，快死了。那身子已经没有可以注射的地方了。老板也是老江湖，到了南京十多年，他的孩子是他偷盗的工具，他曾非常漠视他的孩子，根本不管。所以他的孩子也死在了街头。R 说，老板内心是反社会的，很变态，所以他话很少。当时我在想如果事情如他所说，老板的亲哥哥怎么能坐视他自己的亲弟弟一步步走向死亡的深渊，这让我很惊讶。据我所知，他弟弟的老婆都已经离他而去。R 说他偷偷跑出来，到了这里，他打算回新疆，他受不了这里了，想家人，想回家。我想他的也只有这条路可走了。

后面因为要继续到新街口的新疆餐厅去调研，所以我暂时离开了那里。后面我就乘坐地铁到了常府街，根据百度地图找这家饭馆，饭馆早已迁址，现在是一家咖啡馆。后我到常府街派出所去询问这附近那里有新疆饭馆，常府街派出所的所长是一位阿姨，非常和蔼近人，我说清了我的目的，他告诉我了该饭馆的具体地址。后我到了新疆阿西木烧烤，一进门我发现，这家新疆餐馆是我在南京见过最好的饭馆。里面的装修非常奢华，有新疆的异域格调。由于不是饭点，餐厅里人不是很多，只有两桌人。我就拿出了我问卷，解释我了我来的目的。饭馆的第一桌一看就是有钱人，这桌有四个人，桌子上放着三把梅赛德斯奔驰的钥匙，而且从钥匙的形状和造型一看就是最新款的豪车。这一桌人对人很和蔼，我说清楚了我来的目的，他们很配合我，都认真地把问卷填了。走的时候还说，现在就缺这种关心我们新疆人的人站出来啊，不要因为一部分人而都错看我们新疆人，后我也拿出了两张问卷给了第二桌人。当我把问卷给第二桌人的时候，对面的壮汉大哥亲切和蔼地对我说：他不是新疆人，他是阿富汗人。对面的壮汉大哥人很好，他告诉我很支持我这么做，这是好事，很愿意配合我。

随后，我把问卷了大多数店里不是很忙的人，坚持让他们每人做一份问卷，后面我碰到了店长的弟弟，他问我这是出于什么目的的这么做，当时他的脸色很慌张。我说这是因为想了解我们少数民族的生活状况，一些基本的生活问题，如果你在子女教育、租房和一些方面可能有了不公平的待遇和想法，你可以做这个问卷，可以在问卷之后提一点自己的意见。他填到一半不填了，后面他带老板来了餐厅，老板很重视这件事，他说我们很支持你做这个事。老板说他来南京 25 年了，南京人对我们很好，当地的政府给予了我们很多帮助，他说，我希望电视上也能出现关于我们民族的正面的东西，不是一天到晚都是爆炸恐怖，他说这个舆论的导向必须明确，不要让内地人一看到我们就觉得我们是小偷。期间他给我开了个玩笑。他说他曾经在南京有人问过他，你们新疆是不是有专门的小偷学校。当时我们都笑了。最后老板说："你给我留五十份问卷吧，我让我认识的孩子们都填，我们也该积极向政府反映这些问题。"

后面我发现已经快七点了，我就启程回酒店，今天的感触很多。首先，被边缘化的吸毒人员，他的视角反社会，因为一些不当的原因，比较仇视社会，在社会找不到安全感。再次，这些靠双手致富的人，他们在店里很融洽，彼此很尊重，脸上洋溢着幸福的笑容。再次，吸毒的人的行为这是个人类学的问题，这些人由于语言不通来到某个地区，多数人没有钱和相应的资金，只有偷，一定会和毒品有关，和毒品有关就会有了被边缘化的反复恶性循环。今天和师傅聊了很多，也找到了很多规律，希望能有更多的时间调研，找到更多深藏在表层下面的问题。问题意识时刻都要有，要安心地做学术，客观地做学术，要有怜悯之心对待他人，做一个好人。

（二）结构式访谈记录

访谈内容	拉面店的个案		
访谈主题	少数民族流动人口的社会融入问题		
访谈时间	2016 年 7 月 2 日	访谈地点	广州市荔湾区
受访人基本情况			
姓名		来源地	
性别		年龄	
职业		联系电话	

（续）

采访人基本情况			
姓名		工作单位	
职业		联系电话	
访谈目的			
访谈问题			

（续）

结构式访谈摘录	
访谈内容	备注
采访人：您好！我是国家课题组成员，可以耽误您一下吗？ 　　受访人：有什么事情？ 　　采访人：我们会问您有关您在广州生活的一些情况，您能抽出您宝贵的时间给我们做一份问卷吗？ 　　受访人：哦，好的。 　　采访人：请问您的老家是哪里的呢？ 　　受访人：我是从青海化隆来的。 　　采访人：青海离这挺远的，您为什么会想要来广州呢？ 　　受访人：我们那个地方太穷了，没有发展的空间，我们同地方的人好多都出来打工了。广州的发展比较好嘛，我也想出来闯一下，找到发展的机会，赚更多的钱回去修建房子，养家里的老人和孩子，同时也出来见见世面，不想一辈子就困在老家。 　　采访人：那您从第一次离开老家到现在已经多久了呢？ 　　受访人：从离开家到现在已经七年了。 　　采访人：那您平时多久才回一次老家呢？ 　　受访人：回老家啊，唉，这个很难说，有时候一年回去一次，有时候两年都不回去一次，只有家里面有事了才回去。 　　采访人：那您不挂念家里的老人和孩子吗？ 　　受访人：肯定挂念啊，但是有什么办法，如果我们回去了，一家人的经济来源就断了，只能一起喝西北风了，再说了，这里的租金多贵啊，关门一天要损失多少钱，而且来回的车票也很贵啊，这个家不是不想回，而是回不起啊。 　　采访人：我很理解你的心情，刚刚您提到了店面的事情，请问您的店面是通过什么方式租到的呢？ 　　受访人：我自己看到广告租的。你看看这个地方没有在繁华地段，但是租金还是很高啊，我们的积蓄有限，所以只能租下这一小间屋子来开拉面馆。 　　采访人：那您现在是拉面馆的老板，您之前在老家是做什么职业的呢？ 　　受访人：之前在老家也是开拉面店，但那时候能顾得上家里，平时还能去帮家里做点农活，现在就不行了，只能每天守着这个店。 　　采访人：那您的拉面店生意怎么样？ 　　受访人：唉，生意也就那样呗，时好时坏，但是基本上能保证我们的基本生活。	采访者出示证明材料 受访者边说边解下了厨师专用围裙

访谈内容	备注
采访人：那您对现在店里的收入感到满意吗？ 受访人：一般吧，也不说什么满意，我的要求不高。 采访人：那您现在的月收入和您在老家时的月收入有什么变化吗？ 受访人：这个不好说，因为两个地方的消费水平不一样，虽然说现在挣得多，但是房租、水电费、店内设备的购买都需要花一大笔钱，每个月能存下来的也不多了。 采访人：那除了您上面说的这些支出，您还在其他地方有支出吗？ 受访人：有啊，每个月还要交话费啊，朋友聚会啊，宗教功课啊，还有一些杂七杂八的，其实都没有剩下多少了，但是剩下的我们还是存起来，每三个月寄回老家一次。 采访人：那您觉得你和当地人的收入有区别吗？ 受访人：这当然有区别啊，他们有知识、文化水平高、工作体面、工资也高，而我们没有文化，没有技术，又是少数民族，在大城市很难找到好工作，所以他们的收入比我们高很多呢。 采访人：您每周工作多久呢？ 受访人：基本上每天都要工作。 采访人：那每天大概工作多久呢？ 受访人：15个小时左右吧，我们做餐饮的要很早起来准备材料，晚上又要收拾到很晚才能走。 采访人：每天都要工作那么久，而且拉面还是体力活，您感觉疲惫吗？ 答：肯定疲惫啊，开拉面馆不仅工作时间长，强度也很大，一开始做的时候真是有点坚持不下来，每天累得躺在床上都不想动，但是现在时间长了，也就习惯了，一切都是为了生活啊。 采访人：老板您是拉面师傅，那店里还有其他的员工，他们和您是什么关系呢？ 受访人：一位是我的家里的（妻子），一位是我家的亲戚，过来投奔我们的，所以就在我店里一起帮帮忙了。 采访人：那你们是住在哪里呢？ 受访人：我们三个在对面的小区里租了一小间屋子，租金太贵了，都没有钱去租更大的房子，每个月的开销太大了，房子嘛，够住就行了，放下两张床也够了，反正那也只是回去睡个觉而已，平时大部分时间都要在店里，其实店里才更像家。 采访人：那您办理当地的社会保险了吗？ 受访人：没有啊，办什么社会保险啊，在广州办个东西麻烦得很，我们又是少数民族，有些汉字也看不懂，不仅要跑很多地方，而且还要看人家的	受访者呵呵一笑

访谈内容	备注
脸色，最后还拿不到想要的东西，太麻烦了，所以就没有办，办那东西有啥好处？ 采访人：社会保险有很多种，分为工伤保险、医疗保险、失业保险、生育保险和养老保险。就拿医疗保险来说，你每个月在你居住的社区交点钱，当你生病去医院的时候，就会有相应的补贴和报销，能省不少钱。 受访人：这样啊，我们也想办啊，但是觉得程序实在是太麻烦了，所以还是算了。 采访人：那您平时接触最多的人是哪些人呢？ 受访人：我们大多数时间都是在店里面，所以接触最多的应该是来吃拉面的客人，其实我觉得开拉面店很开心的一点就是每天都可以接触到不同的人，不管是汉族人，还是我们少数民族人，我觉得让他们能够吃上家乡的美食，我就觉得很自豪。一般过来吃东西的客人都是这附近的居民，都是些回头客，所以我平时有时间也和他们聊聊天，觉得他们挺好的，对我们也特别好。 采访人：那您和他们的关系都还不错喽？ 受访人：是挺不错的，他们不仅没有因为我们是少数民族而对我们有什么看法，还经常帮我们带客人过来吃东西，有什么事情他们也会主动帮我们想办法提建议。 采访人：我真心为你感到开心，因为你在这里有朋友。我们去过其他地方的拉面馆做调查，很多老板都说他们与周围的居民相处的不是很好。那您一般遇到困难或者与他们发生纠纷你会寻求谁的帮助呢？ 受访人：如果小一点的困难，我会找一些汉族朋友或者是在广州打工的亲戚，大一点的困难我会去找伊斯兰协会或者是民委部门。不过我现在真的遇到了困难，让我觉得很苦恼。 采访人：您不妨说一下，我们看一下能否帮助你。 受访人：就是我们店面的房租的问题，原本老板说好的是再租一年，而且我们已经把接下来一年的房租交了，但是现在他突然说要把房子收回去，要我们尽快搬出去，他答应把已经交了的钱退给我们，但是这个店面是我刚刚装修的，他又不答应陪我装修费，再说马上搬出去我们也找不到合适的店面啊，你说这个该怎么办嘛？ 采访人：那您和那个老板之间有签订租赁合同吗？ 受访人：有啊，这些东西都有的，但是条款里说的违约金远远不够我装修的费用啊，我辛苦了那么久的血汗钱就这么打水漂了，我觉得心里很难受。 采访人：那您有找过相关的机构吗？	

访谈内容	备注
受访人：这种事情只能通过打官司来解决，我们哪里有那么多的闲钱去请律师来打官司啊，所以现在就和他这样耗着，他不给我一个好的解决办法我就占着这个店面。虽然我也知道这个不是一个长久的方法，但我是真的没有其他办法了。 　　采访人：我十分理解您的心情，谁都不想遇到这种事情，但是有事情咱们就想办法解决，或许你们可以联系一次这个片区的居委会出来协商一下，或者请伊斯兰协会的人帮你们出面来解决一下这个问题。如果实在不行的话，就去民政部门寻求帮助，而且每个区都会有义务进行法律咨询的地方，您都可以去问一下，我们用法律的、合法的方式来维护我们的权利。 　　受访人：是的，你说的方法我会考虑的，希望这件事能够尽快解决，不然压得我每天晚上都睡不好。 　　采访人：没关系的，事情总会解决，还是要好好休息，身体很重要。一般您生病的话，您会怎么做呢？ 　　受访人：这里的医院人又多，又贵，我们没有当地的医保，所以都不敢去，一般的小感冒就拖一下，实在不好了就去附近的药店开点药或者去诊所里挂点水就可以了。 　　问：那您平时有去参加什么活动吗？比如像亲戚聚会、老乡聚会或当地朋友的聚会之类的？ 　　受访人：亲戚聚会和老乡聚会偶尔去，晚上没有生意的时候偶尔会去聚一下，毕竟大家背井离乡的来到这里，都是缘分，更不要说还是亲戚，都是一家人，更要保持联系，经常聚聚也能加深感情，在有困难的时候人家才会帮助我们。 　　采访人：那您如果不开店的话一般会做什么休闲活动？ 　　受访人：我们这行很少休息的，只要不开店，一般都用来在家休息的，或者出来在这周围转转。 　　采访人：那您觉得这里的治安怎么样？ 　　受访人：这里的治安很好啊，店外面的路灯上就安有摄像头，随时也能看到有警车在这附近巡逻，我们住的小区也是需要很多步骤才能进去，所以我觉得这里的治安还很好，至少我的店里和家里没有被偷过，附近也没有看到过打架斗殴的。 　　采访人：那您对你现在的生活状况满意吗？ 　　受访人：如果忽略了店面的问题，那感觉在这里生活的还行，有吃有住有经济来源，与周围的居民关系也不错，也比在老家见到更多的东西，见了大世面，而且还体验了大城市的繁华，虽然我的经济收入不是很高，但是我觉得在这里还可以生活，所以总体来说还是不错的。	

访谈内容	备注
采访人：那您之前在老家时候的宗教情况是什么样的？比如说去清真寺频次、礼拜情况和封斋情况之类的。 受访人：在老家的时候基本上每天都要去清真寺，每天做五次礼拜，每年都要封斋。 采访人：那现在呢？您的宗教生活出现变化了吗？ 答：除了去清真寺的次数减少了，其他的都没有变。 采访人：那是什么原因导致了这个变化呢？ 受访人：老家那边的清真寺离我们住的地方很近，而且当时即使是开着店，但是不算太忙，每天还是有时间去的，但是现在开着店就完全走不开，只有在特殊的情况下才去。而且广州那么大，不管去哪里都觉得很远，那些清真寺离我们住的地方太远了，每次去都需要很久，所以我们也就很少去了。 采访人：那您觉得广州的清真寺和您老家的清真寺相比，哪个比较好一点？ 受访人：我觉得都差不多吧，广州的清真寺要大一点，内部设施比较好一点，管理也更规范一点，但是我觉得我老家的更正规、更正式一点，所以应该是各有各的优点。 采访人：那您现在是否还戴"礼拜帽"呢？ 受访人：（指指头上的礼拜帽）我每天都戴着呢，虽然在广州市以汉族为主，戴着这个帽子会有点引人注目，但我觉得别人一看我的帽子就能知道我的民族和信仰，我以此为荣，我并不觉得这有什么难为情的。 采访人：那您和您的家人现在还保持着清真饮食吗？ 受访人：对的，我们一直保持着清真饮食的习惯，有些东西吃惯了就很难改口，再说了我觉得这些东西也很好吃啊，我们开店的更要保持这个习惯，不然其他的少数民族会认为我们不是真的少数民族，是在砸自己的牌子。 采访人：那您觉得当地的清真饮食怎么样？ 受访人：虽然这里有很多菜市场、超市，但是很难买到很正宗的清真食品，即使买到了也很不放心吃，而且很少有专门卖清真食品的地方，即使有价格也很高。 采访人：我还想了解下您对不同民族通婚的看法，您可以谈谈吗？ 受访人：这个问题我和我的孩子们讨论过，我不反对他们和不信仰少数民族的人结婚，只要他们两个喜欢，就可以在一起，现在国家不是提倡各民族团结统一、共同繁荣吗，我肯定支持啊，孩子结婚的对象可以不入教，但是必须要尊重我们的风俗习惯。	

访谈内容	备注
采访人：是的，我赞成您的看法，现在都提倡恋爱自由了，只要对方可以接受和尊重你们的风俗习惯，我觉得一切就好说了。 受访人：是的，每个父母都希望自己的孩子能够得到幸福。 采访人：那您现在能流利地使用普通话与他人交流吗？ 受访人：可以的。刚从老家出来那一两年不太好，但是现在就很好了，虽然有些还是不知道用普通话该怎么表达，但是比之前好很多了，要不这个生意可能就很难做了（笑着说）。 采访人：那您与家人或者亲戚交流的时候是用什么语言呢？ 受访人：那当然是方言啦，大家说方言都说习惯了，而且背井离乡的，总觉得听到家乡的方言感到很亲切，而且大家交流起来也比较顺畅和方便。 采访人：那您对当地方言的使用情况是什么样的？ 受访人：我听不懂也不会说当地的方言，但是我觉得在这个地方生存，还是需要学习当地的方言的，如果有机会，我想我会愿意学习的。 采访人：您自己都那么爱学习，那您现在对您的子女上学读书的期望是什么？ 受访人：我希望她能考上大学，以后再读个研究生，只要她愿意读，我就会努力地赚钱供她读的。你说一个小女孩，现在不读书，没个文凭，以后出来能做什么？所以还是多读点书比较好，以后出来找个好工作，自己不辛苦嘛。 采访人：我和您聊了这么久，感受到您想法都比较开明，您之前在老家也是这样的吗？还是从老家出来之后才有了变化？ 受访人：应该是从老家出来这几年发生的变化吧，这几年经历了很多事，看到过很多人，所以自己的想法也开始发生转变，不仅我的思想观念发生了变化，而且我的一些经营理念、消费观念和为人处世方式都发生了变化，所以我觉得人这辈子不能总是待在一个地方，要四处走走，才能增长见识。 采访人：那您喜欢城市生活吗？ 受访人：说不清。在大城市里虽然可以挣到比老家多的钱，但是城市的生活节奏太快了，而且物价很贵，如果没有可观的收入，可能生活起来就会很辛苦。 采访人：那您觉得您现在的身份是什么？ 受访人：我觉得我自己是个农民工。我是从农村来这里打工，虽然和那些在工地上工作的农民工的工作形式不一样，但是在本质上是一样的。 采访人：你对本地人的评价是什么？	

访谈内容	备注
受访人：在这里我的交往圈子不大，最大就只有我生活的这个片区，所以我感受到的是这些本地人还是很好的，没有歧视我们，而且还很愿意和我交谈，愿意和我做朋友。 采访人：那您觉得您和当地人有差别吗？ 受访人：我觉得没有什么差别啊，大家都是人嘛，只是有些人有钱，有些人没有钱，但是每个人的生活方式和生活追求不一样，所以我有我的生活方式，我没有觉得我和他们有什么差别。 采访人：那您愿意在这里定居吗？ 受访人：不愿，我还是愿意回老家去，老家有自己的父母亲人和孩子，而且这边的天气太热了，所以我准备等挣到钱就回老家去。 采访人：那您觉得您融入到当地了吗？ 受访人：我只能说我适应了这里的生活，但我并不觉得我已经融入了这里。 采访人：我还想了解一下当地政府和社区在生活方面对您的影响程度，当地政府为您清真饮食提供了便利了吗？ 受访人：没有。他们没有为我们的清真饮食提供便利，没有很严格的监管流程，所以我们经常买到假的清真食品，现在都不敢随便买这些东西。 采访人：当您的合法权益受到侵犯时，政府为您提供服务了吗？ 受访人：没有。就是我店面纠纷的事情去找过相关的部门，他们也是相互推诿，根本就不会真正帮我解决问题。 采访人：您所在的社区为您就业或创业提供服务吗？ 受访人：没有。我们创业的这些地方、店面都是自己找的，他们没有提供什么帮助，也不会来问你需要什么帮助，只有需要填什么资料的时候才会来找。	